DENKEN UND RECHNEN 4

Herausgegeben von:
Dieter Klöpfer, Ilsfeld

Erarbeitet von:
Angelika Elsner, Ostermünchen
Dieter Klöpfer, Ilsfeld
Tina Klauke, Bietigheim-Bissingen
Amelie Nassall, Staufen
Nicole Schmidt, Mahlstetten

Unter Beratung von:
Doris Simon, Lehrensteinsfeld
Stefan Siegel, Schemmerhofen-Ingerkingen

Illustriert von:
Friederike Großekettler
Christine Kleicke
Elisabeth Lottermoser
Martina Theisen

westermann

Inhaltsverzeichnis

Schülerband		Arbeitsheft	Förderheft	Forderheft
4–12	**Die Zahlen bis 1000**			
	Zurück aus den Ferien	1	1, 2	1
	Addieren, Subtrahieren	2, 3	9–12	3
	Multiplizieren, Dividieren	4, 5	3–8	2
	Sachaufgaben – Preistabellen	6	15	6
13–18	**Die Zahlen bis 10 000**			
	Stellenwertsystem, Zahlenkarten	7	19–23	
	Kombineren von Ziffern			10
	Zahlenstrahl	8, 9	24–26	
	Zahlen vergleichen, Zahlen zerlegen	10		
19–22	**Geometrie**			
	Tangram			
	Kopfgeometrie	11, 12	29	16, 21
	Falten – Streifenwürfel			
23–26	**Addieren und Subtrahieren im Zahlenraum bis 10 000**			
	Addieren, Subtrahieren	13	34	
	Schriftliches Addieren und Subtrahieren	14		
	Sachaufgaben – Unterschiede	15		
27–35	**Die Zahlen bis 1000 000**			
	Große Zahlen, Zahlen bis 100 000	17		
	Zahlen bis zur Million – Zahlenkarten, Stellenwerte,	18	27, 28	
	Zahlenstrahl, Vergleichen, Ordnen, Runden	19, 20	30, 31	17
	Schaubilder – Säulendiagramme, Balkendiagramme	21	32, 33	40
36–45	**Addieren und Subtrahieren großer Zahlen**			
	Addieren, Subtrahieren	22	35, 36	
	Geldbeträge schriftlich addieren und subtrahieren	23		
	Aufgabenmuster, Zahlenfolgen	24	37, 38	12, 19, 66
	Kombinatorik – Strukturierte Darstellung			
	Wiederholung			
	Sachaufgaben – Lösungswege, Klassenausflug	25, 26		22
	Sachaufgaben – Tipps zum Lösen	27	44–46	23
46–49	**Geometrie**			
	Der rechte Winkel	28	59, 60	
	Parallele Linien		61, 62	28
	Kreise zeichnen	29	72	38, 39
50–57	**Multiplizieren und Dividieren I**			
	Stufenzahlen	30	39–43	20
	Schriftliches Multiplizieren	31, 32	47–51, 63, 64	24, 25
	Überprüfen, Kommazahlen	33		
	Sachaufgaben – Schriftliches Multiplizieren	34		
58–61	**Geometrie**			
	Symmetrie	36		
	Lernumgebung Pentominos			
	Wiederholung	35		
62–67	**Gewichte**			
	Kilogramm und Gramm	37	69	36
	Kilogramm und Gramm – Kommaschreibweise		68	
	Sachaufgaben – Zuckerverbrauch		70, 71	
	Kilogramm und Tonne	38, 39	67	35

	Schülerband	Arbeitsheft	Förderheft	Forderheft
68–73	**Geometrie** Würfelgebäude Soma-Würfel Netze – Quader und Würfel Quader kippen Ansichten	40 41	80	54 55 56 57
74–75	**Daten, Häufigkeit und Wahrscheinlichkeit** jako Zufall und Wahrscheinlichkeit – Kreisel Zufall und Wahrscheinlichkeit – Sachsituationen	42	78, 79	51, 52
76–87	**Multiplizieren und Dividieren II** Schriftliches Multiplizieren mit zweistelligen Zahlen, Überschlagen, Kommazahlen Wiederholung Halbschriftliches Dividieren Schriftliches Dividieren, Überschlagen, Stolpersteine Schriftliches Dividieren mit Rest, Kommazahlen	43 44, 45 46, 47 48	17, 74 75, 76, 83	42, 43
88–95	**Längen** jako Entfernungen Kilometer und Meter Meter, Zentimeter, Millimeter Fermi-Aufgaben Rechenwege darstellen und erklären Lernumgebung Fibonacci, ANNA-Zahlen	49 50 51 52 53	53, 54 55–58	26, 27 8, 63 62
96–102	**Hohlmaße** Liter und Milliliter Sachaufgaben – Wasserverbrauch Kombinatorik, Wiederholung Sachaufgaben – Tiere, Wiederholung Maßeinheiten von früher	54, 55 56, 57	81, 82	58 60
103–108	**Geometrie** Parkettieren jako Flächeninhalt und Umfang Rauminhalt, Mathematik und Kunst	58 59 60		34 33 59
109–113	**Zeit** Sekunden und Minuten Zeitspannen berechnen, Zeitleiste jako Zeitspannen – Reiseplanung mit Auto und Bahn	61, 62 63 64	84, 85	
114–121	**Geometrie** Verkleinern, Vergrößern, Maßstab Sachaufgaben – Gütertransport, Fahrradtour Lernumgebung Zahlbeziehungen Zahlen klassifizieren – Teiler und Vielfache jako Pläne – Maßstab	65 66 67 68	86, 87	67 48, 49, 50 68, 69
122–128	**Daten, Häufigkeit und Wahrscheinlichkeit** Kann das stimmen? Zufall und Wahrscheinlichkeit – Ausflug, Wiederholung Sachaufgaben – Bei uns im Dorf Fermi-Aufgaben, Wiederholung Knobeln	69 70 71 72		29 31 7, 32, 41, 64, 70, 71, 72

Der Stoffverteilungsplan im Lehrermaterial kennzeichnet die unverzichtbaren und die zusätzlichen Seiten.

4 Zurück aus den Ferien

ICE 371
Berlin Hbf
Frankfurt(Main) - Mannheim
Freiburg - Basel SBB - Bern
Interlaken Ost

Entfernungen entlang der Strecke:
- Berlin Hbf – B-Spandau: 4 km
- B-Spandau – Wolfsburg: 182 km
- Wolfsburg – Braunschweig: 29 km
- Braunschweig – Hildesheim: 47 km
- Hildesheim – Göttingen: 87 km
- Göttingen – Kassel: 46 km
- Kassel – Fulda: 97 km
- Fulda – Hanau: 80 km
- Hanau – Frankfurt: 22 km
- Frankfurt – Mannheim: 80 km
- Mannheim – Karlsruhe: 61 km
- Karlsruhe – Offenburg: 74 km
- Offenburg – Freiburg: 61 km

1 Familie Schmälzle war im Urlaub in Berlin und fährt nach Freiburg mit dem ICE 371 zurück. Lest aus dem Fahrplan ab.
a) Wann fährt der ICE in Berlin ab?
b) Wann hält der Zug in Braunschweig?
c) Wann fährt der ICE in Frankfurt ab?
d) Wann kommt der ICE in Freiburg an?

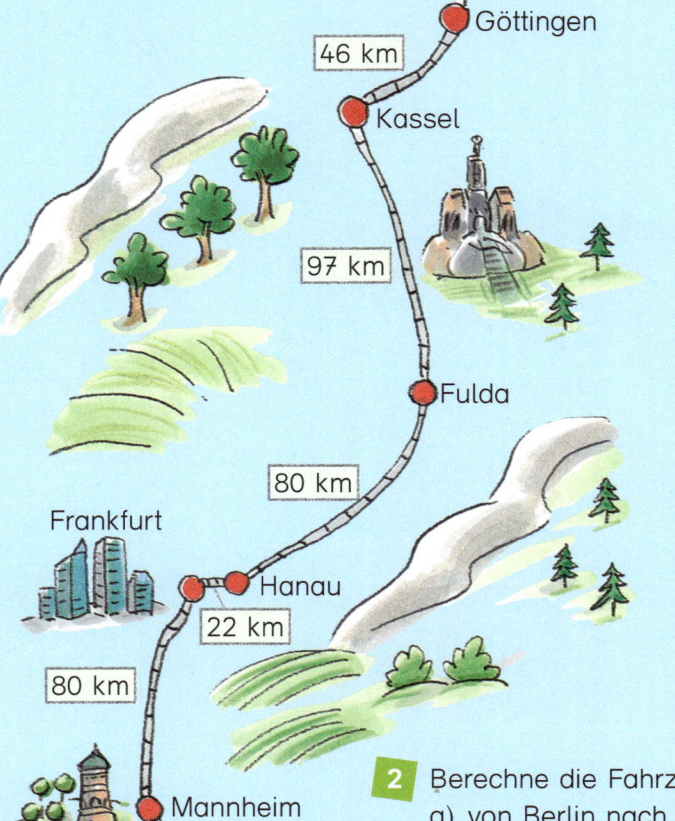

ICE 371		
Bahnhof	Ankunft Uhr	Abfahrt Uhr
Berlin Hbf	–	10:33
B-Spandau	10:45	10:47
Wolfsburg	11:38	11:40
Braunschweig	11:56	11:58
Hildesheim	12:23	12:25
Göttingen	12:53	12:55
Kassel-Wilhelmshöhe	13:14	13:16
Fulda	13:45	13:47
Hanau	14:27	14:29
Frankfurt	14:44	14:50
Mannheim	15:27	15:36
Karlsruhe	15:58	16:00
Offenburg	16:27	16:29
Freiburg	16:59	17:01

2 Berechne die Fahrzeiten des ICE:
a) von Berlin nach Kassel

a) Berlin → 10:33 Uhr —27 min→ 11:00 Uhr —___ min→ 13:14 Uhr Kassel

b) von Kassel nach Karlsruhe

3 Berechne die Entfernungen.
a) von Mannheim nach Freiburg
b) von Göttingen nach Frankfurt

a)   61 km
     74 km
   + 61 km
   ───────

4 Wähle zwei Orte und berechne die Entfernung zwischen den Orten.

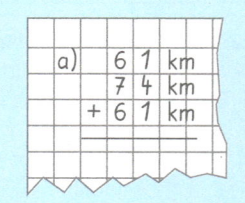

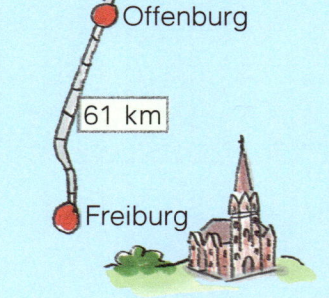

5 Tim fragt bei der Rückfahrt seine Schwester Marie: „Haben wir schon die Hälfte der Strecke?" Was würdest du Tim antworten?

6 Frau Blümli fährt mit dem ICE bis Interlaken. Sie sagt: „Von Freiburg aus brauche ich noch 2 h 56 min." Wann ist sie in Interlaken?

7 Für Touristen werden in Berlin drei verschiedene Stadtrundfahrten angeboten.

	Erwachsene	Kinder
City Circle Tour (einfache Rundfahrt)	20 €	10 €
Super Berlin Tour (mit Museumsbesuch)	25 €	13 €
Kombitour (mit Schifffahrt)	28 €	14 €

2 Erwachsene   50,00 €
3 Kinder   39,00 €
gesamt

a) Welche Rechengeschichte passt?
b) Berechne für die passende Rechengeschichte den Gesamtpreis.
c) Bereche den Gesamtpreis für die Geschichten A, B und C.

A Familie Wein sind zwei Erwachsene und ein Kind. Sie buchen die Kombitour.

B Frau Gages ist mit drei Kindern in Berlin und hat Karten für die City Circle Tour gekauft.

C Herr Mai kauft Karten für die Super Berlin Tour für sich, seine Frau und seine zwei Kinder.

8 Wähle eine Stadtrundfahrt aus und berechne den Preis für deine Familie.

9 Erfinde zu jeder Darstellung eine Rechengeschichte und gib sie zum Ausrechnen weiter.

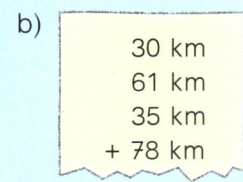

a) 11:19 Uhr —min→ 12:00 Uhr —min→ 16:00 Uhr —min→ 18:51 Uhr

b) 30 km
   61 km
   35 km
 + 78 km

c) | 50 € | ___ | ___ |
   | 75 € | | |

d) 140 km : 2 = ___

10 Herr und Frau Mai mit ihren drei Kindern kaufen die Bereichskarte für die Museumsinsel. Wie viel sparen sie, wenn sie alle drei Museen besuchen?

Museum	Eintritt	Eintritt Kinder
Pergamon-Museum	12,00 €	6,00 €
Altes Museum	10,00 €	5,00 €
Bode-Museum	10,00 €	5,00 €
Bereichskarte Museumsinsel (gilt für alle drei Museen)	18,00 €	9,00 €

Jahrgangskombiniertes Arbeiten,
vgl. Denken und Rechnen 3, S. 4 und 5.

6 Addieren

1 Frau Weber will im September verreisen. Für ihren Kurzurlaub von 3 Tagen findet sie verschiedene Angebote. Wie viel kostet jede Reise?

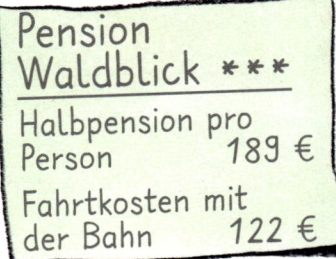

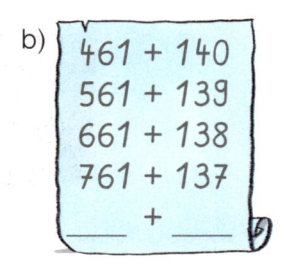

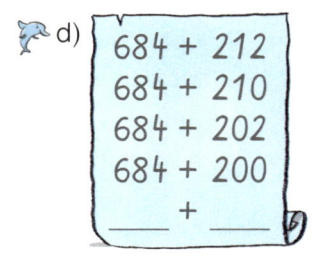

Parkhotel ★★★★
Halbpension pro Person 225 €
Fahrtkosten mit der Bahn 119 €

```
  2 2 5 €
+ 1 1 9 €
      1
      4 €
```

Hotel Sonnenhof ★★★★
Halbpension pro Person 246 €
Fahrtkosten mit der Bahn 89 €

Pension Waldblick ★★★
Halbpension pro Person 189 €
Fahrtkosten mit der Bahn 122 €

2 starke Päckchen

a)
550 + 250
550 + 253
550 + 256
550 + 259
+ _____

b)
461 + 140
561 + 139
661 + 138
761 + 137
+ _____

c)
400 + 444
398 + 444
396 + 444
394 + 444
+ _____

d)
684 + 212
684 + 210
684 + 202
684 + 200
+ _____

e) Welches Päckchen beschreibt Jana?

Jana: „Ich addiere immer zu der gleichen Zahl. Die zweite Zahl wird immer um ____ größer."

Vogel: „Deshalb wird die Summe immer um …"

f) Sucht andere Päckchen aus. Beschreibt sie euch gegenseitig.

g) Erfinde ein Päckchen, das zu Nicos Beschreibung passt.

Nico: „Die erste Zahl wird immer um 20 größer. Die zweite Zahl wird immer um 20 kleiner."

Affe: „Die Summe ist dann …"

3 Welche Aufgaben sind falsch gerechnet? Beschreibt euch gegenseitig die Fehler der Kinder.

a) 456 + 285 = 711 (Übertrag 1 1)
b) 395 + 224 = 629 (Übertrag 1)
c) 488 + 254 = 632 (Übertrag 1)
d) 507 + 107 = 624 (Übertrag 2)
e) 194 + 228 = 422 (Übertrag 1 1)
f) 522 + 369 = 891 (Übertrag 1)

g) 678 + 178 = 856 (Übertrag 1 1)
h) 550 + 179 = 590 (Übertrag 1)
i) 349 + 251 = 600 (Übertrag 1 1)
j) 699 + 312 = 387 (Übertrag 1)
k) 55 + 238 = 788
l) 306 + 287 = 592 (Übertrag 1)

4
a) Addiere zur Zahl 143 die Zahl 372. Welche Summe erhältst du?

b) Welche Zahl musst du zu 589 addieren, um 763 zu erhalten?

2 Diff.: Eigene Päckchen erfinden und beschreiben, ggf. als Partnerarbeit. Ideenheft zur Dokumentation für individuelle Strategien und Lernentwicklungen anlegen.

Subtrahieren

1 a) Von seinen 454 € Urlaubsgeld hat Herr Nowak schon 238 € ausgegeben. Wie viel Geld hat er noch?

```
a)  4 5 4 €
  - 2 3 8 €
        6 €
```

b) Frau Dorn hatte 490 € in ihrer Reisekasse. Jetzt hat sie noch 279 €. Wie viel Geld hat sie ausgegeben?

2 starke Päckchen

a) 847 − 698
847 − 699
847 − 700
847 − 701

b) 679 − 379
679 − 377
679 − 375
679 − 373

c) 951 − 400
951 − 399
951 − 398
951 − 397

d) 753 − 384
755 − 375
757 − 366
759 − 357

e) Welches Päckchen beschreibt Mirco?

Mirco: „Ich subtrahiere immer von der gleichen Zahl. Die zweite Zahl wird immer um 2 kleiner."

„Deshalb wird die Differenz immer um …"

f) Sucht andere Päckchen aus. Beschreibt sie euch gegenseitig.

g) Erfinde ein Päckchen, das zu Annas Beschreibung passt.

Anna: „Beide Zahlen werden immer um 50 kleiner."

„Die Differenz ist …"

3 Welche Aufgaben sind falsch? Beschreibt euch gegenseitig die Fehler der Kinder.

a) 748 − 327 = 521	b) 622 − 304 = 318	c) 584 − 275 = 319	d) 835 − 367 = 568	e) 304 − 126 = 288	f) 792 − 469 = 323
g) 960 − 582 = 478	h) 571 − 239 = 332	i) 762 − 49 = 272	j) 282 − 138 = 143	k) 351 − 238 = 217	l) 973 − 187 = 846

4 a) Welche Zahl musst du von 917 subtrahieren, um die Differenz 316 zu erhalten?

b) Subtrahiere die Zahl 451 von der Zahl 193. Welche Differenz erhältst du?

2 Diff.: Eigene Päckchen erfinden und beschreiben, ggf. als Partnerarbeit. 3 Fehlender Übertrag wird nicht als Fehler gesehen. 4 Ein Zahlenrätsel ist nicht lösbar;

Addieren und Subtrahieren

1 262, 404, 575

"Das sind Palindrome. Vorwärts und rückwärts gelesen sind sie gleich."

a) Finde selbst Palindrome.
b) Beim Addieren von Spiegelzahlen können Palindrome als Ergebnis herauskommen. Untersuche nach wie vielen Rechenschritten du ein Palindrom erhältst.

Wähle eine dreistellige Zahl und addiere sie mit ihrer Spiegelzahl.
Ist das Ergebnis ein Palindrom?
Nein? Dann nimm das Ergebnis und addiere die Spiegelzahl.
Addiere bis du ein Palindrom erhältst.

"Spiegelzahl."

```
  2 6 1
+ 1 6 2
  ¹
  4 2 3

  4 2 3
+ 3 2 4
  7 4 7  Palindrom
```

2
a) Berechne die Summe aus 426, 28 und 86.
b) Addiere zu 176 die Summe aus 464 und 343.
c) Welche Summe ergibt sich aus 519 und 386?
d) Addiere zum Doppelten von 255 die Zahl 290.
e) Wie groß ist die Summe aus dem Doppelten von 248 und der Hälfte von 496.
f) Wie groß ist die Hälfte der Summe von 476 und 524?

3 Welche Ziffern fehlen?

a) 345 + ☐☐☐ = 678
b) 222 + ☐☐☐ = 341
c) 176 + ☐☐☐ = 308
d) 107 + ☐☐☐ = 885
e) 9348 + ☐☐☐☐ = 17865

f) 3☐2 + 24☐ = ☐79
g) ☐2☐ + 1☐3 = 872
h) 68☐ + 2☐2 = ☐27
i) 479 + 2☐3 = ☐1☐
j) 137☐ + ☐88 = ☐6☐5

4
a) Berechne die Differenz von 867 und 398.
b) Subtrahiere von 1000 die Zahl 578.
c) Wie groß ist die Differenz von 423 und 718?
d) Wie groß ist die Differenz aus der Hälfte von 900 und der Hälfte von 700?
e) Wie groß ist die Differenz aus dem Doppelten von 455 und dem Doppelten von 255?
f) Berechne die Differenz aus der Hälfte von 968 und dem Doppelten von 242.

5
a) 684 − ☐☐☐ = 132
b) 974 − ☐☐☐ = 375
c) 518 − ☐☐☐ = 259
d) 707 − ☐☐☐ = 699
e) 92465 − ☐☐☐☐ = 9876

f) 53☐ − 2☐4 = ☐14
g) 733 − 2☐4 = ☐2☐
h) 42☐ − ☐45 = 2☐3
i) 905 − ☐3☐ = 2☐1
j) 2☐4 − 12☐☐ = ☐369

Multiplizieren und Dividieren

1 Die Kernzeitbetreuung richtet neue Räume ein und kauft einige Kisten mit Bausteinen.

a) Wie viele Teile sind es jeweils von einer Sorte?
b) Wie viele Teile sind es insgesamt?

2 Multipliziere. Schreibe auch die Grundaufgabe.

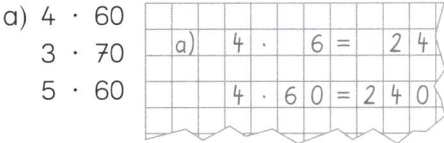

a) 4 · 60
   3 · 70
   5 · 60

a) 4 · 6 = 24
   4 · 60 = 240

b) 7 · 80
   4 · 20
   6 · 30

c) 8 · 40
   9 · 60
   3 · 80

d) 9 · 40
   8 · 80
   6 · 60

e) 3 · 200
   4 · 100
   3 · 300

3 Vergleiche. (>) (<) (=)

a) 6 · 2 ◯ 6 · 8
   8 · 7 ◯ 8 · 6
   5 · 3 ◯ 4 · 4

b) 7 · 4 ◯ 4 · 6
   6 · 7 ◯ 7 · 5
   4 · 8 ◯ 5 · 7

c) 3 · 40 ◯ 20 · 6
   70 · 7 ◯ 0 · 80
   90 · 6 ◯ 70 · 9

d) 9 · 30 ◯ 9 · 40
   5 · 60 ◯ 60 · 6
   40 · 8 ◯ 4 · 60

4 Rektorin Grüner möchte übers Internet Materialien für die Schule kaufen.
Wie viele Kisten muss sie jeweils bestellen?

200 Würfel
250 Spielfiguren
320 Muggelsteine
150 Murmeln

Warenkorb — Kasse

Menge ☐ Kiste mit 40 Würfeln
Menge ☐ Kiste mit 50 Spielfiguren
Menge ☐ Kiste mit 80 Muggelsteinen
Menge ☐ Kiste mit 30 Murmeln

5 Dividiere. Schreibe dazu die Umkehraufgabe.

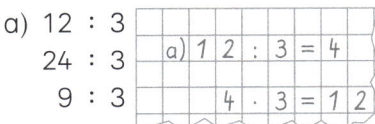

a) 12 : 3
   24 : 3
   9 : 3

a) 12 : 3 = 4
   4 · 3 = 12

b) 35 : 7
   42 : 7
   14 : 7

c) 100 : 50
   200 : 50
   450 : 50

d) 480 : 80
   160 : 80
   240 : 80

e) 270 : 90
   450 : 90
   180 : 90

6 Vergleiche. (>) (<) (=)

a) 18 : 3 ◯ 18 : 9
   24 : 8 ◯ 24 : 6
   30 : 5 ◯ 30 : 10

b) 60 : 6 ◯ 80 : 8
   81 : 9 ◯ 54 : 9
   20 : 4 ◯ 21 : 3

c) 180 : 20 ◯ 240 : 30
   150 : 30 ◯ 280 : 40
   320 : 80 ◯ 160 : 40

7 Wir haben 25 Murmeln zu verteilen.

25 : 3 = ___ R ___

24 : 6 = 4

a) 25 : 6 = ___ R ___
   26 : 6 = ___ R ___
   27 : 6 = ___ R ___
   28 : 6 = ___ R ___

b) 44 : 7 = ___ R ___
   46 : 7 = ___ R ___
   48 : 7 = ___ R ___
   50 : 7 = ___ R ___

Multiplizieren – Rechenwege

1 Wie viel Minuten Unterricht hat die Klasse 4a am Montag?

Wie rechnest du? Vergleicht und besprecht die Rechenwege.

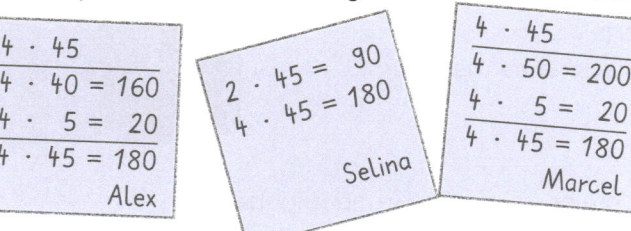

Eine Schulstunde dauert 45 Minuten.

4 a Stundenplan

Stunde	Mo	Di
1.	X	X
2.	X	X
Pause		
3.	X	X
4.	X	
Pause		
5.		
6.		

Alex:
4 · 45
4 · 40 = 160
4 · 5 = 20
4 · 45 = 180

Selina:
2 · 45 = 90
4 · 45 = 180

Marcel:
4 · 45
4 · 50 = 200
4 · 5 = 20
4 · 45 = 180

2 Wie rechnest du? Vergleicht miteinander.
a) 6 · 45   b) 8 · 45   c) 5 · 43   d) 6 · 43   e) 9 · 82

3 Rechne auf deinem Weg.

a)	b)	c)	d)	e)	f)
3 · 64	2 · 49	2 · 37	8 · 52	2 · 125	3 · 160
6 · 64	4 · 49	4 · 37	4 · 52	4 · 125	6 · 160
9 · 64	6 · 49	6 · 37	2 · 52	8 · 125	9 · 160
10 · 64	8 · 49	8 · 37	0 · 52	6 · 125	8 · 160

0 74 98 104 148 192 196 208 222 250 294 296 384 392 416 480 500 576 640 750 960 1000 1250 1280 1440

4

4 b Stundenplan

Stunde	Mo	Di	Mi	Do	Fr
1.	X	X	X	X	X
2.	X	X	X	X	X
3.	X	X	X	X	X
4.	X	X	X	X	X
5.	X	X		X	X
6.	X		X	X	

a) Wie viele Stunden und Minuten Unterricht hat die Klasse 4b an den einzelnen Tagen?
b) Wie viele Stunden und Minuten Unterricht erhält die Klasse 4b in der ganzen Woche?
c) In der Nordschule gibt es am Vormittag insgesamt 35 Minuten Hofpause. Wie viel Minuten sind das in der Woche?

5 Die Klasse 4c hat jede Woche 29 Unterrichtsstunden.

Ein Monat hat 4 Wochen. *Ein Schuljahr hat 9 Monate.*

a) Wie viele Unterrichtsstunden sind das im Monat?
b) Wie viele Unterrichtsstunden sind das in drei Monaten?
c) Wie viele Unterrichtsstunden sind das in sechs Monaten?
d) Wie viele Unterrichtsstunden sind das in einem Schuljahr?

6 a)
1 · 25
3 · 25
5 · 25

Die erste Zahl wird immer um ___ größer. Ich multipliziere immer mit derselben Zahl.

Deshalb wird das Ergebnis immer … .

b) Erfindet eigene Päckchen. Dein Partner beschreibt sie.

1 und **2** Rechenwege vergleichen. Rechenstrategien besprechen.
2 Nach der Ergebniskontrolle mit dem Partner eigene Fehler besprechen.

Dividieren – Rechenwege

1 Mit 96 Kindern fährt die Burgschule ins Schullandheim.
Immer vier Kinder sollen ein Zimmer belegen.
Wie viele Zimmer müssen gebucht werden?

Wie rechnest du? Vergleicht
und besprecht die Rechenwege.

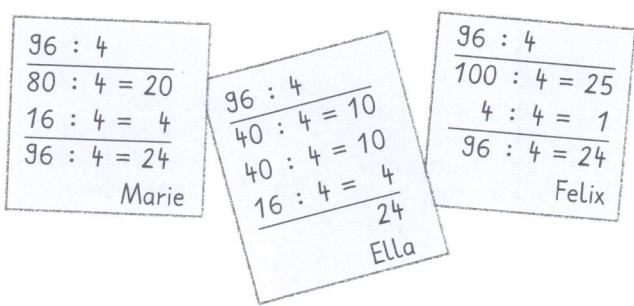

Marie:
96 : 4
80 : 4 = 20
16 : 4 = 4
96 : 4 = 24

Ella:
96 : 4
40 : 4 = 10
40 : 4 = 10
16 : 4 = 4
24

Felix:
96 : 4
100 : 4 = 25
4 : 4 = 1
96 : 4 = 24

2 Wie rechnest du? Vergleicht miteinander.
a) 104 : 4   b) 52 : 4   c) 72 : 3   d) 75 : 3   e) 96 : 8

3 Rechne auf deinem Weg.
a) 88 : 4   b) 84 : 7   c) 95 : 5   d) 87 : 3   e) 98 : 7   f) 196 : 4
   92 : 4   84 : 6   100 : 5   96 : 3   147 : 7   186 : 6
   48 : 3   96 : 8   110 : 5   102 : 6   104 : 8   195 : 5
   45 : 3   96 : 6   120 : 5   108 : 9   136 : 8   219 : 3

12 12 12 13 14 14 15 16 16 17 17 18 19 20 21 22 22 23 24 29 31 32 39 49 73

4 Wie oft im Monat müssen die Kinder gefahren werden?

a) Meltem hat sich zum Fußballtraining und für die
Klavierstunde angemeldet. Nun muss ihn seine Mutter
im neuen Schuljahr insgesamt 108-mal fahren.

b) Meltems großer Bruder muss noch öfter gefahren werden:
144-mal im Schuljahr.

c) Zu welchem Hobby musst du gefahren werden?
Wie oft im Monat?

Ein Schuljahr hat etwa 9 Monate.

5 a) Herr Schnell fährt an fünf Tagen in der Woche zur Arbeit.
Insgesamt legt er 365 km zurück. Wie viel Kilometer fährt er am Tag?

b) Herr Schnell wechselt seinen Arbeitsplatz und fährt nun in einer Woche nur noch 260 km.
Wie weit liegt der Arbeitsplatz von seiner Wohnung entfernt?

c) Frau Schnell arbeitet vier Tage in der Woche und fährt wöchentlich 144 km.

d) Wie weit ist die Arbeit deiner Mutter und deines Vaters entfernt?
Schätze. Berechne die zurückgelegten Kilometer pro Tag, pro Monat und pro Jahr.

6 a)
57 : 3
87 : 3
117 : 3
147 : 3

Die erste Zahl wird immer um ___ größer. Ich dividiere immer durch dieselbe Zahl.

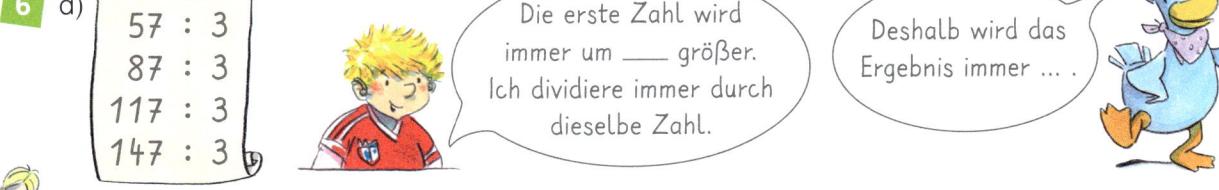

Deshalb wird das Ergebnis immer ... .

b) Erfindet eigene Päckchen. Dein Partner beschreibt sie.

1 und 2 Verschiedene Rechenwege vergleichen.
Rechenstrategie: Nachbaraufgaben nutzen. 5 Diff.: Weitere
Fragen zu Familie Schnell finden, berechnen und beantworten.

12 S Sachaufgaben – Preistabellen

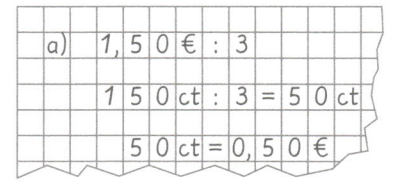

Vanille-Möhren-Muffins

ZUTATEN FÜR 12 STÜCK

- 100 g Butter
- 200 g Möhren
- 250 g Mehl
- 2 TL Backpulver
- 1/4 TL Salz
- 2 Eier
- 100 g Zucker
- 250 g Vanillejoghurt
- 30 g gehackte Mandeln
- 12 Papierförmchen

Möhren schälen und fein raspeln. Alle trockenen Zutaten mischen.

Butter zerlassen. Eier mit Zucker, Butter und Vanillejoghurt verquirlen. Mehlmischung zügig unterrühren. Zum Schluss Möhrenraspeln unterheben.

Den Teig in die Förmchen füllen, mit den Mandeln bestreuen. Im Backofen (Mitte, Umluft 170°) 30 min backen.

1 Wie viel kostet das Mehl für 12 Muffins? Wie rechnest du?

Ich kaufe 1 kg Mehl für 1,20 €, brauche aber nur 250 g.

Mats
1 kg kostet 1,20 €
500 g kosten 0,60 €
250 g kosten

Ellen

Mehl	
Gewicht	Preis
1000 g	1,20 €
500 g	
250 g	

Nina
250 g = 1000 g : 4
also:
1,20 € : 4 =

2
a) 1,50 € : 3
1,50 € : 5
1,50 € : 10
1,50 € : 2

a) 1,50 € : 3
150 ct : 3 = 50 ct
50 ct = 0,50 €

b) 2,40 € : 8
2,40 € : 2
2,40 € : 4
2,40 € : 3

c) 6,40 € : 8
6,40 € : 4
6,40 € : 2
6,40 € : 10

3 Wie viel kosten die einzelnen Zutaten für 12 Muffins? Rechne mithilfe einer Tabelle.

a) **Möhren**

Gewicht	Preis
1000 g	3,00 €
100 g	
200 g	

b) **Zucker**

Gewicht	Preis
1000 g	0,80 €
500 g	
100 g	

c) **Butter**

Gewicht	Preis
250 g	2,00 €
50 g	
100 g	

d) **Vanillejoghurt**

Gewicht	Preis
100 g	0,60 €
50 g	
200 g	
250 g	

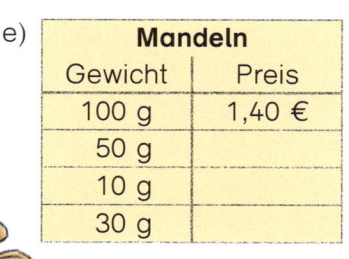

e) **Mandeln**

Gewicht	Preis
100 g	1,40 €
50 g	
10 g	
30 g	

Erkläre, wie du in den Tabellen vorgehst.

4 a) Berechnet die Gesamtkosten für zwölf Vanille-Möhren-Muffins.

Zutat	Preis
100 g Butter	0,80 €
200 g Möhren	

Backpulver, Salz und zwei Eier kosten zusammen 45 ct.

b) Im Supermarkt kostet eine Packung mit sechs Muffins 2,59 €. Vergleiche mit den selbstgemachten Muffins. Für welche würdest du dich entscheiden?

Die Zahlen bis 10 000 – Stellenwertsystem

1 Immer 10 000. Erkläre den Unterschied von Bild zu Bild.

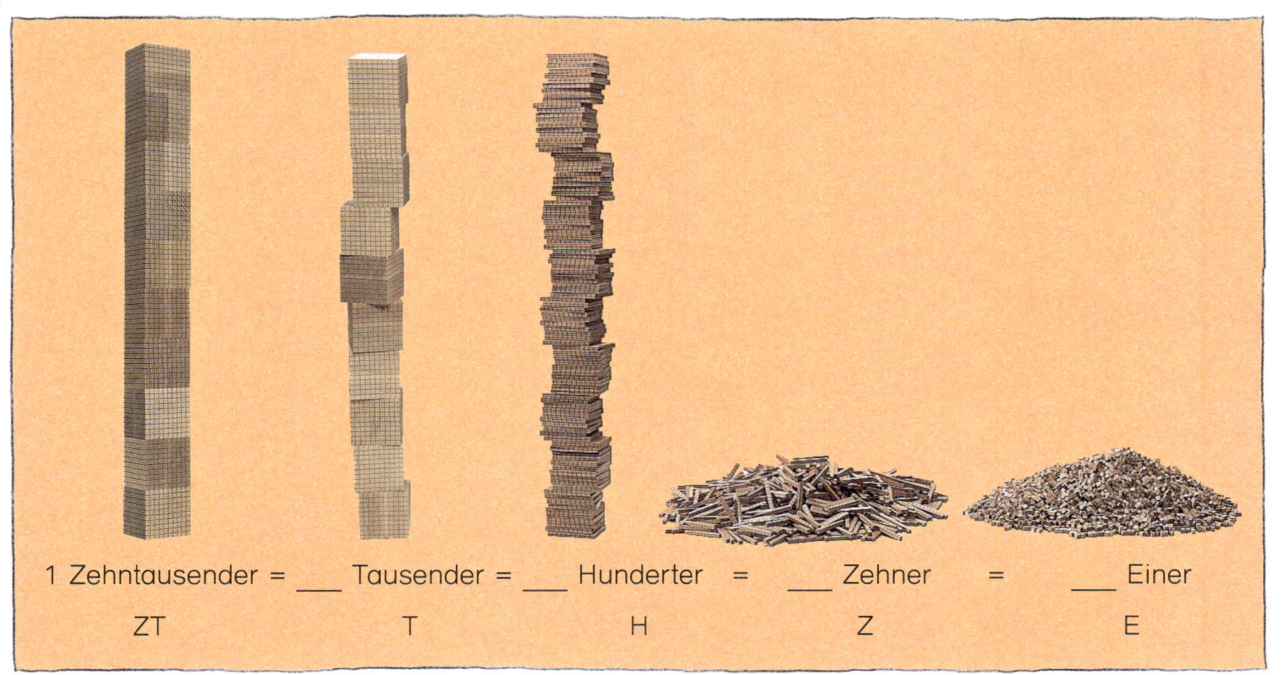

1 Zehntausender = ___ Tausender = ___ Hunderter = ___ Zehner = ___ Einer
ZT   T   H   Z   E

2 Notiere in einer Stellenwerttafel und schreibe als Zahl.

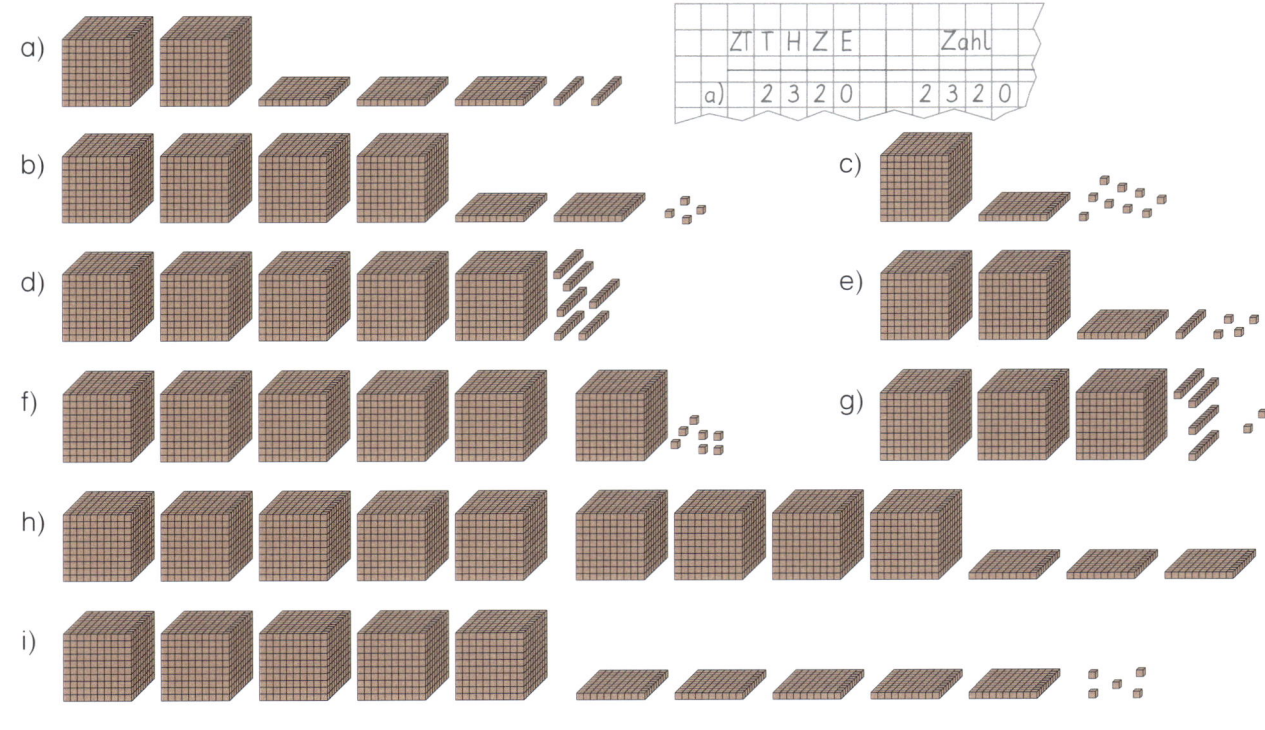

ZT	T	H	Z	E		Zahl
a)	2	3	2	0		2 3 2 0

a) b) c) d) e) f) g) h) i)

3 Lest die Zahlen abwechselnd.

5 236
fünftausend zweihundert-
sechsunddreißig

a)	b)	c)	d)
7 260	1 213	6 200	3 090
9 830	3 542	7 903	4 001
4 110	6 971	8 000	5 209
5 620	2 489	5 621	8 010
5 250	7 355	10 000	6 501

Die Zahlen bis 10 000 – Zahlenkarten

Aus Zahlenkarten vierstellige Zahlen aufbauen.

fünftausend-zweihundert-sechsunddreißig

5 236

1 Welche Zahl könnt ihr jeweils mit den Zahlenkarten zusammensetzen? Schreibt und lest sie euch gegenseitig vor.

a) 4000, 500, 70, 3
b) 8000, 700, 60, 2
c) 7000, 500, 70, 3
d) 9000, 900, 5

a) 4573

2 Welche Zahlenkarten wurden zusammengesetzt? Schreibe die Additionsaufgabe.

a) 6000 + 500 + 40 + 3 = 6543
b) 9000, 100, 20, 5
c) 1000, 800, 50, 1
d) 5000, 40, 8
e) 7000, 300, 90
f) 3000, 700, 5

3 800   5000   70   6   4000   60

Lege Zahlen mit diesen Zahlenkarten. Verwende eine, zwei, drei oder vier Karten. Schreibe auf.
a) fünf verschiedene Zahlen
b) die größte Zahl
c) die kleinste Zahl
d) alle Zahlen, die größer als 4000 sind

4 a) Diktiert euch abwechselnd die Zahlen. Legt sie mit Zahlenkarten. Schreibt sie auf.

A neuntausendfünfhunderteinundzwanzig   A 9521
B achttausendneunhundertsiebzehn
D eintausendeinhundertfünfzig
F viertausendsiebenhundertsechsundsechzig

C zweitausendfünfundneunzig
E eintausendeinhundertfünfzehn
G dreitausendachthundertsiebzig

b) Denkt euch weitere Zahlen aus.

5 Notiere in einer Stellenwerttafel und schreibe als Zahl.

a) 1T 3Z 4E
5T 3H 7Z 2E
8T 6H 8Z 2E
3T 4H 5Z
6T 6H 6E

ZT	T	H	Z	E	Zahl
a)	1	0	3	4	1034

b) 5H 4T 3Z 9E
7E 3Z 5T
6Z 3H 7E 1T
9E 7T 6Z
3H 3T

c) 8T 3H 26E
5T 3H 20E
26H 23E
1T 4H 30Z
4T 15Z

Die Zahlen bis 10 000 – Kombinieren von Ziffern

1 Verwende immer diese vier Ziffernkarten: 5, 2, 3, 4.
a) Lege gerade Zahlen.
b) Lege ungerade Zahlen.
c) Lege Zahlen zwischen 4 000 und 5 000.
d) Lege die kleinste Zahl.
e) Lege die größte Zahl.

a) gerade Zahlen: 5342, ...

Die Einerstelle ist gerade, also ist die ganze Zahl gerade.

2 *Wenn ich alle Ziffern einer Zahl addiere, erhalte ich die Quersumme. Zahl 6713 Quersumme 6 + 7 + 1 + 3 = 17*

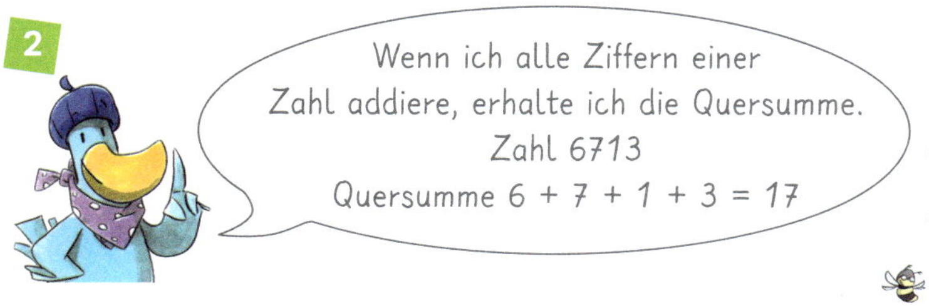

Lege vierstellige Zahlen mit den angegebenen Quersummen.
a) Quersumme 10
b) Quersumme 8
c) Quersumme 15
d) Quersumme 20
🐝 e) Quersumme 3
🐝 f) Quersumme 7

3 Kann das stimmen?
a) Die größte vierstellige Zahl besteht aus vier gleichen Ziffern.
b) Es gibt tausend dreistellige Zahlen.
c) Es gibt sechs Zahlen, die einstellig und gerade sind.

4 Leni hat die Zahlenkombination ihres Fahrradschlosses vergessen. Sie weiß nur noch die Ziffern 1, 5, 7, 9. Findet alle vierstelligen Zahlen mit diesen Ziffern. Es gibt 24 Möglichkeiten.

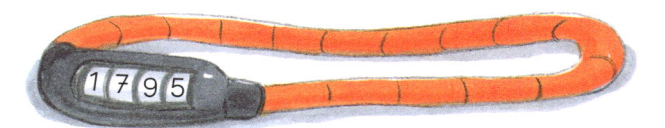

Lina: *Für die erste Stelle kann ich zwischen den vier Ziffern 1, 5, 7, 9 wählen.*

Kim: *Für die zweite Stelle gibt es nur noch 3 Ziffern.*

Nelly: *Für die dritte Stelle bleiben nur noch...*

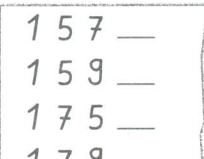

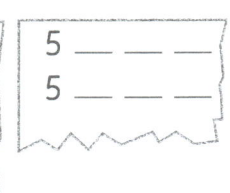

157 _
159 _
175 _
179 _
195 _

5 _ _ _
5 _ _ _

5 🐝 Noahs Fahrradschloss hat eine Zahlenkombination mit den Ziffern 2, 4, 4, 8. Finde alle Möglichkeiten.

Ziffernkarten von 0 bis 9 verwenden.

16 Die Zahlen bis 10 000 – Zahlenstrahl

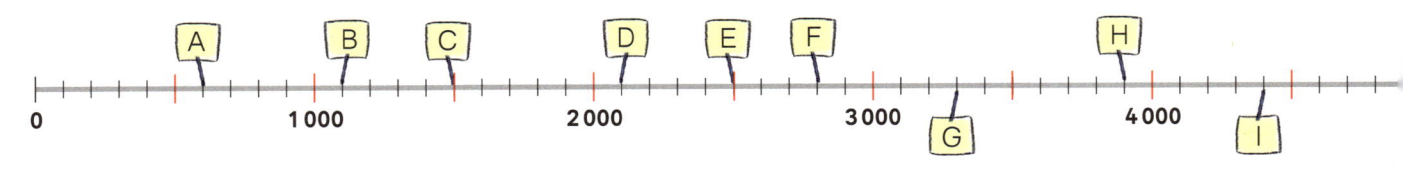

1 Jeder Buchstabe steht für eine Zahl.
Ein Kind liest die Zahl und das andere Kind schreibt sie auf.

| A | 6 | 0 | 0 | , | B | 1 | | |

2 Zeigt am Zahlenstrahl. Ordnet jeweils nach der Größe. Beginnt mit der kleinsten Zahl.

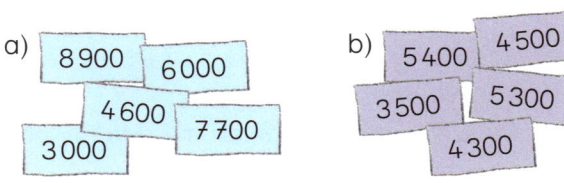

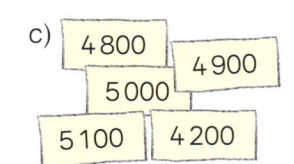

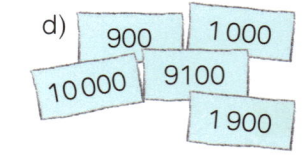

a) 8900, 6000, 4600, 7700, 3000

b) 5400, 4500, 3500, 5300, 4300

c) 4800, 4900, 5000, 5100, 4200

d) 900, 1000, 10000, 9100, 1900

3 Welche Zahl könnte es sein?

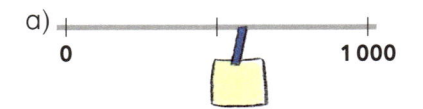

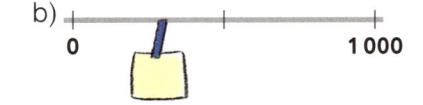

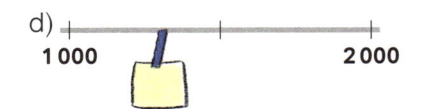

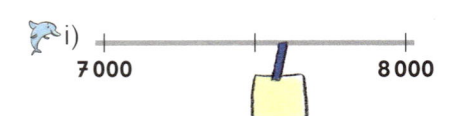

a) 0 – 1000
b) 0 – 1000
c) 0 – 1000
d) 1000 – 2000
e) 1000 – 2000
f) 1000 – 2000
g) 5000 – 6000
h) 6000 – 7000
i) 7000 – 8000

4 Finde die Nachbarzahlen.

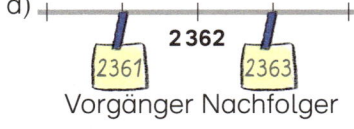

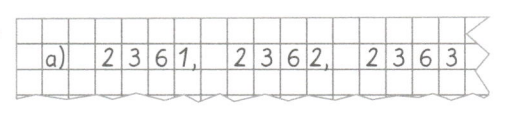

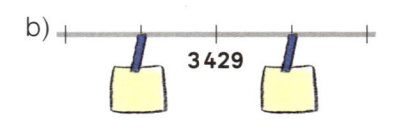

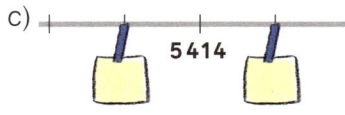

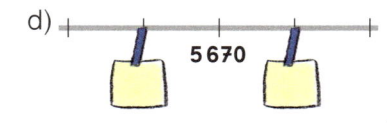

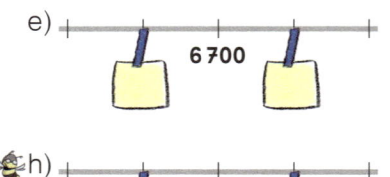

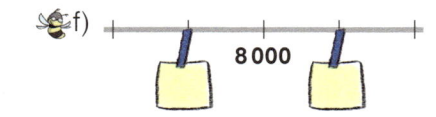

a) 2361, **2362**, 2363 — Vorgänger Nachfolger

| a) | 2 | 3 | 6 | 1 | , | 2 | 3 | 6 | 2 | , | 2 | 3 | 6 | 3 |

b) 3429
c) 5414
d) 5670
e) 6700
f) 8000
g) 7000
h) 9000

5 Schreibe die Nachbarzahlen auf.

a)
1394	1395	
	3495	
	5893	
	7673	

b)
	3999	
	4999	
	6888	
	7888	

c)
	7513	
	4896	
	6999	
	5000	

d)
	9765	
	8003	
	9999	
	6000	

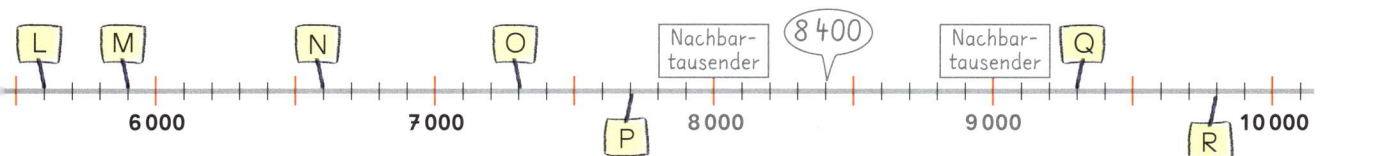

6 Schreibe die Nachbarzehner auf.

a)
8320	8325	8330
	481	
	1117	
	9883	
	4742	

b)
	2184	
	6479	
	936	
	7194	
	3721	

c)
	4319	
	5021	
	9388	
	273	
	1994	

7 Schreibe die Nachbarhunderter auf.

a)
1400	1435	1500
	2498	
	3540	
	999	
	7620	

b)
	1988	
	4222	
	6355	
	6950	
	9443	

c)
	2999	
	6999	
	4444	
	9501	
	3217	

8 Suche die Zahl am Zahlenstrahl.

5207

a) Welches sind die Nachbarzehner und Nachbarhunderter dieser Zahl? Was fällt dir auf?
b) Suche weitere solcher Zahlen.

9 Schreibe die Nachbartausender auf.

a)
1000	1500	2000
	1760	
	2300	
	3450	
	9270	

b)
	2450	
	3560	
	5380	
	4945	
	8777	

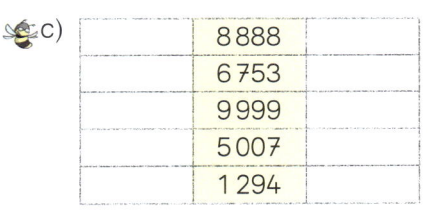

c)
	8888	
	6753	
	9999	
	5007	
	1294	

10
a) Wie heißt der kleinere Nachbartausender von 789?

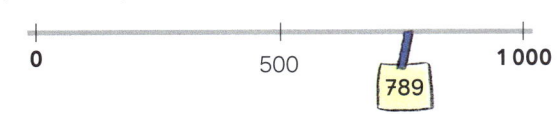

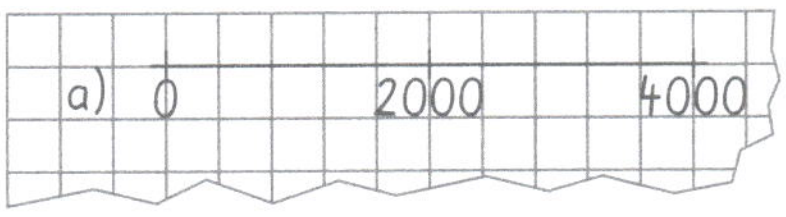

b) Suche weitere Zahlen, die als kleinen Nachbartausender die 0 haben.

11 Welche Zahl liegt jeweils genau in der Mitte? Zeige zuerst am Zahlenstrahl.

a) zwischen 0 und 4000
b) zwischen 0 und 6000
c) zwischen 0 und 8000
d) zwischen 0 und 5000
e) zwischen 0 und 7000
f) zwischen 5000 und 10000
g) zwischen 2000 und 6000

8 und 10 Ideenheft.

Die Zahlen bis 10 000 – Vergleichen und Zerlegen

1 Zähle in Zehnerschritten. Dein Partner kontrolliert.
  a) von 3970 bis 4040
  b) von 2440 bis 2530
  c) von 6740 bis 6870
  d) von 5450 bis 5360
  e) von 4230 bis 4110
  f) von 7410 bis 7290
  g) Bei welcher Aufgabe brauchst du die meisten Zehnerschritte?

2 Zählt in Schritten. Welche Schritte sind es? Überlegt gemeinsam wie groß die Schritte sind.
  a) 1800, 2800, … 9800
  b) 6600, 6700, … 7800
  c) 9800, 9600, … 8200
  d) 7500, 7900, … 9900
  e) 2400, 2300, … 1600
  f) 5500, 5450, … 5000

3 Lies die Zahlen laut. Zerlege die Zahlen in Tausender, Hunderter, Zehner und Einer.
  a) 7324   a) 7 3 2 4 = 7 0 0 0 + 3 0 0 +
     7340
  b) 3005
     5003
  c) 329
     3920
  d) 1234
     2143
  e) 8503
     8350
  f) 6001
     6101
  g) 5550
     5055
  h) 2092
     290
  i) 713
     7331
  j) 9145
     5901

4 Vergleiche. (>) (<) (=)
  a) 6324 ◯ 6224
     3446 ◯ 3451
     2514 ◯ 2513
     4625 ◯ 5112
     1456 ◯ 1654
  b) 2455 ◯ 2544
     4213 ◯ 4213
     2642 ◯ 2552
     3621 ◯ 3631
     5314 ◯ 5315

5 Welche Zahlenpaare kannst du vergleichen, ohne die verdeckten Ziffern zu kennen?
  a) 1323 ◯ 12▒5
     343▒ ◯ 344▒
     55▒6 ◯ 56▒1
     465▒ ◯ 464▒
  b) 62▒4 ◯ 63▒▒
     2▒12 ◯ 2▒44
     15▒5 ◯ 166▒
     4▒▒▒ ◯ 58▒▒

6 **Die höhere Zahl gewinnt**
(Würfelspiel für 2 bis 4 Spieler)

Jeder würfelt viermal hintereinander und überlegt nach jedem Wurf, an welche Stelle die Zahl geschrieben wird.

a) Spielt das Spiel.
b) An welche Stelle würdest du die gewürfelte Zahl schreiben? Begründe.

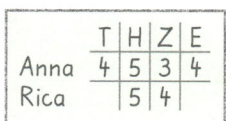

	T	H	Z	E
Anna	4	5	3	4
Rica		5	4	

	T	H	Z	E
Lars	4	5	2	1
Jan	4		2	

	T	H	Z	E
Oliver	2	4	3	3
Paul		4	2	

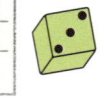

c) Neue Spielregel: Jetzt wird abwechselnd gewürfelt.

d) Wer hat noch eine Chance zu gewinnen? Erkläre verschiedene Möglichkeiten.

	T	H	Z	E
Jule		3	6	3
Pia	5	3		6

	T	H	Z	E
Finn	6	4	2	
Carina	6		5	1

	T	H	Z	E
Luisa	5	3	6	
Hanna	5	4	1	

	T	H	Z	E
Julika	3	6		2
Tommy		1	3	4

Wenn Jule eine 6 würfelt und Pia eine 6, dann hat Jule gewonnen. Wenn Jule aber eine 5 würfelt und Pia eine …

e) Überlegt selbst neue Spielregeln.

Tangram

19

1 Aus einem Quadrat entstehen die sieben Teile eines Tangrams.
Beschreibe deinem Partner aus welchen Flächen die Teile eines Tangrams bestehen.
Stelle dir aus Karopapier ein eigenes Tangram her.

2 Für jede Figur benötigst du alle sieben Teile. Lege die Figuren nach.
Vergleiche mit deinem Partner.

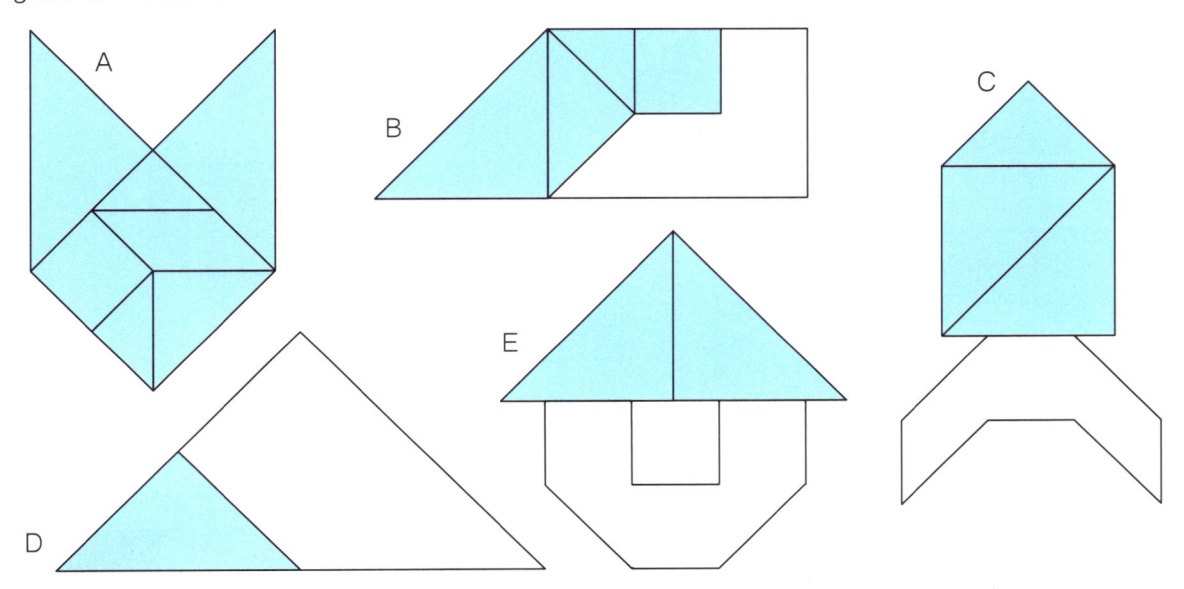

A   B   C
E
D

3 Betrachte die Umrisse. Lege die Figuren nach.
Verwende immer alle sieben Teile. Vergleiche mit deinem Partner.

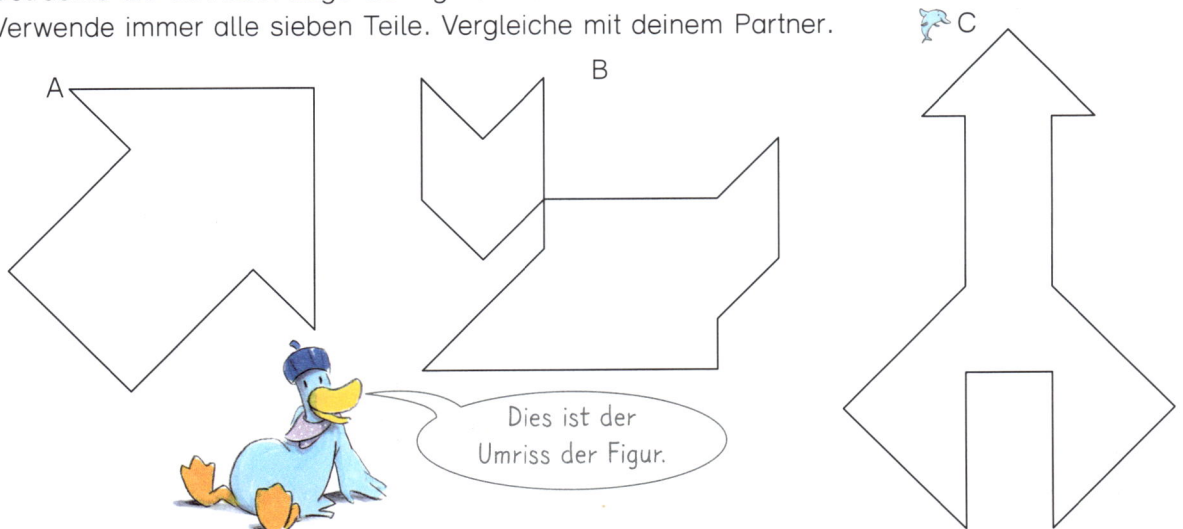

A   B   C

Dies ist der Umriss der Figur.

4 Lege eigene Figuren. Zeichne die Umrisse. Dein Partner legt die Figuren aus.

1 Quadrat auf Karopapier zeichnen. Teile einzeichnen, auf Pappe kleben und ausschneiden.
4 Ideenheft verwenden.

Kopfgeometrie – Flächen zusammensetzen

1 Welche zwei Teile könnt ihr jeweils zu diesem Quadrat zusammensetzen?
Beschreibe deinem Partner deinen Lösungsweg.

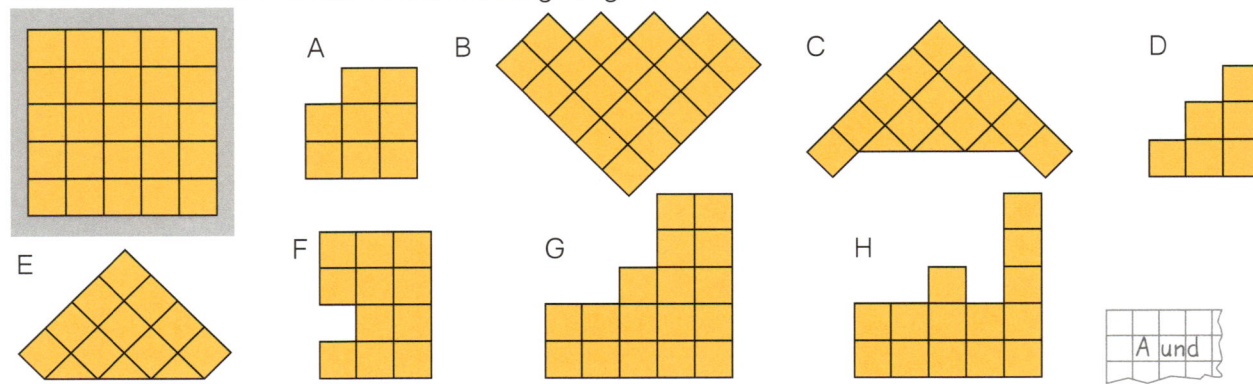

A und

2 Welche zwei Teile ergeben jeweils dieses Rechteck? Tausche dich mit deinem Partner aus.

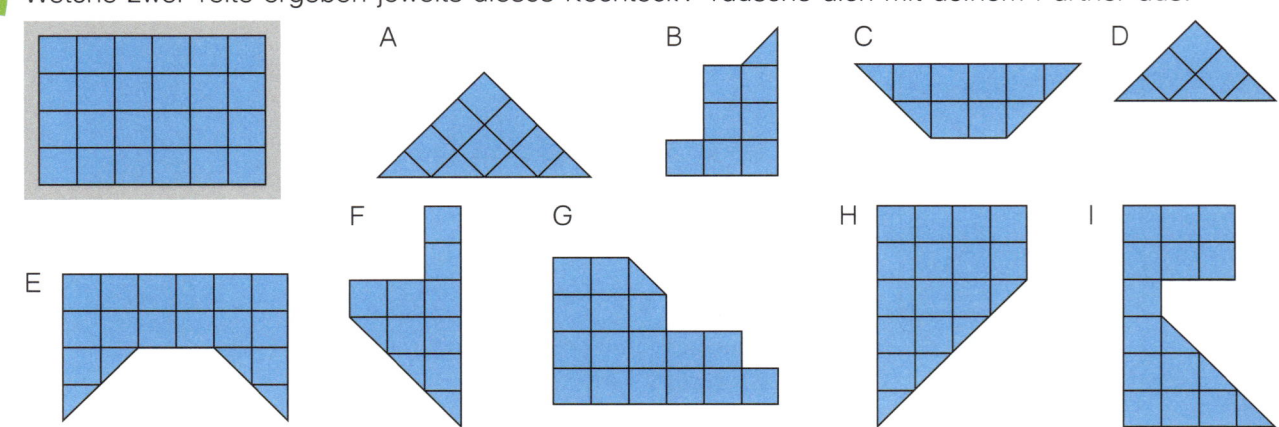

3 Welche zwei Teile ergeben jeweils dieses Dreieck?
Beschreibe deinem Partner deinen Lösungsweg.

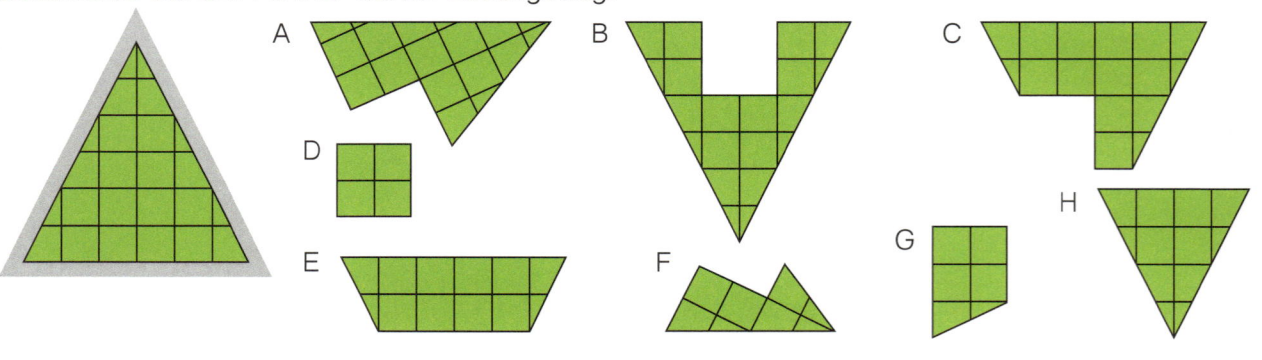

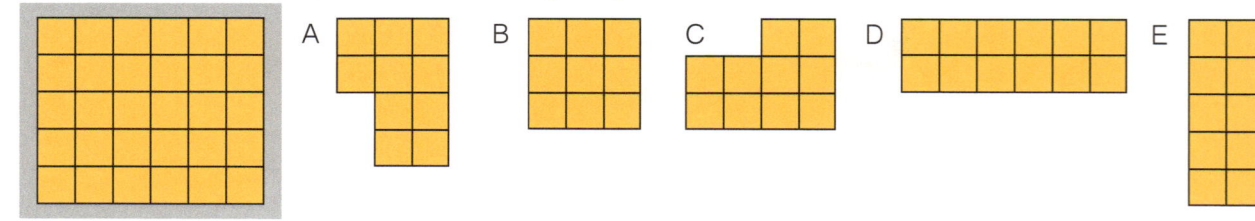

4 Welche drei Teile lassen sich zu diesem Rechteck zusammensetzen?
Beschreibe deinem Partner deinen Lösungsweg.

2 Ein Teil bleibt übrig. Diff: Teile zeichnen, ausschneiden und zusammensetzen.

Kopfgeometrie – Faltschnitte

1 Vom Quadrat zum Stern.

① Falte ein quadratisches Blatt zweimal.

② Zeichne und schneide entlang der Linie.

③ Falte beide Teile auseinander.

2 Welche Teile gehören zusammen? Versuche, diese Faltschnitte selbst herzustellen. Erfinde eigene.

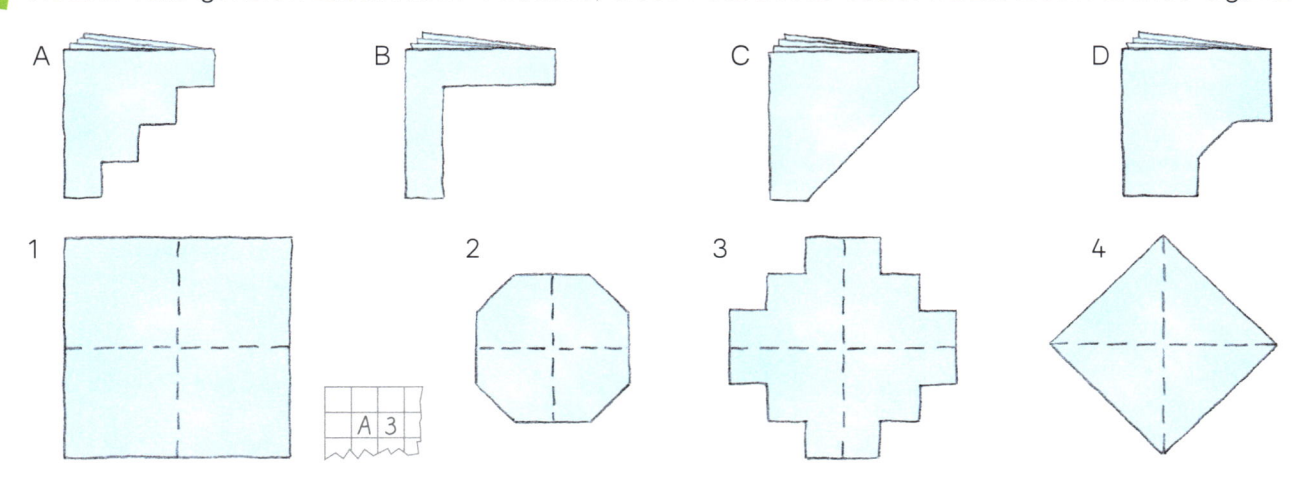

A   B   C   D

1   2   3   4

A 3

3 Auch hier wurde ein quadratisches Blatt zweimal gefaltet und in der Mitte wurde ein Stück herausgeschnitten. Wie sieht das herausgeschnittene Stück aus, wenn es aufgefaltet ist? Zeichne den Umriss des herausgeschnittenen Stücks in dein Heft.

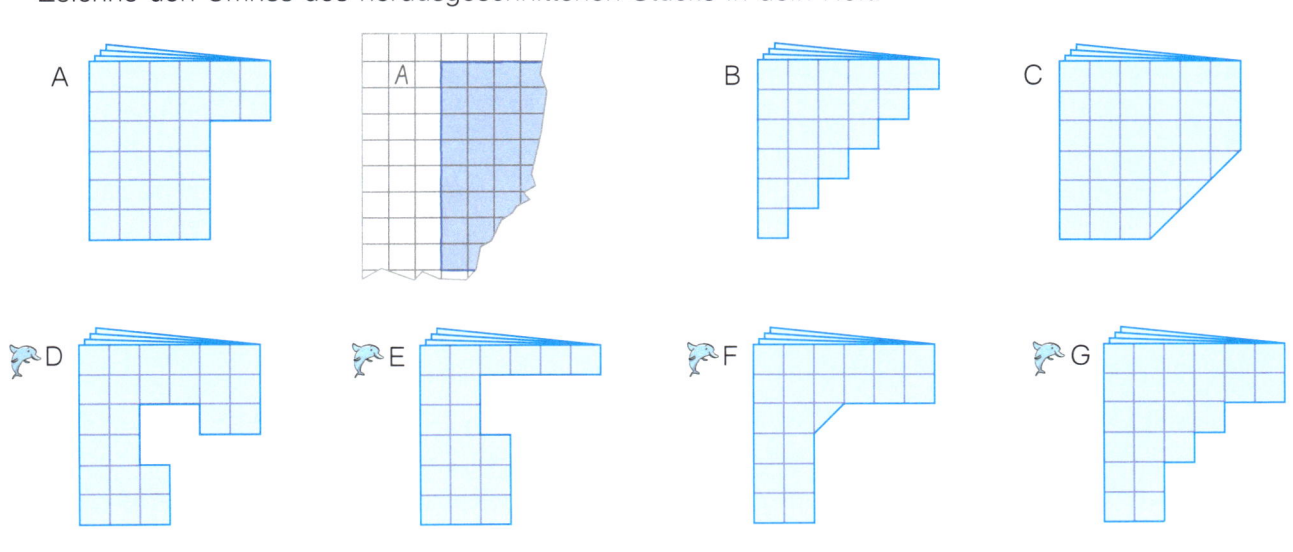

A   A   B   C

🐬 D   🐬 E   🐬 F   🐬 G

3 Diff.: Jeweils alle Symmetrieachsen eintragen. Mit dem Spiegel prüfen.

Falten – Streifenwürfel

1 Bauanleitung für deinen Streifenwürfel.

① Schneide drei Streifen mit der Länge 20 cm und der Breite 4 cm aus. Teile jeden Streifen in fünf gleich große Quadrate.

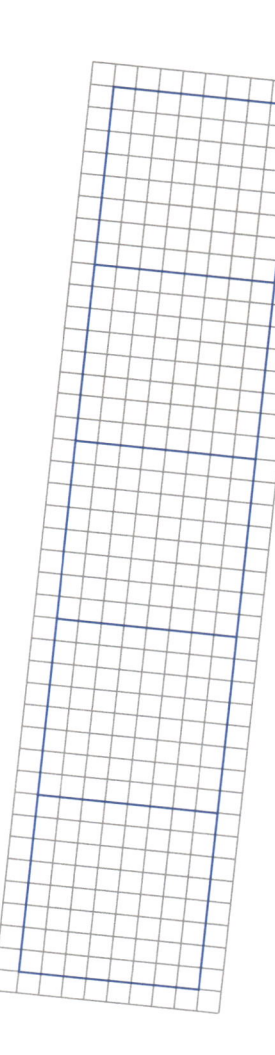

② Male die drei Streifen auf beiden Seiten in derselben Farbe an. Falte jeden Streifen jeweils viermal.

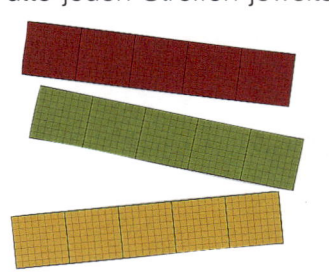

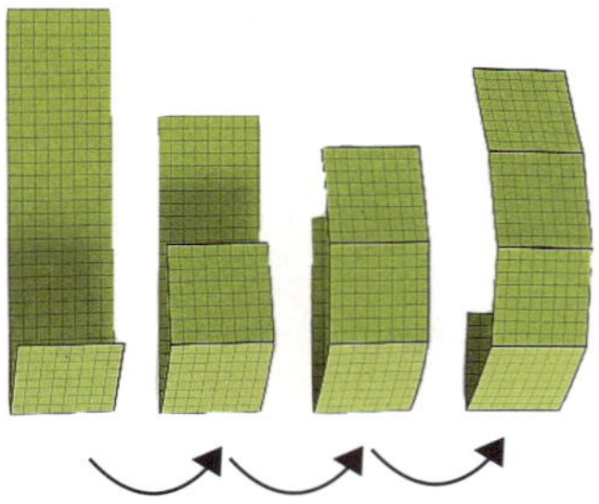

③ Lege aus zwei Streifen ein Kreuz.

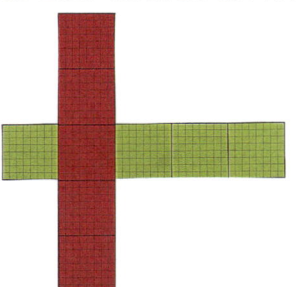

④ Falte den roten Streifen hoch und lege die äußeren Quadrate übereinander.

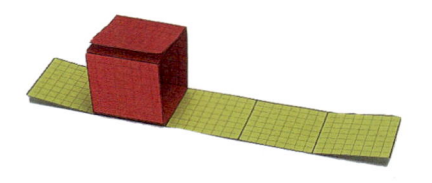

⑤ Falte den grünen Streifen darüber.

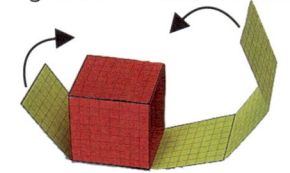

Jetzt sieht es so aus:

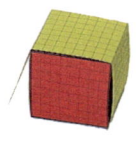

⑥ Schiebe den gelben Streifen vorne durch.

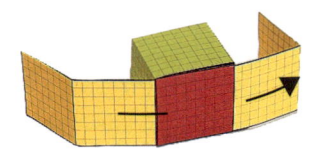

⑦ Stecke die Enden an den gegenüberliegenden Kanten ein.

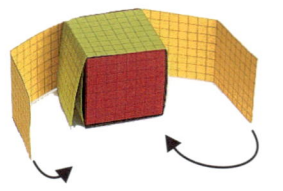

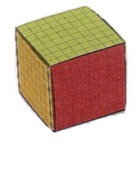

2 Baut das Würfelgebäude nach.
a) Wie viele Würfel benötigt ihr?
b) Betrachtet das Würfelgebäude von allen Seiten und von oben. Notiert wie viele rote, gelbe und grüne Würfelflächen insgesamt sichtbar sind.
c) Dreht die Würfel. Gleiche Farben sollen immer in die gleiche Richtung zeigen und das Würfelgebäude soll seine Form behalten. Welche Möglichkeiten findet ihr?
d) Baut andere Würfelgebäude. Vergleicht die Anzahl der sichtbaren Flächen und Farben.

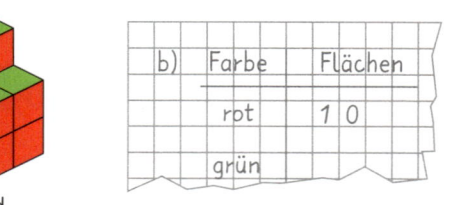

b) Farbe	Flächen
rot	10
grün	

1 Evtl. farbiges Papier verwenden.
2 Ideenheft verwenden.

Zum Tausender hin – vom Tausender weg   23

1 Im Eisstadion gibt es 3000 Plätze. Für ein Spiel wurden im Vorverkauf 1730 Karten verkauft.
Wie viele Karten sind noch übrig?
Wie rechnest du?
Vergleicht und besprecht.

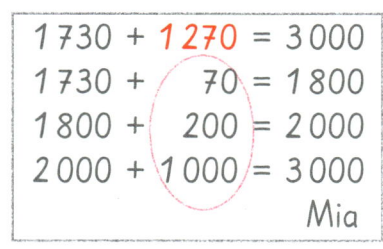

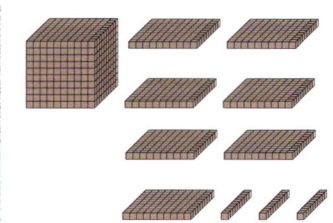

1730 + ___ = 3000

1730 + **1270** = 3000
1730 + 70 = 1800
1800 + 200 = 2000
2000 + 1000 = 3000
              Mia

2
a) 4800 + ___ = 5000
   4810 + ___ = 5000
   4700 + ___ = 5000
   4912 + ___ = 5000

b) 2200 + ___ = 3000
   2180 + ___ = 3000
   2450 + ___ = 3000
   2770 + ___ = 3000

c) 7500 + ___ = 9000
   7540 + ___ = 9000
   7700 + ___ = 9000
   7890 + ___ = 9000

3 Ergänze jeweils zu drei verschiedenen Tausenderzahlen. Was fällt dir auf?

a) 3400
e) 9480

a) 3400 + 600 = 4000
   3400 + ___ = 6000

b) 5200
f) 576

c) 8990
g) 2735

d) 1840
h) 3679

4 Wie rechnest du? Vergleicht und besprecht.

3000 – 1620 = ___

3000 – **1620** = 1380
3000 – 1000 = 2000
2000 – 600 = 1400
1400 – 20 = 1380
            Alex

5 Wie viele Karten sind noch übrig?

Karten	3000	4000	2000	1000	2000	3000	2000	4000	3000
verkaufte Karten	720	870	1850	640	780	2860	930	3200	850

6
a) 4000 – 200
   4000 – 500
   6000 – 300

b) 1000 – 70
   8000 – 50
   9000 – 40

c) 1000 – 360
   5000 – 360
   6000 – 420

d) 1000 – 7
   2000 – 7
   7000 – 8

e) 5000 – 452
   3000 – 1110
   8000 – 2540

640 930 993 1890 1993 3500 3800 4548 4640 5460 5580 5690 5700 6992 7950 8960

7
a) 10000 – 2000
   10000 – 2500
   10000 – 5000

b) 10000 – 300
   10000 – 600
   10000 – 900

c) 10000 – 70
   10000 – 40
   10000 – 80

d) 10000 – 8
   10000 – 5
   10000 – 3

5000 7500 8000 9100 9400 9700 9920 9930 9960 9981 9992 9995 9997

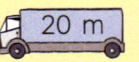

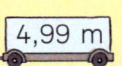

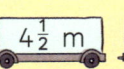

8 10 m   5 m   20 m   –   2,50 m   4,99 m $4\frac{1}{2}$ m   25 cm   7 cm

Addieren und Subtrahieren bis 10 000

1 Rechne. Besprecht und erklärt.

a) 2478 + 3000
b) 2478 + 300
c) 2478 + 30
d) 2478 + 3

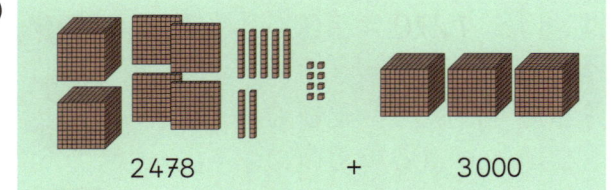

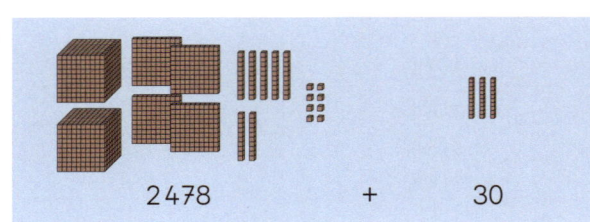

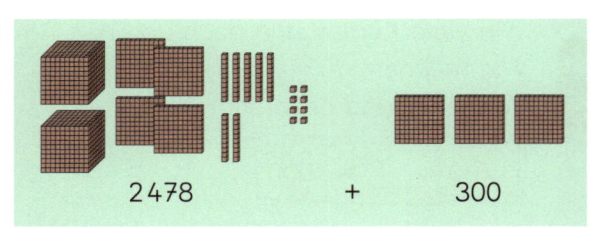

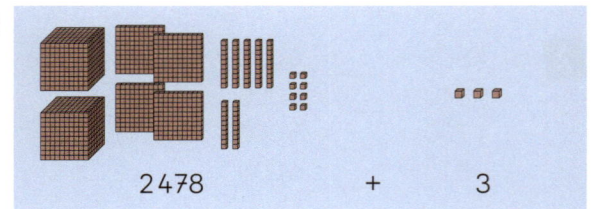

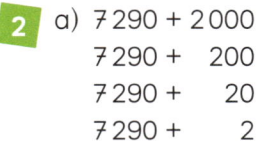

2
a) 7290 + 2000
7290 + 200
7290 + 20
7290 + 2

b) 3127 + 5000
3127 + 500
3127 + 50
3127 + 5

c) 2300 + 400
2300 + 4000
2300 + 40
2300 + 4

d) 6700 + 3
6700 + 3000
6700 + 300
6700 + 30

3
a) 29 + 7
329 + 7
8329 + 7

b) 65 + 30
265 + 30
4265 + 30

c) 67 + 60
367 + 60
2367 + 60

d) 56 + 700
156 + 700
6856 + 700

4 Rechne. Besprecht und erklärt.

a) 4531 – 3000
b) 4531 – 300
c) 4531 – 30
d) 4531 – 3

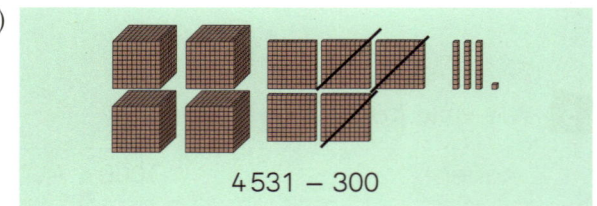

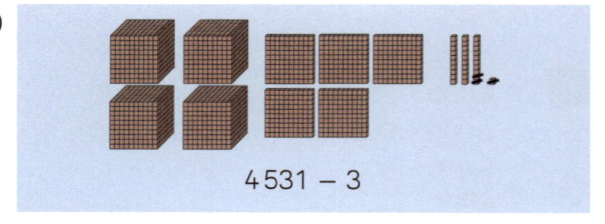

5
a) 6877 – 400
6877 – 4000
6877 – 40
6877 – 4

b) 7900 – 30
7900 – 3000
7900 – 300
7900 – 3

c) 8550 – 5000
8550 – 500
8550 – 50
8550 – 5

d) 6411 – 4
6411 – 400
6411 – 40
6411 – 4000

6
a) 52 – 6
252 – 6
3252 – 6

b) 93 – 8
893 – 8
8893 – 8

c) 65 – 7
765 – 7
5765 – 8

d) 84 – 5
584 – 5
7584 – 5

e) 168 – 30
768 – 30
6768 – 30

f) 144 – 40
844 – 40
3844 – 40

g) 317 – 300
617 – 300
4617 – 300

h) 538 – 400
738 – 400
8738 – 400

Schriftliches Addieren und Subtrahieren bis 10 000

1 Das Zehntausenderspiel

Würfelt abwechselnd, jeder achtmal. Bildet mit den Würfelzahlen zwei vierstellige Zahlen. Gewonnen hat das Kind, dessen Summe möglichst nah bei 10 000 liegt.

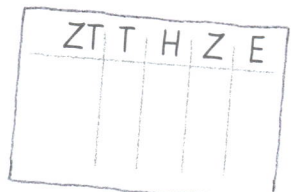

Notiert jede Augenzahl in einer Stellenwerttabelle.

ZT	T	H	Z	E

2 Wer hat gewonnen?

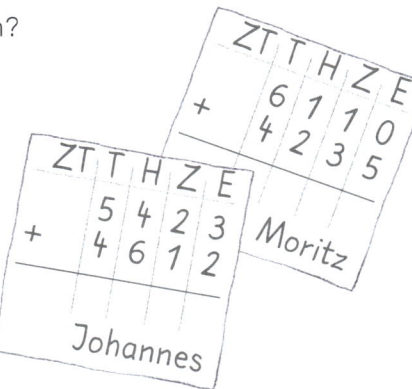

1. Runde

Leni:
```
   ZT T H Z E
      6 4 3 4
    + 3 5 5 1
```

Johannes:
```
   ZT T H Z E
      5 4 2 3
    + 4 6 1 2
```

Moritz:
```
   ZT T H Z E
      6 1 1 0
    + 4 2 3 5
```

2. Runde

Johannes:
```
   ZT T H Z E
      3 5 6 1
    + 6 5 2 4
```

Leni:
```
   ZT T H Z E
      5 3 4 3
    + 4 6 6 5
```

Moritz:
```
   ZT T H Z E
      6 4 3 4
      3 5 1 2
```

3 | 4530 | 3469 | 5346 | 4085 | 3497 |

Welche zwei Zahlen musst du addieren, um die jeweilige Summe zu erhalten?

a) die größte Summe
b) die kleinste Summe
c) eine Summe kleiner als 7000
d) eine Summe größer als 9000
e) eine Summe zwischen 7000 und 8000
f) eine Summe zwischen 8000 und 9000

4 | 6000 | 3518 | 4970 | 2173 | 5408 |

Welche zwei Zahlen musst du subtrahieren, um die jeweilige Differenz zu erhalten?

a) die größte Differenz
b) die kleinste Differenz
c) eine Differenz kleiner als 3000
d) eine Differenz zwischen 0 und 1000
e) eine Differenz zwischen 1000 und 2000
f) eine Differenz zwischen 2000 und 3000

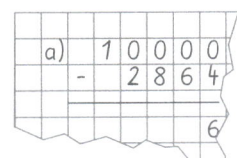

5 Subtrahiere von 10 000.

a) 2864
b) 3507
c) 7916
d) 6484
e) 823
f) 4071
g) 9281
h) 5555

```
a)  1 0 0 0 0
  -   2 8 6 4
```

6 Welche Ziffern fehlen?

a)
```
    2 3 4 5
  + ☐ ☐ ☐ ☐
  ─────────
    9 1 3 4
```

b)
```
    6 6 6 6
  + ☐ ☐ ☐ ☐
  ─────────
  1 0 0 0 0
```

c)
```
    1 8 8 7
  + ☐ ☐ ☐ ☐
  ─────────
    4 8 8 5
```

d)
```
    3 7 ☐ 2
  + ☐ 8 8 0
  ─────────
    6 ☐ 5 ☐
```

e)
```
    4 7 9 ☐
  + 2 ☐ 3 6
  ─────────
    ☐ 1 ☐ 6
```

f)
```
    7 6 8 4
  - ☐ ☐ ☐ ☐
  ─────────
    4 1 3 1
```

g)
```
    6 9 7 4
  - ☐ ☐ ☐ ☐
  ─────────
    2 0 7 2
```

h)
```
    7 2 0 8
  - ☐ ☐ ☐ ☐
  ─────────
    1 0 1 5
```

i)
```
    1 ☐ 6 4
  -     9 ☐ 7
  ─────────
        2 4 ☐
```

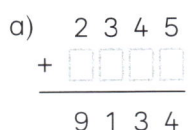

j)
```
    9 2 4 ☐
  -   8 ☐ 7
  ─────────
    4 ☐ 2 2
```

Sachaufgaben – Unterschiede

1 a) Lies jede Sachaufgabe und entscheide, ob du addierst oder subtrahierst. Besprecht eure Vorgehensweise.

A Beim Heimspiel der SG Großaspach wurden im Vorverkauf 4618 Karten verkauft. An der Tageskasse waren es 4963. Wurden mehr als 10 000 Karten verkauft?

B Der Mount Everest ist 8848 m hoch. Die Zugspitze ist 5886 m niedriger. Wie hoch ist die Zugspitze?

C Beim Alpen-Volkslauf war das erste Teilstück 3480 m lang, das zweite 4275 m und das dritte 2885 m. War die Strecke länger als 10 km?

D Ein Storch fliegt in sein Winterquartier 7319 km. Die Nachtigall fliegt 3789 km. Um wie viele Kilometer fliegt der Storch weiter?

E Ein Kleintransporter wiegt leer 2085 kg. Voll beladen darf er bis zu 3035 kg wiegen. Wie viel darf geladen werden?

F Die Ortsteile von Neustadt haben 2450, 2875 und 3918 Einwohner. Wie viele hat der gesamte Ort?

G Der Mars hat einen Durchmesser von 6860 km, der Merkur einen von 4880 km. Wie groß ist der Unterschied?

H Familie Huber hat ein monatliches Einkommen von 3450 €. Für Miete werden 690 € ausgegeben, für weitere regelmäßige Ausgaben 955 €. Wie viel bleibt vom Einkommen übrig?

b) Rechne jede Aufgabe, suche den passenden Anfang der Antwort und setze ihn fort. Prüfe dann, ob das Ergebnis stimmen kann.

- Der Durchmesser des Merkur ist um
- Der Alpen-Volkslauf war
- In den Kleintransporter
- Vom Einkommen bleiben
- Für das Heimspiel wurden
- Der Storch fliegt um
- Die Zugspitze ist
- Neustadt hat

2 Berechne die Unterschiede.

a) von 2000 und 8160
von 4000 und 3975
von 8000 und 9615
von 10 000 und 500

b) von 4000 und 3890
von 6200 und 5850
von 9500 und 6750
von 4800 und 5010

c) von 6146 und 4819
von 3147 und 3817
von 4102 und 2854
von 6999 und 7001

3 Höchste Berge der Welt.

Mount Everest	Nepal	8848 m
Nanga Parbat	Pakistan	8125 m
Nanda Devi	Indien	7816 m
Aconcagua	Argentinien	6962 m
Kilimandscharo	Tansania	5892 m
Ararat	Türkei	5137 m
Mountblanc	Frankreich	4810 m
Zugspitze	Deutschland	2962 m
Feldberg	Deutschland	1493 m

a) Wähle immer zwei Berge aus und berechne den Höhenunterschied.

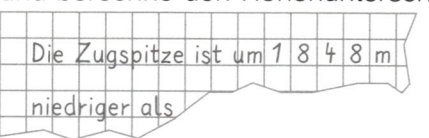

Die Zugspitze ist um 1 8 4 8 m niedriger als

b) Welche Berge unterscheiden sich um mehr als 3000 m?

c) Wie viele Höhenvergleiche sind möglich?

Große Zahlen

1 Wie viele Äpfel sind ungefähr auf dem Foto zu sehen?

Ich zähle nur auf einem Bildausschnitt.

2 a) Überlegt: Wie viele Äpfel passen in eine Kiste?
Besprecht Ideen, wie ihr eine Lösung finden könnt.
Schreibt eure Lösungswege auf Plakate. Erklärt sie.

Die Schüler unserer Schule essen jede Woche vier Kisten Äpfel.

b) Wie viele Äpfel essen die Schüler der Schule jede Woche?

c) Der Apfelhändler lädt 200 Apfelkisten auf seinen Lkw. Wie viele Äpfel sind das?

Enrico **Fermi** war ein Physiker. Er war berühmt für sein gutes Abschätzen. Fermi-Aufgaben enthalten oft wenig Informationen. Die fehlenden Informationen muss man sich selbst beschaffen oder man muss sie schätzen. Deshalb gibt es oft nur ungefähre Lösungen. Meist gibt es auch mehrere Lösungswege.

28 Die Zahlen bis 100 000

1 1 HT = ___ ZT = ___ T = ___ H = ___ Z = ___ E

2 Ergänze alle fehlenden Zehntausenderzahlen und schreibe sie geordnet auf.

10 000   40 000   50 000   80 000

3 Lest die Zahlen abwechselnd.

37 312
siebenund-
dreißigtausend dreihundertzwölf

a) 19 627
28 396
35 441
91 252

b) 10 523
27 041
89 760
53 802

c) 90 107
28 003
47 060
60 013

4 Welche Zahlenkarten wurden zusammengesetzt? Schreibe die Additionsaufgaben.

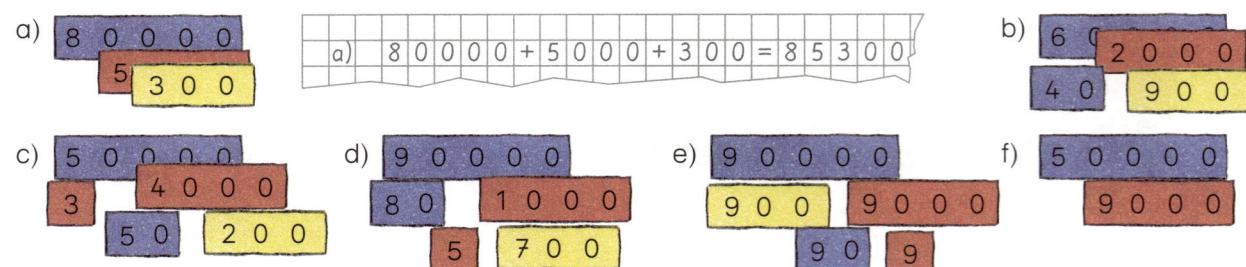

a) 80 000, 5 000, 300
a) 80 000 + 5 000 + 300 = 85 300

b) 60 000, 2 000, 40, 900

c) 50 000, 3, 4 000, 50, 200

d) 90 000, 80, 1 000, 5, 700

e) 90 000, 900, 9 000, 90, 9

f) 50 000, 9 000

5 Welche fünfstelligen Zahlen kannst du mit diesen Zahlenkarten legen?

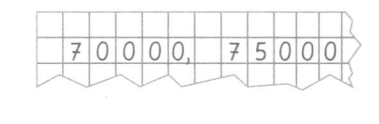

70 000, 9, 40, 5 000, 200, 50 000

70 000, 75 000,

6 Trage die Zahlen in eine Stellenwerttafel ein.

HT	ZT	T	H	Z	E
a)		3	5	2	1

a) fünfunddreißigtausendzweihundertelf
b) zweiundsechzigtausendachthundertzwanzig
c) neunzehntausenddreihunderteins
d) siebenundzwanzigtausendneunhundert
e) zwanzigtausenddreißig

5 32 Möglichkeiten.

Die Zahlen bis zur Million – Zahlenkarten

1

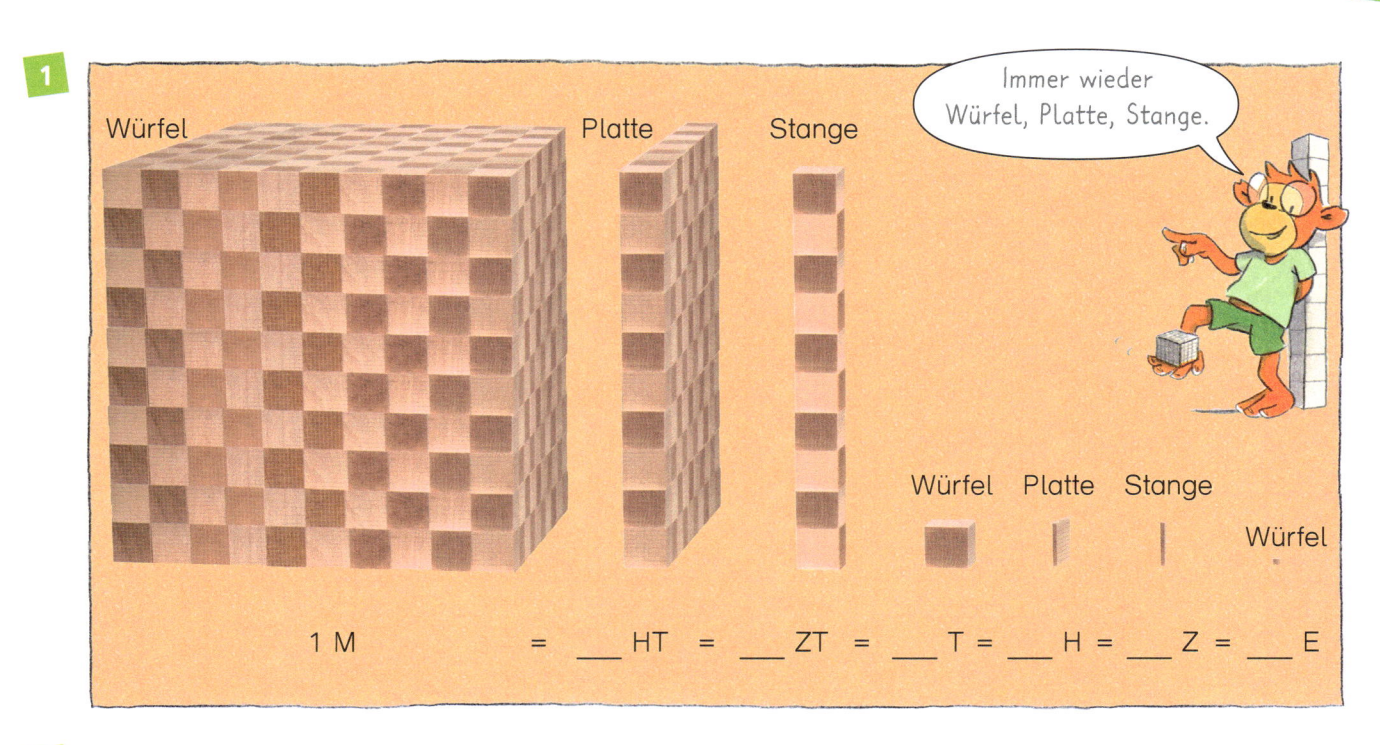

Würfel   Platte   Stange

Immer wieder Würfel, Platte, Stange.

Würfel Platte Stange

Würfel

1 M = ___ HT = ___ ZT = ___ T = ___ H = ___ Z = ___ E

2 Ergänze alle fehlenden Hunderttausenderzahlen und schreibe sie geordnet auf.

100 000   700 000   300 000   500 000

3 Lest die Zahlen.

326 912
dreihundert-sechsundzwanzig-tausend neunhundertzwölf

a) 196 423
796 423
596 423
996 423

b) 802 730
560 244
304 910
790 408

c) 100 702
660 023
400 609
500 005

4 Setzt mit Zahlenkarten große Zahlen zusammen. Lest abwechselnd laut.

a) 400 000 / 6 000
b) 100 000 / 5 000
c) 200 000 / 50 000
d) 700 000 / 1 000

a) 406 000 *vierhundertsechstausend*

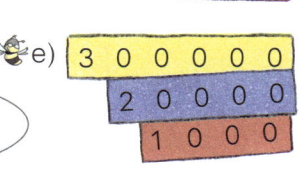

e) 300 000 / 20 000 / 1 000
f) 500 000 / 10 000 / 3 000
g) 900 000 / 90 000 / 9 000

5 Welche Zahlenkarten wurden zusammengesetzt? Schreibe die Additionsaufgaben.

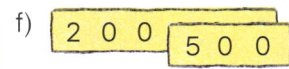

a) 8 50 000   a) 800 000 + 50 000 = 850 000
b) 6 40 000
c) 7 2 5 000
d) 50 9 000
e) 4 7 5 500
f) 2 00 500

6 Welche sechsstelligen Zahlen kannst du mit diesen Zahlenkarten bilden?

400 000   6 000 6   50   100   70 000   400 000, 470 000,

6 120 Möglichkeiten.

Die Zahlen bis zur Million – Stellenwerte

1 Setze die Zahlen mit Zahlenkarten zusammen.
Zeichne die Karten. Trage in eine Stellenwerttafel ein.

400 000   40 000   800   440 800

a) dreihunderttausendfünfzig
b) dreihundertfünfzigtausend
c) einhundertelftausend
d) fünfzigtausendeinhundertzwölf
e) vierhundertdreißigtausendeinhundert
f) neunhundertfünftausendzweihundertfünfzig

2 Schreibe jeweils fünf passende sechsstellige Zahlen. Vergleicht.
a) größer als 500 000
b) kleiner als 300 000
c) gerade Zahlen
d) zwischen 200 000 und 300 000
e) zwischen 700 000 und 800 000
f) ungerade Zahlen

3 Trage in eine Stellenwerttafel ein und schreibe als Zahl.

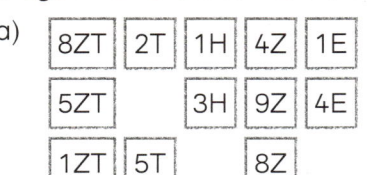

a) 8ZT 2T 1H 4Z 1E
   5ZT   3H 9Z 4E
   1ZT 5T   8Z

b) 4HT 3ZT 8T 6H 2Z 8E
   6HT 2ZT 9T   3Z
   7HT   7T   7E

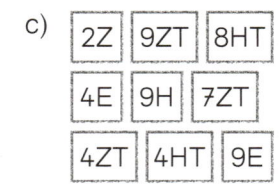

c) 2Z 9ZT 8HT
   4E 9H 7ZT
   4ZT 4HT 9E

4
a) Wie heißt die sechsstellige Zahl, die nur aus Fünfen besteht?

b) Welche Zahl ergibt sich, wenn ich von achthunderttausend eine Null streiche?

c) An welcher Stelle muss ich bei der Zahl 60 530 eine 1 einfügen, um eine möglichst große sechsstellige Zahl zu erhalten?

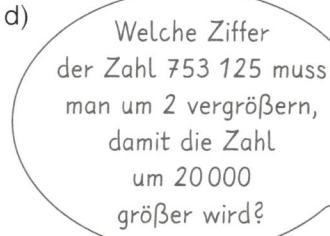

d) Welche Ziffer der Zahl 753 125 muss man um 2 vergrößern, damit die Zahl um 20 000 größer wird?

e) Wenn ich bei der Zahl 805 100 zwei Ziffern tausche, erhalte ich eine um 45 000 größere Zahl. Wie heißt sie?

5 Diktiert euch Zahlen bis zur Million und schreibt sie in eine Stellenwerttafel.

neunhundertneunzigtausendneunundneunzig

sechsunderttausendsiebenhundertzweiunddreißig

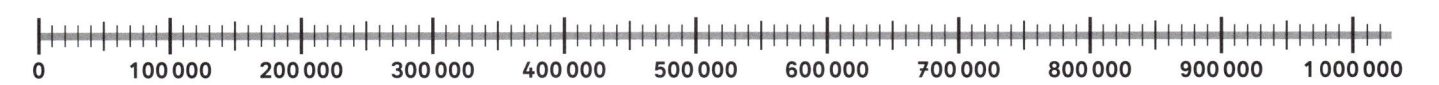

Die Zahlen bis zur Million – Zahlenstrahl

31

|———|
0   100 000 200 000 300 000 400 000 500 000 600 000 700 000 800 000 900 000 1 000 000

1 Lies die Zahl. Dein Partner zeigt sie am Zahlenstrahl.

a) 150 000	b) 790 000	c) 920 000	d) 1 000 000
210 000	640 000	270 000	70 000
460 000	60 000	550 000	880 000

Wofür stehen die Striche am Zahlenstrahl?

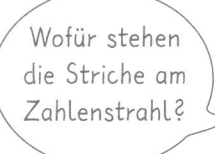

2 Zähle in Schritten und zeige am Zahlenstahl.

a) 0, 100 000, 200 000, …
   0, 50 000, 100 000, …
   0, 200 000, 400 000, …

b) 0, 120 000, 220 000, 320 000, …
   0, 110 000, 220 000, 330 000, …
   0, 170 000, 270 000, 370 000, …

3 Zähle auch so.

a) in Einerschritten
   von 259 980 bis 260 010
   von 501 785 bis 501 815
   von 799 980 bis 800 010

b) in Zehnerschritten
   von 460 820 bis 461 120
   von 399 570 bis 400 000
   von 810 760 bis 811 000

c) in Hunderterschritten
   von 570 800 bis 572 200
   von 399 570 bis 400 070
   von 430 761 bis 431 861

4 Findet die Fehler, die die Kinder beim Zählen gemacht haben.

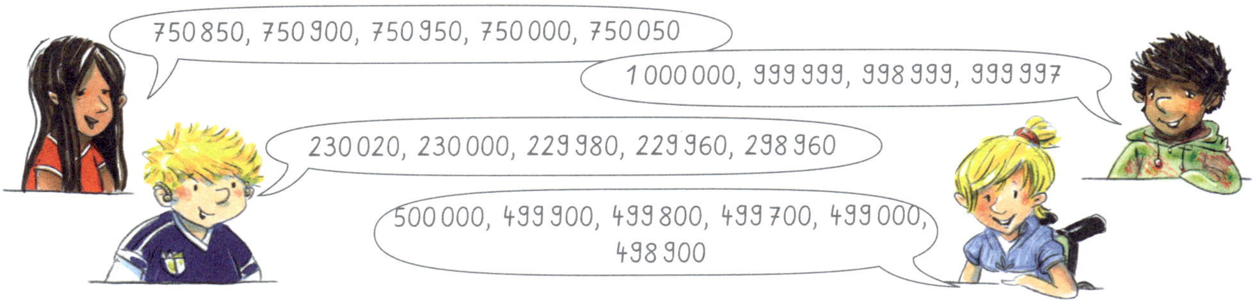

- 750 850, 750 900, 750 950, 750 000, 750 050
- 1 000 000, 999 999, 998 999, 999 997
- 230 020, 230 000, 229 980, 229 960, 298 960
- 500 000, 499 900, 499 800, 499 700, 499 000, 498 900

5 In welcher Reihenfolge sind die Zahlen am Zahlenstrahl angeordnet? Ordne nach der Größe und schreibe auf.

a) 550 000, 500 050, 500 005, 505 000
b) 190 090, 119 000, 191 900, 109 000
c) 330 033, 303 000, 300 003, 333 000
d) 432 525, 423 252, 452 235, 453 252
e) 690 000, 609 000, 960 000, 906 000
f) 256 734, 234 567, 275 346, 273 564

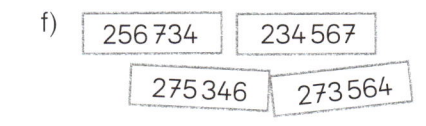

6 Welche Zahl liegt in der Mitte?

a) 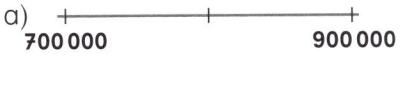 700 000 — 900 000
b) 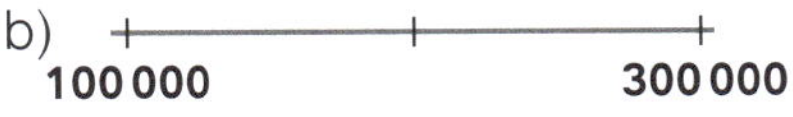 100 000 — 300 000
c) 200 000 — 300 000
d)  150 000 — 250 000
e)  0 — 1 000 000
f) 300 000 — 600 000

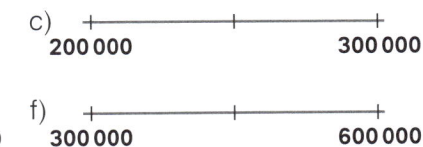

Die Zahlen bis zur Million – Vergleichen und Ordnen

1 Auf der Karte siehst du die größten Städte Baden-Württembergs.

Einwohnerzahlen			
Heidelberg	152 003	Ludwigsburg	89 639
Pforzheim	117 754	Karlsruhe	299 103
Ulm	119 218	Mannheim	296 690
Stuttgart	604 297	Reutlingen	111 357
Heilbronn	118 112	Freiburg i.B.	220 286

a) Schreibe die Städte mit ihrer Einwohnerzahl der Größe nach auf.

a) Stuttgart 604 29...
Karlsruhe

b) Suche weitere Städte in Baden-Württemberg, die mehr als 50 000 Einwohner haben, im Internet.

c) Suche Großstädte in Deutschland, die mehr als 500 000 Einwohner haben.

2 Vergleiche die Einwohnerzahlen der Städte.
a) Stuttgart und Mannheim
b) Heilbronn und Karlsruhe
c) Heidelberg und Pforzheim
d) Reutlingen und Mannheim
e) Ludwigsburg und Ulm
f) Ulm und Freiburg im Breisgau

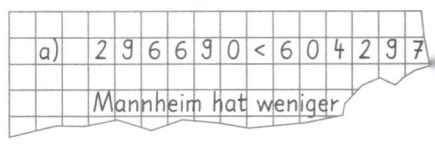

a) 296 690 < 604 297
Mannheim hat weniger

3 Ordne die Zahlen nach der Größe. Beginne jeweils mit der größten Zahl.
a) 604 370, 706 460, 670 603, 407 630
b) 280 956, 595 280, 820 695, 208 965
🐝 c) 640 908, 680 809, 608 908, 675 317
🐝 d) 980 902, 890 902, 989 000, 890 920

4 Vergleiche. (>) (<)

a) 716 308 ◯ 876 309   b) 375 744 ◯ 357 744   c) 211 300 ◯ 122 900   d) 258 804 ◯ 258 840
999 359 ◯ 999 500   512 488 ◯ 512 486   370 890 ◯ 370 980   🐝 605 914 ◯ 600 600
702 200 ◯ 700 800   823 712 ◯ 823 127   200 200 ◯ 200 190   467 328 ◯ 476 328

🐬 **5** Welche Zahlen kannst du vergleichen, ohne die verdeckten Ziffern zu kennen?

a) 1❋3 508 ◯ 223 508   b) 62❋071 ◯ 6❋3 671   c) 21❋141 ◯ 21❋100
   708❋12 ◯ 709 3❋7   193❋26 ◯ 1943❋2   8 394❋3 ◯ 8 934❋3
   29❋427 ◯ 299❋03   82❋427 ◯ 81❋427   12❋797 ◯ 2❋0 623

6 Große Zahlen raten. Spielt selbst.

Es sind nur Fragen erlaubt, die mit „ja" oder „nein" beantwortet werden können.

Liegt die Zahl zwischen 500 000 und 1 000 000?

Ist die Zahl größer als 600 000?

Hat sie am Ende drei Nullen?

gedachte Zahl 520 000

1 b) Weitere Einwohnerzahlen im Atlas, Internet, Lexikon usw. suchen.

Die Zahlen bis zur Million – Runden

33

Die Einwohnerzahlen von fünf Großstädten Deutschlands.

Dresden	Leipzig	Kiel	Augsburg	Stuttgart
534 898	539 285	243 148	276 542	604 297

1 Runde die Einwohnerzahlen der fünf Großstädte auf den Hunderttausender.

Ab Ziffer 5 aufrunden!

Runden auf Hunderttausender – Suche immer die näher gelegene Hunderttausenderzahl.

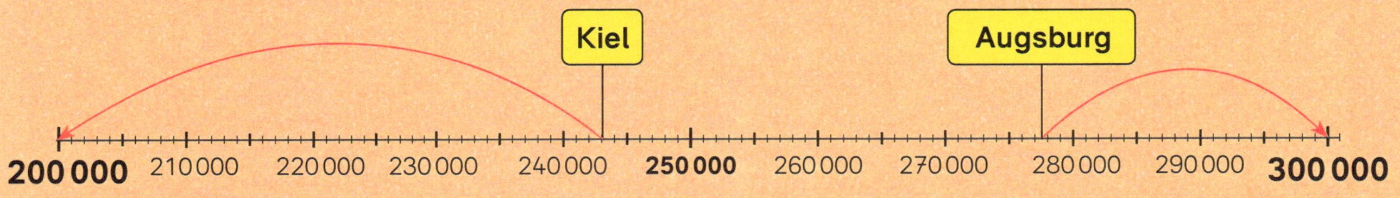

200 000 210 000 220 000 230 000 240 000 **250 000** 260 000 270 000 280 000 290 000 **300 000**

Kiel: 2**4**3 148 ≈ **200 000**   Augsburg: 2**7**6 542 ≈ **300 000**

2 Runde auf Hunderttausender.

a) 541 780	b) 938 400	c) 263 000	d) 123 400	e) 593 820	f) 386 345
549 780	958 400	583 000	437 500	483 390	796 293
550 780	58 400	492 000	382 700	329 280	99 342
559 780	148 700	449 536	452 309	392 980	834 892

3 Runde die Einwohnerzahlen der fünf Großstädte auf den Zehntausender.

Runden auf Zehntausender – Suche immer die näher gelegene Zehntausenderzahl.

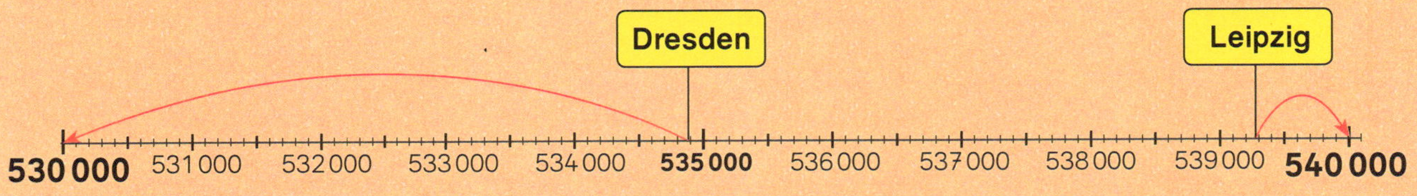

530 000 531 000 532 000 533 000 534 000 **535 000** 536 000 537 000 538 000 539 000 **540 000**

Dresden: 53**4** 898 ≈ **530 000**   Leipzig: 53**9** 285 ≈ **540 000**

4 Runde auf Zehntausender.

a) 137 000	b) 248 300	c) 166 510	d) 142 463	e) 148 384	f) 184 923
136 000	48 300	560 510	32 349	324 342	32 342
135 400	303 400	34 320	344 981	234 923	47 349
134 400	923 400	182 340	329 324	934 348	274 103
133 000	743 200	317 235	412 795	743 486	794 494

Schaubilder – Säulendiagramme

1 Paul hat die Einwohnerzahlen einiger Städte in Baden-Württemberg gerundet und im Schaubild dargestellt.

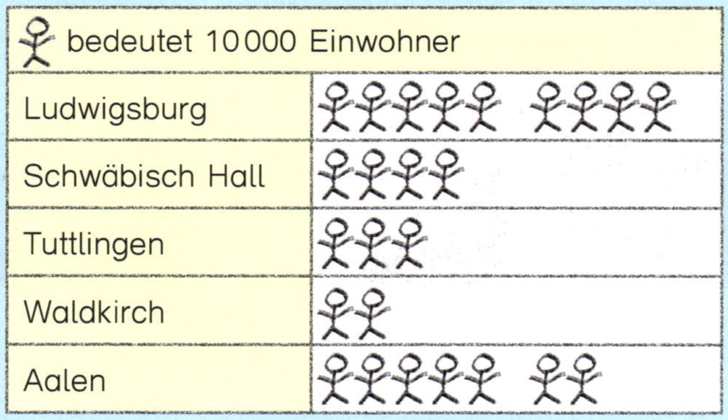

♀ bedeutet 10 000 Einwohner	
Ludwigsburg	♀♀♀♀♀ ♀♀♀♀
Schwäbisch Hall	♀♀♀♀
Tuttlingen	♀♀♀
Waldkirch	♀♀
Aalen	♀♀♀♀♀ ♀♀

a) Lies im Schaubild die gerundeten Einwohnerzahlen ab und schreibe auf.

a) Ludwigsburg hat rund 90 000 Einwohner

b) Wie viele Einwohner waren es jeweils mindestens, wie viele höchstens?

c) Wie viele Einwohner hat deine Stadt?

2 Runde die Einwohnerzahlen dieser Städte auf Zehntausender und zeichne ein Schaubild.

Baden-Baden	53 012	Offenburg	57 448
Crailsheim	32 829	Ravensburg	49 098
Friedrichshafen	57 961	Rottweil	24 378
Konstanz	81 141	Wangen	26 548

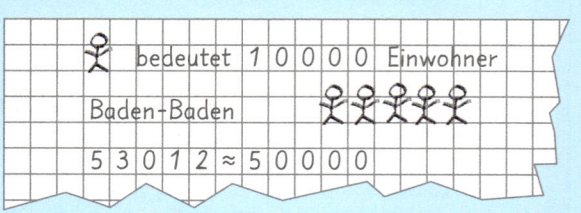

♀ bedeutet 10 000 Einwohner
Baden-Baden ♀♀♀♀♀
53 012 ≈ 50 000

3 Suche im Internet Städte in deiner Umgebung und stelle ihre Einwohnerzahl in einem Schaubild dar.

4 Die Tabelle zeigt, wie viele Kinder in jedem Schuljahr in die erste Klasse gekommen sind.

Erstklässler in den Grundschulen in Baden-Württemberg					
Schuljahr	Regierungsbezirk Stuttgart	Regierungsbezirk Tübingen	Regierungsbezirk Karlsruhe	Regierungsbezirk Freiburg	Baden-Württemberg gesamt
1994/1995	43 986	21 309	28 777	24 520	
2004/2005	42 438	20 247	27 396	23 170	
2009/2010	35 992	16 690	23 023	19 609	
2015/2016	34 816	15 871	22 057	19 541	

a) Runde die Schulanfängerzahlen des Schuljahrs 2015/2016 für jeden Regierungsbezirk auf Tausender. Zeichne ein Säulendiagramm.

b) Wann und wo kamen die meisten Erstklässler in die Schule?

c) Fülle die Tabelle vollständig aus.

d) Wähle einen Regierungsbezirk aus. Zeichne das Säulendiagramm für die Schuljahre in der Tabelle. Was fällt dir auf?

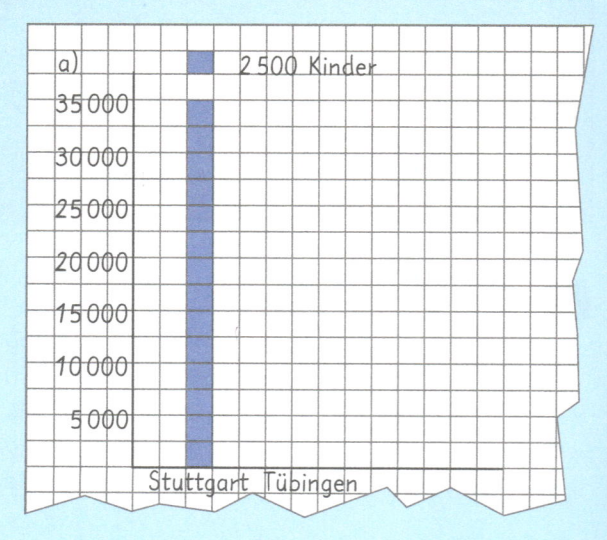

Schaubilder – Balkendiagramme

5 Am Sonntag war in den Stuttgarter Museen „Tag des offenen Museums". Im Mercedes-Benz-Museum waren 3 215 Besucher, im Landesmuseum waren es 1 879 Besucher. Im Linden-Museum waren 889 Besucher und in der Staatsgalerie waren 1 216 Besucher. Der Reporter der Stuttgarter Zeitung überlegt, welche Zahlen er in seinen Bericht schreibt.

6

Besucherzahlen am „Tag des offenen Museums"		
Museum	09:00 Uhr bis 12:00 Uhr	12:00 Uhr bis 17:00 Uhr
Porsche-Museum	1 289	1 467
Naturkundemuseum	915	1 269
Haus der Geschichte	762	1 125
Linden-Museum	398	491

a) In welchem Museum waren mehr als 2 000 Besucher?
b) Berechne die Besucherzahl für jedes Museum am „Tag des offenen Museums". Runde die Gesamtzahl auf Hunderter. Zeichne ein Balkendiagramm
c) In welchem Museum waren die meisten Besucher?
d) In welchem Museum waren die wenigsten Besucher?

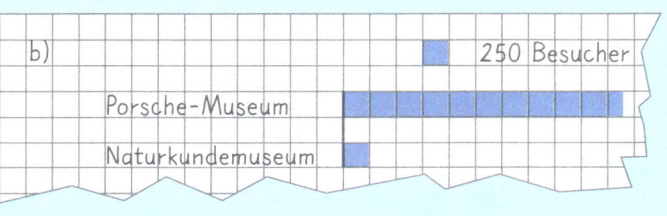

7 Besucherzahlen der Stuttgarter Museen 2015

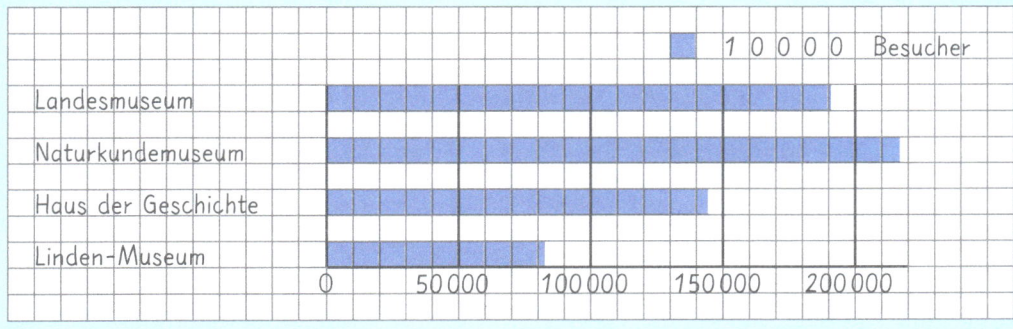

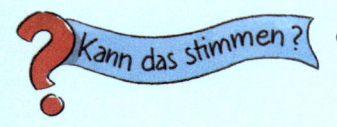

Kann das stimmen?

a) In jedem Museum waren 2015 mehr als 100 000 Besucher.

b) Im Landesmuseum waren 2015 mehr als 150 000 Besucher.

c) In allen Museen waren es zusammen mehr als 600 000 Besucher.

d) Der Unterschied der Besucherzahl von Linden-Museum und Landesmuseum war mehr als 100 000.

e) Das Naturkundemuseum hatte fast 220 000 Besucher.

Jahrgangskombiniertes Arbeiten,
vgl. Denken und Rechnen 3, S. 34 und 35.

Addieren und Subtrahieren großer Zahlen

1 Im Stuttgarter Fußballstadion bezahlten 28 930 Zuschauer an Kasse 1 ihren Eintritt, 11 279 Zuschauer an Kasse 2, 9 697 an Kasse 3 und 10 543 an Kasse 4. Wie viele Zuschauer zahlten insgesamt an den Kassen Eintritt?

Der Veranstalter rechnet.

```
  2 8 9 3 0
+ 1 1 2 7 9
+   9 6 9 7
```

In der Zeitung stand: 70 000 Zuschauer jubelten

2 a) Berechne die fehlenden Angaben. Rechne schriftlich.

	A	B	C	D	E	F	G
Einnahmen von Kasse 1	82 387 €		90 560 €	75 328 €			30 526 €
Einnahmen von Kasse 2	46 416 €	25 343 €	43 728 €	30 912 €	48 620 €	120 312 €	48 912 €
insgesamt		187 296 €			168 903 €	185 956 €	

b) Runde die Gesamteinnahmen auf Zehntausender.

3 Addiere schriftlich.

a) 98 763 + 45 678
98 765 + 67 896
72 346 + 38 765

b) 456 798 + 530 856
987 654 + 12 345
788 889 + 99 999

c) 123 456 + 876 544
530 865 + 456 789
651 034 + 348 965

auffällige Ergebnisse

4 Subtrahiere schriftlich.

a) 746 384 − 413 051
919 868 − 30 980
843 926 − 720 470

b) 116 105 − 4 994
378 195 − 44 862
789 786 − 12 011

c) 953 844 − 853 845
37 615 − 29 838
556 922 − 1 367

5 Rechne nur die Aufgaben, deren Ergebnis größer als 500 000 ist. Ordne diese Ergebnisse nach der Größe. Wie heißt das Lösungswort?

325 912 + 286 903 H
887 651 − 219 912 N
236 812 + 281 623 Z
435 237 + 43 908 R
954 372 − 342 125 A
789 426 − 311 835 U
183 222 + 439 097 L
736 225 − 73 428 E
284 936 + 24 565 I

6 Subtrahiere jeweils von einer Million. Rechne schriftlich oder im Kopf.

a) 222 223 | 300 000 | 350 000 | 888 889 | 890 000 | 895 000

b) 899 000 | 899 500 | 777 778 | 875 579 | 999 999 | 999 990

7 Schreibe viele Additionsaufgaben und viele Subtraktionsaufgaben.

a) Ergebnis 100 000
b) Ergebnis zwischen 100 000 und 200 000
c) Ergebnis zwischen 900 000 und 1 000 000
d) Ergebnis 1 000 000

1 Angaben der Zeitungsmeldung überprüfen.

Addieren und Subtrahieren großer Zahlen

1 Frau Wildgruber möchte ihr Auto verkaufen, sobald es 100 000 km gefahren ist. Wie viel km kann sie noch fahren?

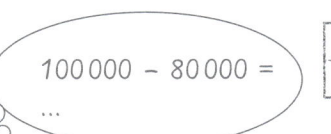

Tacho: 085300

Max: 100 000 − 80 000 = ...

85 300	
100 000	

Rosa: 85 300 + 700 = 86 000
86 000 + ...

Tommy:
| | 1 | 0 | 0 | 0 | 0 | 0 |
| − | | 8 | 5 | 3 | 0 | 0 |

2 Nach wie vielen Kilometern zeigt der Tacho jeweils 1 0 0 0 0 0 0 ?

a) 0 7 2 0 0 0   b) 0 4 9 9 0 0   c) 0 9 1 8 0 0   d) 0 9 3 5 0 0

e) 0 6 5 5 0 0   f) 0 7 8 4 0 0   g) 0 5 6 7 0 0   h) 0 6 6 6 0 0

3 Die Firma Zanolla hat mehrere Lieferfahrzeuge. Diese sollen jeweils bei 30 000 km, bei 60 000 km und bei 90 000 km in die Werkstatt. Wie viel Kilometer dürfen sie noch fahren?

a) 28 990 km   b) 54 075 km   c) 83 820 km   d) 78 940 km

e) 21 999 km   f) 58 010 km   g) 85 266 km   h) 26 614 km

4 Die städtischen Busfahrer notieren die Kilometerstände jeweils zu Beginn und am Ende ihrer Schicht. Wie viele Kilometer sind sie gefahren?

a) Seeberger — Abfahrt: 175 325, Ankunft: 175 530
b) Maier — Abfahrt: 294 221, Ankunft: 294 481
c) Wenninger — Abfahrt: 726 736, Ankunft: 726 940
d) Haase — Abfahrt: 512 120, Ankunft: 512 430
e) Werner — Abfahrt: 316 485, Ankunft: 316 795

5
a) 48 600 + 4
48 600 + 40
48 600 + 400
48 600 + 4 000
48 600 + 40 000

b) 23 700 + 7
23 700 + 70
23 700 + 700
23 700 + 7 000
23 700 + 70 000

c) 108 309 + 2
108 309 + 20
108 309 + 200
108 309 + 2 000
108 309 + 20 000

d) 670 915 + 5
670 915 + 50
670 915 + 500
670 915 + 5 000
670 915 + 50 000

6
a) 876 541 − 100 000
876 541 − 10 000
876 541 − 1 000
876 541 − 100
876 541 − 10
876 541 − 1

b) 388 888 − 300 000
388 888 − 30 000
388 888 − 3 000
388 888 − 300
388 888 − 30
388 888 − 3

c) 977 766 − 600 000
977 766 − 60 000
977 766 − 6 000
977 766 − 600
977 766 − 60
977 766 − 6

d) 532 000 − 200 000
532 000 − 20 000
532 000 − 2 000
532 000 − 200
532 000 − 20
532 000 − 2

38 Geldbeträge schriftlich addieren und subtrahieren

Preise:
- 2,79 € (Packung Stifte)
- 2,05 € (Spitzer)
- 1,05 € (Lineal)
- 63,99 € (Schulranzen)
- 16,79 € (Mäppchen)
- 0,56 € (Heft)
- 1,57 € (Radiergummi)
- 8,49 € (Zirkel)
- 9,59 € (Sammelmappe)

1 Wie viel kostet es jeweils zusammen?
a) eine Packung Stifte und ein Lineal
b) ein Schulranzen, ein Mäppchen und ein Zirkel
c) ein Lineal, eine Sammelmappe
d) ein Spitzer, ein Radiergummi, eine Sammelmappe
e) drei Hefte und zwei Radiergummis
f) ein Schulranzen, zwei Spitzer, zwei Radiergummis

2 a) Was können die einzelnen Kinder kaufen? Überschlage vorher.

- Selina: Ich habe 4,80 €.
- Oli: Ich kann 20 € ausgeben.
- Sarah: Ich habe 70 €, den Schulranzen brauche ich auf jeden Fall.

b) Was haben die Kinder gekauft?

- Max: Ich habe 19,89 € bezahlt.
- Semra: Ich habe 11,84 € ausgegeben.
- Jan: Ich habe 79,99 € bezahlt.

3 Wie viel Geld bekommen die Kinder jeweils zurück?

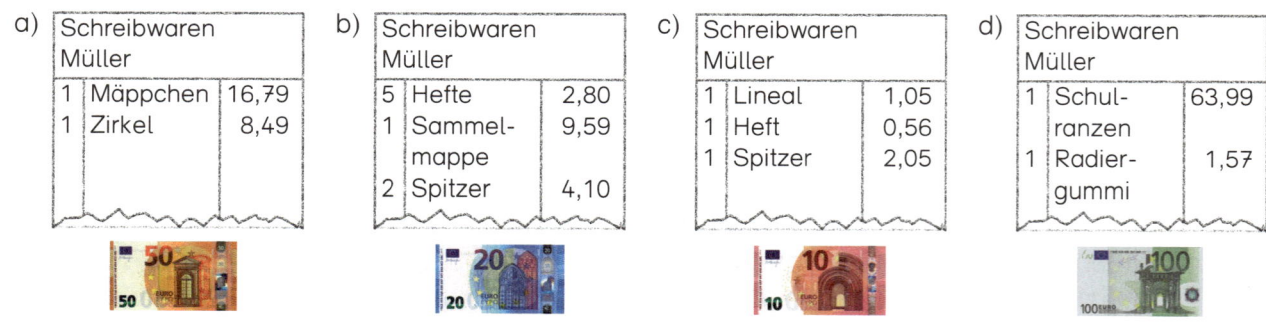

a) Schreibwaren Müller
| 1 | Mäppchen | 16,79 |
| 1 | Zirkel | 8,49 |

(50 €)

b) Schreibwaren Müller
5	Hefte	2,80
1	Sammelmappe	9,59
2	Spitzer	4,10

(20 €)

c) Schreibwaren Müller
1	Lineal	1,05
1	Heft	0,56
1	Spitzer	2,05

(10 €)

d) Schreibwaren Müller
| 1 | Schulranzen | 63,99 |
| 1 | Radiergummi | 1,57 |

(100 €)

4 Welche Rechengeschichten passen? Suche die Frage, rechne und antworte.

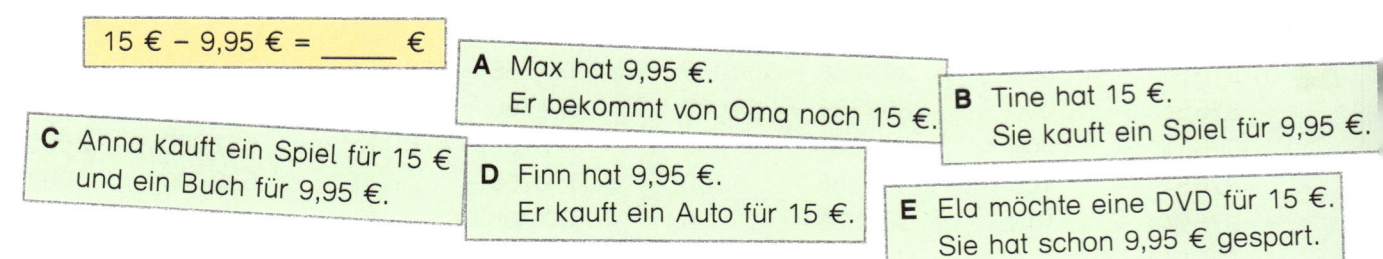

15 € − 9,95 € = ____ €

A Max hat 9,95 €. Er bekommt von Oma noch 15 €.

B Tine hat 15 €. Sie kauft ein Spiel für 9,95 €.

C Anna kauft ein Spiel für 15 € und ein Buch für 9,95 €.

D Finn hat 9,95 €. Er kauft ein Auto für 15 €.

E Ela möchte eine DVD für 15 €. Sie hat schon 9,95 € gespart.

Aufgabenmuster, Zahlenfolgen

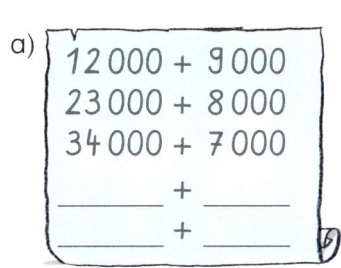

1
a)
12 000 + 9 000
23 000 + 8 000
34 000 + 7 000
___ + ___
___ + ___

b)
10 200 − 9 003
10 200 − 9 004
10 200 − 9 005
___ − ___
___ − ___

c)
44 444 − 33 333
55 555 − 44 444
66 666 − 55 555
___ − ___
___ − ___

d) Welches Päckchen beschreibe ich?

Die erste und die zweite Zahl werden immer um 11 111 größer.

Dann ist die Differenz ...

e) Erfindet eigene Päckchen und beschreibt sie.

f) Denke dir ein starkes Päckchen aus, das zu Jans Beschreibung passt.

Die Differenz bleibt jeweils gleich. Die erste Zahl wird immer um 10 000 größer.

Dann muss die zweite Zahl ...

2 Setze die Zahlenfolgen immer um fünf Zahlen fort.

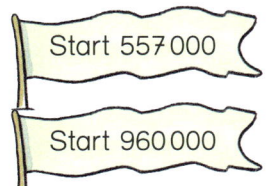

a) immer + 2 000 — Start 557 000

b) immer + 5 000 — Start 263 000

c) immer − 3 000 — Start 960 000

d) immer − 7 000 — Start 765 000

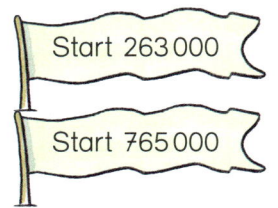

3 Setze die Zahlenfolgen immer bis zum nächsten Hunderttausender fort.

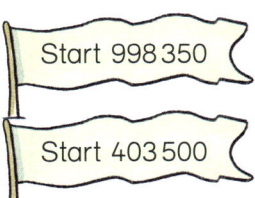

a) immer + 150 — Start 998 350

b) immer + 2 500 — Start 775 000

c) immer − 250 — Start 403 500

d) immer − 7 000 — Start 370 000

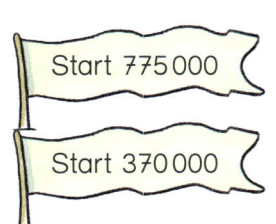

4 Mit welcher Startzahl erreichst du genau 500 000?

immer + 8 500

a) Start 466 000
b) Start 450 000
c) Start 440 500

5 Wie geht es weiter?

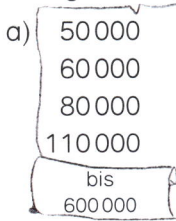

a) 50 000 / 60 000 / 80 000 / 110 000 / bis 600 000

b) 100 000 / 200 000 / 290 000 / 370 000 / bis 620 000

c) 500 000 / 490 000 / 470 000 / 440 000 / bis 50 000

d) 600 000 / 500 000 / 410 000 / 330 000 / bis 80 000

e) 200 000 / 190 000 / 240 000 / 230 000 / 280 000 / bis 400 000

f) 400 000 / 420 000 / 380 000 / 400 000 / 360 000 / bis 280 000

Kombinatorik – Strukturierte Darstellung

1 Für diese Woche hat der Kaiser zwei Hemden und drei Hosen.

> Es war einmal ein sehr eitler Kaiser. Der wollte sich jeden Tag verschieden anziehen.
> An einem Tag ein rotes Hemd und dazu eine gelbe Hose. Am nächsten Tag ein blaues Hemd, aber dazu eine …

a) Überlegt: Wie viele Möglichkeiten hat der Kaiser sich verschieden anzuziehen? Mit welcher Darstellung löst ihr die Aufgaben?

Mia

Carina

Max

Hemd	Hose
r	r
r	b
r	

Peter

b) Paul hat ein Baumdiagramm erstellt, um alle Möglichkeiten darzustellen.

Selina hat das Baumdiagramm einfacher gezeichnet.

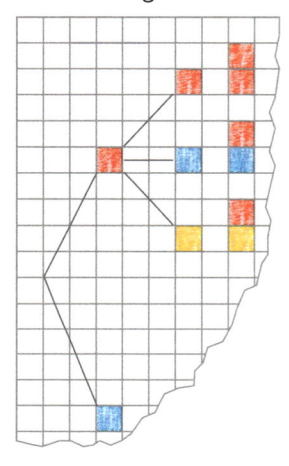

Erkläre, wie die Möglichkeiten im Baumdiagramm dargestellt sind.
Zeichne das Baumdiagramm vollständig.

2 a) Wie viele Möglichkeiten hat der Kaiser bei der Wahl des Hemdes?
b) Wie viele Möglichkeiten hat der Kaiser bei der Wahl der Hose?
c) Wie viele Möglichkeiten hat er insgesamt?

> Für das Hemd gibt es 2 Möglichkeiten.
>
> Bei jedem Hemd gibt es …

3 Kann das stimmen?

a) Wenn der König die rote Hose anhat, hat er noch 3 Möglichkeiten sich verschieden anzuziehen.

b) Die blaue Hose hat ein Loch. Dann hat der König noch 4 Möglichkeiten, sich verschieden anzuziehen.

Wiederholung

W 41

1 Trage die Zahlen in eine Stellenwerttafel ein.
a) neunhundertdreißigtausendeinhundert
b) viertausendeinhundertzwei
c) siebzigtausendsiebenhundertsieben
d) sechshundertzweitausendzwanzig
e) siebenhundertfünfzigtausendfünf
f) eine Million

Wie weit bist du auf deinem Lernweg?

2 300 000 | 700 000 | 40 000 | 4 000 | 100 | 900 | 10 | 9

a) Bilde acht verschiedene Zahlen mit diesen Karten. Schreibe sie auf.
b) Ordne deine acht Zahlen nach der Größe. Beginne mit der größten Zahl.

3 Vergleiche. > < =
a) 15 609 ○ 15 702
   5 092 ○ 5 008
   10 441 ○ 10 241
b) 398 705 ○ 398 750
   99 011 ○ 910 111
   673 541 ○ 67 354
c) 601 999 ○ 62 000
   23 312 ○ 23 123
   711 771 ○ 177 177

4 Setze die Zahlenfolgen immer um 5 Zahlen fort.
a) immer − 2 000   Start 310 000
b) immer + 4 000   Start 640 000
c) immer − 9 000   Start 480 000

5 Runde auf Hunderttausender.
a) 192 000
   142 000
b) 407 320
   462 190
c) 87 248
   265 158
d) 245 493
   349 949
e) 761 245
   53 416

6 Besucherzahlen im Zoo:

Jahr	2012	2013	2014	2015	2016
Besucher	784 008	752 078	703 001	726 604	787 308

a) Runde die Besucherzahlen auf Zehntausender.
b) Zeichne mit den gerundeten Zahlen ein Säulendiagramm (1 mm entspricht 10 000 Besucher).
c) In welchem Jahr war die Besucherzahl am höchsten? In welchem am niedrigsten?
   Wie groß war der Unterschied?

7 Die Klasse 4a hat noch 25,98 €.
Sie braucht wieder einen Kasten Mineralwasser und einen Kasten Apfelsaft.
Wie viel Geld bleibt in der Klassenkasse?

Quittung
1 Kasten Mineralwasser 4,35 €
1 Kasten Apfelsaft 7,42 €

1 bis 7 Evtl. Kopiervorlagen für Selbsteinschätzung nutzen.

Sachaufgaben – Lösungswege

1 Auf dem Bauernhof von Laras Eltern gibt es Ziegen und Schafe. Es sind sechs Schafe mehr als Ziegen. Zusammen sind es 40 Tiere.
Wie viele Schafe sind es?

Tom			
Schafe	Ziegen	Unterschied	Tiere
2 0	2 0	0	4 0
2 2	1 8	4	4 0

Annike	
Die Hälfte	2 0 Tiere
Unterschied	6 Tiere
also Schafe +	3

2 Beim Nagold-Bauernhof gibt es Kühe und Schweine. Zusammen sind es 60 Tiere. Es sind 18 Kühe mehr als Schweine.
Wie viele Schweine sind es?

3 Auf dem Hansele-Hof sind 91 Tiere. Es sind Kühe, Schweine und Hühner. Es sind 70 Kühe mehr als Schweine, aber gleich viele Hühner und Schweine.
Wie viele Kühe sind es?

4 Akari erzählt: „Als Haustiere habe ich Meerschweinchen und Wellensittiche. Aber in meinem Zimmer gibt es 10 Tiere, nämlich noch Spinnen und Fliegen. Alle zusammen haben 48 Beine."
Welche und wie viele Tiere könnten es sein?

1 Spinne: 8 Beine
2 Spinnen: 16 Beine

1 Meerschweinchen: 4 Beine
2 Meerschweinchen: 8 Beine

Verwende eine Tabelle!

Spinnen	Fliegen	Meerschweinchen	Wellensittiche	Tiere	Beine
1	1	1	1	4	2 0
2	4	2	2	1 0	5 2

5 Im Stall gibt es Fliegen und Kühe. Zusammen haben sie 78 Beine.
Wie viele Tiere könnten es sein?

6 Toni erzählt: „Auf unserem Dachboden gibt es Spinnen und Mäuse. Ich habe 37 Beine gezählt." Was meinst du dazu?

7 Setze in der Rechengeschichte passende Wörter ein. Lass deinen Partner rechnen.

Auf dem Vogtsmichel-Hof gibt es Kühe, Schweine und Pferde. Es sind gleich viele _____ wie _____ . Aber es sind 10 _____ mehr als _____ .

Sachaufgaben – Klassenausflug

1 Klasse 4a plant einen Klassenausflug. Jedes Kind muss für den Bus 4,50 € bezahlen. Der Eintritt für das Märchen-Museum kostet 3,80 €.

a) Wie viel muss jedes Kind für den Ausflug bezahlen?

b) Das Busunternehmen Bauer bietet die Busfahrt pro Kind um 1,30 € günstiger an.

2 Klasse 4b fährt beim Klassenausflug mit der Bahn. Jedes Kind muss für die Hin- und Rückfahrt jeweils 2,80 € bezahlen. Der Eintritt in die Burg kostet 1,50 €.

a) Wie viel muss jedes Kind für den Ausflug bezahlen?

b) Der Eintritt in den Burg-Erlebnispark ist für jedes Kind um 4,25 € teurer als der Eintritt für die Burg.

3 Plant einen Klassenausflug für eure Klasse. Sucht dazu Ziele in der Umgebung eures Schulortes. Stellt fest, was die Fahrt, der Eintritt und Sonstiges kosten würde.

Wie viel müsste jedes Kind bezahlen?

> Planung Klasse 4
> Ziel des Ausflugs:
> Fahrtkosten:
> Eintritt:
> Sonstiges:
> zusammen:

4 Eure Klasse plant einen Schullandheim-aufenthalt in der Jugendherberge Gunzenhausen am Altmühlsee.
Überlegt, wie viel das Schullandheim für jedes Kind kostet.

Könnt ihr genau rechnen?

Jugendherberge Gunzenhausen		
Preis pro Kind und Tag	Übernachtung mit Frühstück	Übernachtung mit allen Mahlzeiten
	21,10 €	30,50 €

> Planung Schullandheim
> Fahrtkosten nach Gunzenhausen:
> Jugendherberge für ___ Tage:
> Eintritte:

3 Evtl. Internet nutzen.

Sachaufgaben – Tipps zum Lösen

Tipp 1: Lesen und Erzählen
- Lies die Rechengeschichte sorgfältig und genau.
- Erzähle sie deinem Partner.

Tipp 2: Wichtige Daten
- Schreibe die Angaben aus der Rechengeschichte auf, die du zum Lösen brauchst.

Tipp 3: Schrittweise vorgehen
- Überlege, was du im 1. Schritt berechnest, was im 2. Schritt und was dann.
- Du kannst dir Zwischenfragen überlegen.

Tipp 4: Prüfen
- Überlege, ob es eine Lösung der Aufgabe gibt.
- Überlege, ob dein Ergebnis stimmen kann.

Am 12.8. waren wir im Hochseilgarten Nagold: Papa, Mama, meine Brüder Kai und Max und ich. Zu Hause sind wir um 9:30 Uhr losgefahren. Wir haben alle den Hochseilgarten ausprobiert. Als Imbiss hatten wir alle ein Wurstbrötchen und einen Saft. Um 17:15 Uhr waren wir wieder zu Hause.
Alina

Hochseilgarten Nagold

Preise
Erwachsene 21,00 €
Kinder bis 14 Jahre 16,00 €
Gruppen ab 10 Personen
pro Person 14,50 €
Leihgebühr Helm 2,50 €

1 Welche Kinder haben Daten falsch aufgeschrieben?

Noah
Besucher am 12.8.
Erwachsene: 350
Kinder: 150

Max
Wurstbrötchen: 1,80 €
Saft: 1,50 €
Eintritt Kinder: 16,00 €
Eintritt Erwachsene: 21,00 €

Anna
Eintritt mit Klasse:
jede Person: 14,50 €

Lina
Abfahrt: 10:12 Uhr
Rückkehr: 17:15 Uhr

2 Welche Aussagen können stimmen? Begründe im Heft.

a) Alinas Vater muss für den Eintritt mehr als 85 € bezahlen.

b) Am 12.8. hatte der Hochseilgarten mehr als 1 000 Besucher.

3 Überlege und berechne, wie viel ein Tag für Alinas Familie im Hochseilgarten kostet. Welche Tipps habt ihr verwendet? Besprecht eure Lösungen und stellt sie auf Plakaten dar.

Rechenkonferenz

Tipp 1 bis Tipp 4 sind für alle Rechengeschichten wichtig.

Hochseilgarten Nagold
Kassenprotokoll vom
12.8.2017

Besucher:
350 Erwachsene
190 Kinder

Fahrzeuge auf
dem Parkplatz: 240

Tipp 5: Eine Tabelle verwenden
- Mache eine Tabelle.

Anzahl	Preis
1	

Tipp 6: Skizze
- Zeichne eine Skizze.

Tipp 7: Streifenbild
- Zeichne ein Streifenbild.

Preis	zurück
bezahlt	

Käsebrötchen ... €
Wurstbrötchen 1,80 €
Saft 1,50 €
Limo 1,90 €

Tipp 8: Mein Tipp

4 Welche Tipps verwendest du für die Lösung? Besprecht eure Lösungen.

A Die Eichenbaum-Runde ist ein Seilrechteck mit 25 m Länge und 12 m Breite.
Wie weit muss man gehen?

B Klasse 4a aus Freudenstadt geht mit 16 Kindern und 2 Lehrerinnen in den Hochseilgarten.
Wie viel kostet der Eintritt für alle?

C Alinas Vater bezahlt den Imbiss mit einem 20-Euro-Schein.
Wie viel bekommt er zurück?

D Alinas Vater bezahlt den Eintritt für die Familie und für jeden die Leihgebühren für einen Helm. Wie viel muss er bezahlen?

5 Welche Fragen kannst du nicht beantworten?

A Wie viel kostet der Eintritt für fünf Erwachsene?

B Wie viele Plätze waren am 12.8. auf dem Parkplatz frei?

C Kann die Kassiererin auf 500 € herausgeben?

D Wie viele Personen waren am 12.8. im Hochseilgarten?

E Wie alt ist Alinas Vater?

F Wie lange dauerte der Ausflug von Alinas Familie?

Jahrgangskombiniertes Arbeiten, vgl. Denken und Rechnen 3, S. 44 und 45.
Tipp 5 bis Tipp 7 passt jeweils zu verschiedenen Sachsituationen.
Tipp 8: Eigene Tipps ins Ideenheft schreiben.

Der rechte Winkel

1 Die Kinder zeichnen **rechte Winkel** mit dem Geodreieck oder der Geo-Schablone. Probiert beide Möglichkeiten und vergleicht.

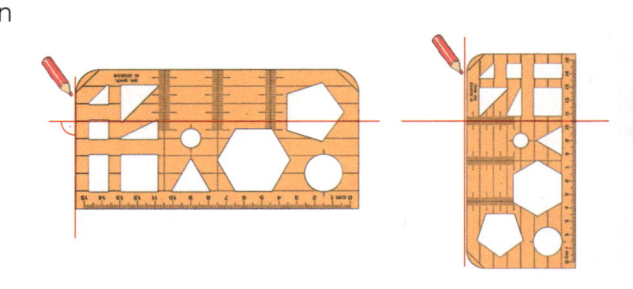

2 Entdeckst du weitere rechte Winkel am Geodreieck? Überprüft mit dem Faltwinkel. Zeigt eurem Partner die rechten Winkel. Besprecht und vergleicht.

Forschungsauftrag

Faltwinkel 
Die Faltlinien stehen senkrecht aufeinander.

3 Welche Linien stehen senkrecht aufeinander? Prüfe.
a)   b)   c)

a) Die blaue und die rote Linie stehen senkrecht aufeinander.

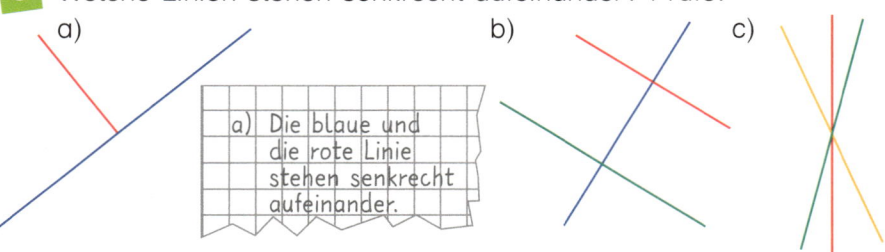

4 Zeichne ein Rechteck von 7 cm Länge und 4 cm Breite.

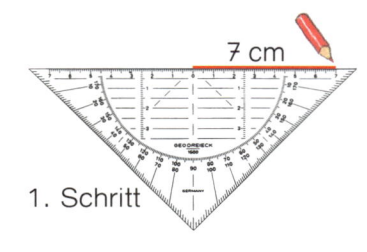

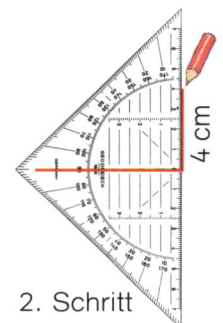

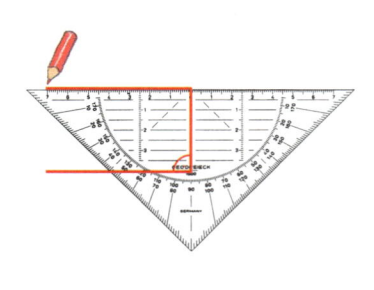

1. Schritt — 7 cm
2. Schritt — 4 cm
3. Schritt
4. Schritt

Wie geht es weiter? Vergleicht und besprecht.

5 a) Zeichne Rechtecke.

	A	B	C	D	E
Länge	5 cm	6 cm	2 cm	3 cm	1 cm
Breite	4 cm	6 cm	7 cm	3 cm	4 cm

b) Überprüft mit dem Geodreieck bei eurem Partner, wie genau er gezeichnet hat.

6 Findet alle rechten Winkel in den Figuren. Notiert jeweils die Anzahl.

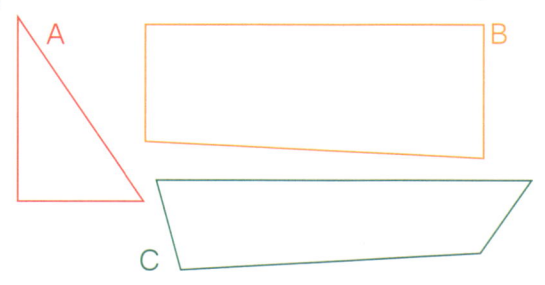

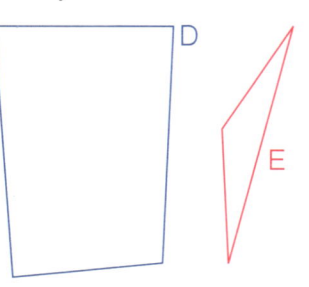

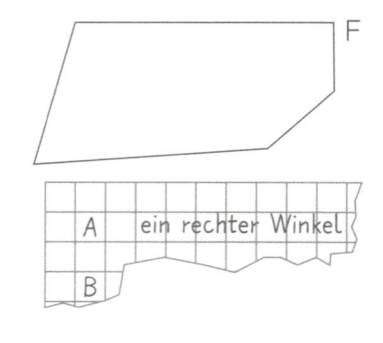

A   B   C   D   E   F

| A | ein rechter Winkel |
| B | |

1 Erkennen, wie der rechte Winkel exakt gezeichnet wird.
2 Ideenheft verwenden.
5 Das Quadrat als Rechteck thematisieren.

Parallele Linien

Parallele Linien haben überall denselben Abstand.

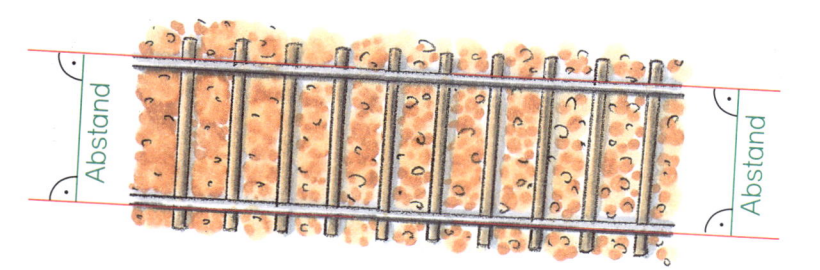

1
a) Wo entdeckt ihr an der Eisenbahnschiene parallele Linien?
b) Erklärt, warum die Schienen parallel verlaufen müssen.
c) Sucht in eurem Schulhaus parallele Linien.

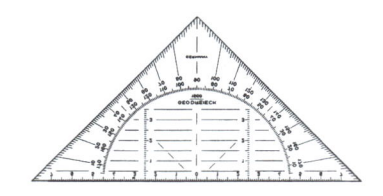

2 Wo entdeckt ihr am Geodreieck parallele Linien? Vergleicht und besprecht.

3 So kannst du mit dem Geodreieck und mit der Schablone parallele Linien zeichnen. Probiere selbst.

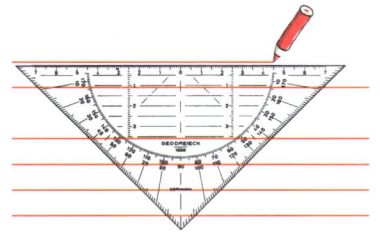

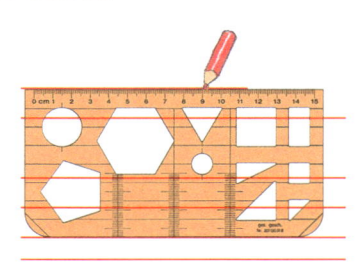

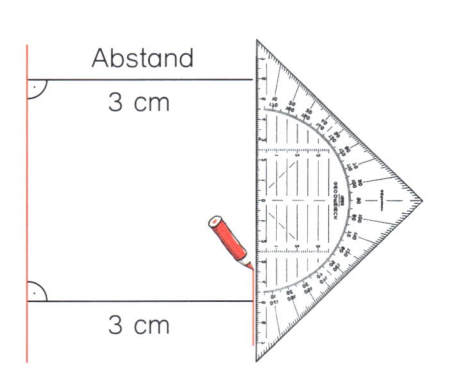

Abstand 3 cm
3 cm

4 Zeichne parallele Linien mit diesem Abstand.
a) 1 cm
b) 4 cm
c) 25 mm
d) 30 mm
e) 2 cm
f) $3\frac{1}{2}$ cm

5 a) Schau dir das Rechteck an. Gibt es Seiten, die parallel zueinander sind? 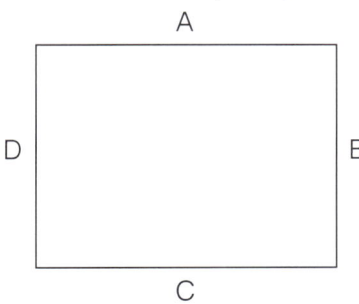
b) Untersuche andere Rechtecke.
c) Untersuche Quadrate. Sind auch hier Seiten parallel zueinander?

6 Prüfe und beschreibe, welche Linien parallel sind.

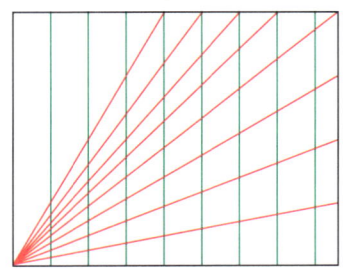

7  Kann das stimmen?
a) Ein Dreieck hat nie parallele Seiten.
b) Bei einem Fünfeck kann es nie parallele Seiten geben.
c) Bei einem Quadrat sind immer zwei gegenüberliegende Seiten parallel.
d) Ein Rechteck hat immer zwei Seiten, die parallel sind.
e) Bei jedem Viereck sind mindestens zwei Seiten parallel zueinander.

Kreise zeichnen

1 a) Zeichnet mit verschiedenen Hilfsmitteln Kreise. Beschreibt, wie ihr vorgeht.

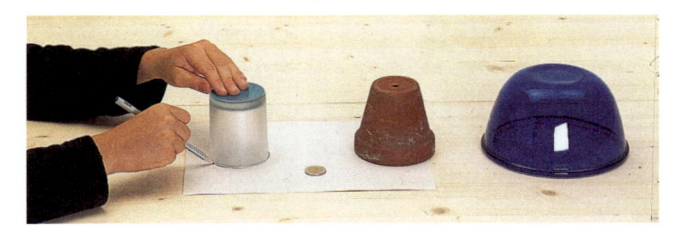

b) Findet ihr noch weitere Möglichkeiten?

2 So kannst du mit einem Zirkel Kreise zeichnen.

① Zeichne den Mittelpunkt.

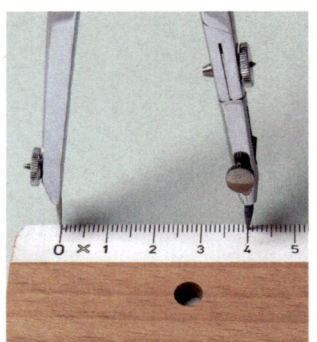

② Stelle den Radius mithilfe eines Lineals ein.

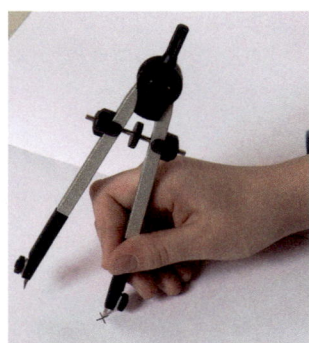

③ Stich mit der Zirkelspitze im Mittelpunkt ein.

④ Fasse den Zirkel oben an und drehe ihn mit leichtem Druck.

a) Zeichne verschiedene Kreise.
b) Miss jeweils Durchmesser und Radius.
c) Erklärt den Zusammenhang zwischen Radius und Durchmesser.

3 Zeichne Kreise mit diesen Radien.

a) 5 cm
6 cm
3 cm

b) 40 mm
70 mm
20 mm

Die Mehrzahl von Radius heißt Radien.

4 Zeichne Kreise mit diesen Durchmessern.

a) 5 cm
6 cm
8 cm

b) 140 mm
100 mm
80 mm

5 a) Beschreibt, wie diese Muster entstanden sind.
b) Zeichnet die Muster mit dem Zirkel.

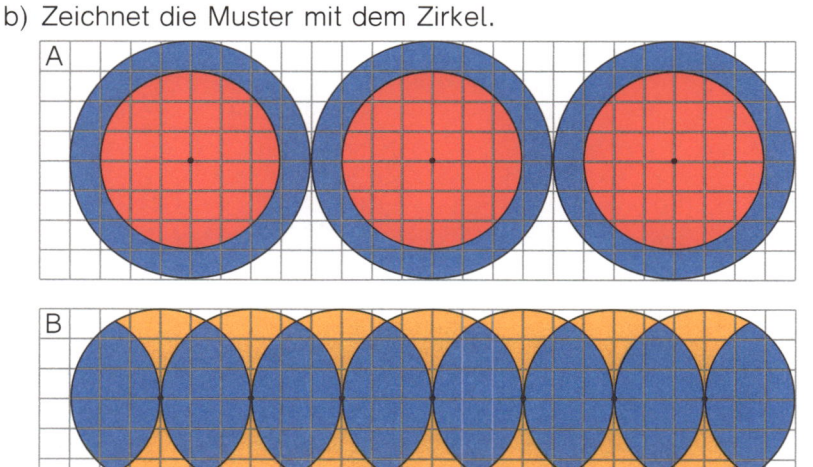

A

B

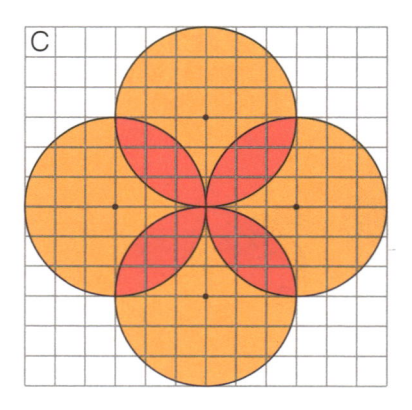

C

6 a) Wie sind diese Figuren entstanden? Erklärt, wo die Einstichpunkte sind.

A 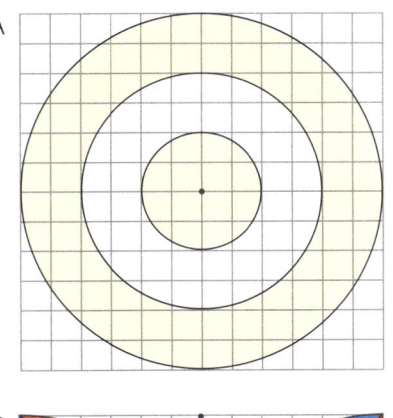 B 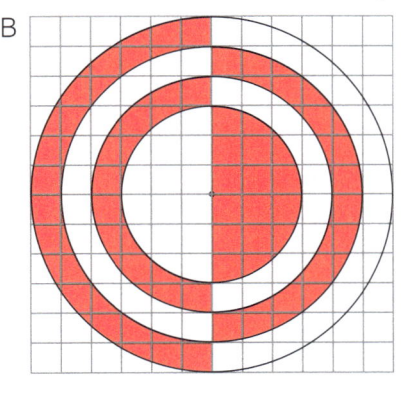 C

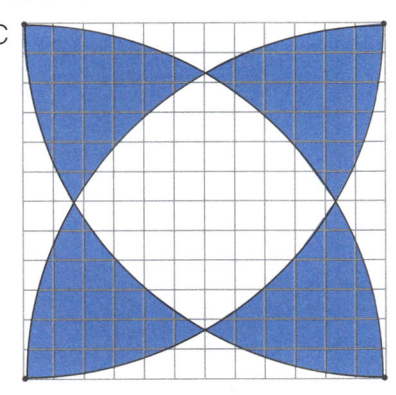

D 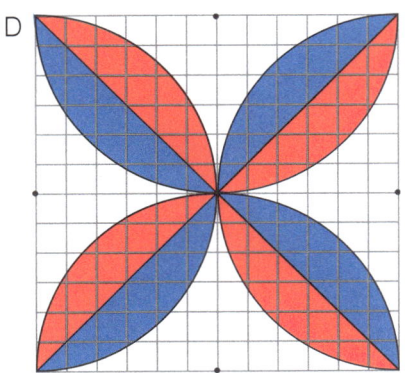 E 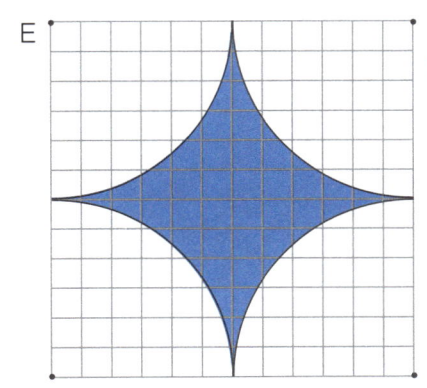 F

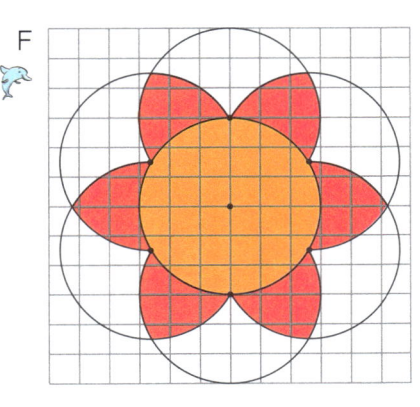

b) Zeichne die Figuren mit dem Zirkel.
c) Erfinde eigene Figuren. Beschreibt, wie sie entstanden sind. 

7 a) So kannst du mithilfe des Zirkels ein Sechseck zeichnen.

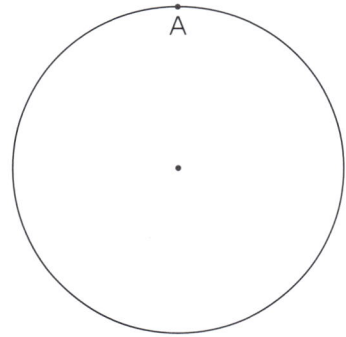

① Zeichne einen Kreis.

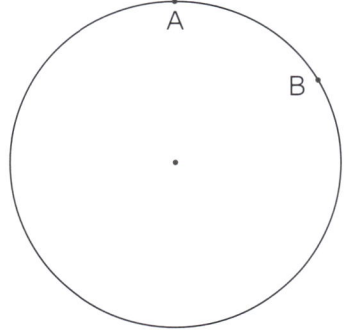

② Verändere den Radius nicht. Stich in A ein und markiere Punkt B.

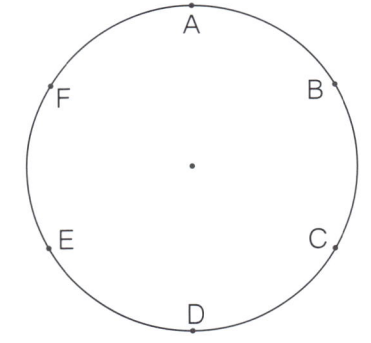

③ Stich in B ein und markiere Punkt C. Stich in C ein und markiere Punkt D. Wiederhole dies noch zweimal.

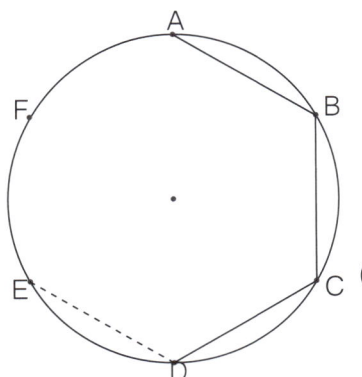

④ Verbinde die Buchstaben in der Reihenfolge des ABC.

b) Verbinde die Buchstaben in verschiedenen Reihenfolgen. Welche Figuren entstehen?

Multiplizieren und Dividieren – Stufenzahlen

1 `3020 · 10` Multipliziere mit 10.

Ben notiert 3 Tausender und 2 Zehner.
Dann multipliziert er mit 10.
Was verändert sich in der Stellenwerttafel?
Aus Zehnern werden …
Aus Tausendern werden …

M	HT	ZT	T	H	Z	E
			3		2	
		3		2		

2 `2040 · 100` Multipliziere mit 100.

Was verändert sich in der Stellenwerttafel?
Aus Zehnern werden …
Aus Tausendern werden …

M	HT	ZT	T	H	Z	E
			2		4	
	2		4			

3
a) 3 · 10
   30 · 10
   300 · 10
   430 · 10

b) 14 · 10
   214 · 10
   204 · 10
   1400 · 10

c) 3 · 100
   23 · 100
   123 · 100
   1300 · 100

d) 5 · 1000
   50 · 1000
   51 · 1000
   520 · 1000

e) 2000 · 10
   2135 · 10
   213 · 100
   21 · 1000

4 Das Zehnfache? Das Hundertfache? Das Tausendfache?

a) 27 · ___ = 270
   27 · ___ = 2700
   27 · ___ = 27000

b) 53 · ___ = 5300
   53 · ___ = 530
   53 · ___ = 53000

c) 104 · ___ = 10400
   104 · ___ = 104000
   104 · ___ = 1040

d) ___ · ___ = 1900
   ___ · ___ = 45000
   ___ · ___ = 0

5 `20100 : 10` Dividiere durch 10.

Was verändert sich in der Stellenwerttafel?
Aus Zehntausendern werden …
Aus Hundertern werden …

M	HT	ZT	T	H	Z	E
		2		1		
			2		1	

6 `103000 : 100` Dividiere durch 100.

Was verändert sich in der Stellenwerttafel?
Aus Hunderttausendern werden …
Aus Tausendern werden …

M	HT	ZT	T	H	Z	E
	1		3			
			1		3	

7
a) 70 : 10
   600 : 10
   8000 : 10
   8670 : 10

b) 300 : 100
   5000 : 100
   15000 : 100
   15700 : 100

c) 4000 : 1000
   30000 : 1000
   34000 : 1000
   9000 : 1000

d) 124000 : 1000
   253000 : 100
   108000 : 10
   407000 : 1

8
a) 430 : ___ = 43
   4300 : ___ = 43
   43000 : ___ = 43

b) 8200 : ___ = 82
   820 : ___ = 82
   82000 : ___ = 82

c) 60300 : ___ = 603
   603000 : ___ = 603
   6030 : ___ = 603

d) ___ : ___ = 7
   ___ : ___ = 26
   ___ : ___ = 415

Analogien entdecken. **4** d) und **8** d) Offene Aufgaben.
5 bis **7** Division als Umkehrung der Multiplikation.

Multiplizieren und Dividieren – Rechenwege

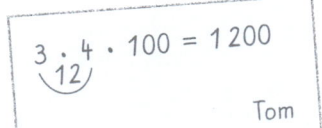

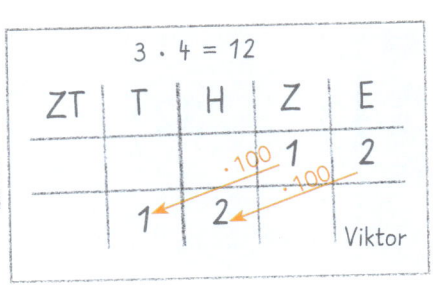

1 Wie rechnest du? Vergleicht und besprecht die Rechenwege.

3 · 400

| 3 · 4H = 12H |
| 12H = 1 200 |
| Maria |

3 · 4 · 100 = 1 200
(12)
Tom

3 · 4 = 12

ZT	T	H	Z	E
			1	2
	1	2		

Viktor

2
a) 2 · 3
2 · 30
2 · 300
2 · 3 000
2 · 30 000
2 · 300 000

b) 2 · 5
2 · 50
2 · 500
2 · 5 000
2 · 50 000
2 · 500 000

c) 300 · 7
30 · 7
3 · 7
3 · 70
30 · 70
300 · 70

d) 4 · 9
40 · 9
400 · 9
4 · 90
40 · 900
400 · 9 000

e) 4 · 7
40 · 7
400 · 7
4 000 · 7
40 000 · 7
400 000 · 7

f) Sucht euch jeweils ein Päckchen aus. Beschreibt es euch gegenseitig.

3 Rechne immer vier verwandte Aufgaben.

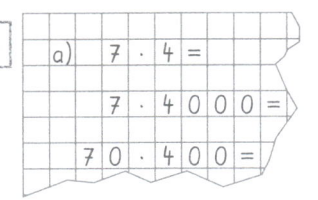

a) 7 · 4
  7 · 4 =
  7 · 4 000 =
  70 · 400 =

b) 9 · 3
e) 8 · 7

c) 6 · 8
f) 8 · 9

d) 4 · 3
g) 6 · 7

4 Wie rechnest du? Vergleicht und besprecht die Rechenwege.

2 100 : 7

| 21H : 7 = 3H |
| 3H = 300 |
| Simon |

| 21 : 7 = 3 |
| 210 : 7 = 30 |
| 2 100 : 7 = 300 |
| Clara |

5
a) 100 : 10
1 000 : 10
10 000 : 10
100 : 100
1 000 : 100
10 000 : 100

b) 10 : 5
100 : 5
1 000 : 5
10 000 : 5
100 000 : 5
1 000 000 : 5

c) 56 : 8
560 : 8
5 600 : 8
56 000 : 8
560 000 : 8
560 : 80

d) 24 000 : 6
24 000 : 60
24 000 : 600
24 000 : 6 000
240 000 : 60 000
240 000 : 6 000

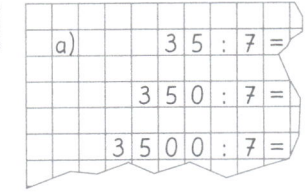

6 Rechne immer vier verwandte Aufgaben.

a) 35 : 7
  35 : 7 =
  350 : 7 =
  3 500 : 7 =

b) 12 : 4
e) 30 : 5

c) 24 : 8
f) 54 : 9

d) 64 : 8
g) 56 : 7

7 Welche Rechenzeichen passen? (+) (−) (·) (:)

a) 500 000 ◯ 2 = 250 000
500 000 ◯ 2 = 1 000 000
500 000 ◯ 2 = 500 002

b) 40 000 ◯ 5 = 40 005
40 000 ◯ 5 = 200 000
40 000 ◯ 5 = 8 000

c) 200 000 ◯ 4 = 800 000
200 000 ◯ 4 = 50 000
200 000 ◯ 4 = 199 996

3 und **6** Analogien nutzen.

Schriftliches Multiplizieren

1 Wie rechnest du? Vergleicht und besprecht die Rechenwege.

3 · 1232

```
  1232
  1232
+ 1232
       Nina
```

```
THZE
3 · 1232
3 · 1000 = 3000
3 ·  200 =  600
3 ·   30 =   90
3 ·    2 =    6   Benedikt
```

2 1232 · 3

So multiplizierst du schriftlich:

E: 3 mal 2 gleich 6
Z: 3 mal 3 gleich 9
H: 3 mal 2 gleich ___
T: 3 mal 1 gleich ___

```
1 2 3 2 · 3
  T H Z E
      9 6
```

Beim schriftlichen Multiplizieren sollte die große Zahl zuerst stehen – nutze die Tauschaufgaben!

3
a) 2313 · 3   b) 2331 · 3   c) 2321 · 3   d) 2131 · 3
e) 2121 · 4   f) 2211 · 4   g) 3344 · 2   h) 4123 · 2

6393 6688 6939 6963 6993 7258 8246 8484 8844

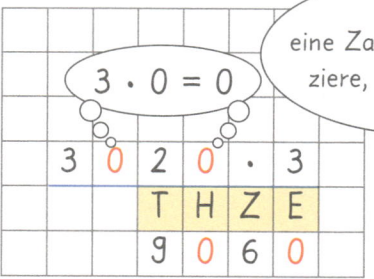

4 3 · 0 = 0

Wenn ich eine Zahl mit 0 multipliziere, ist das Ergebnis immer 0.

```
3 0 2 0 · 3
  T H Z E
  9 0 6 0
```

a) 1020 · 4   b) 2121 · 4
c) 3002 · 3   d) 3230 · 3

5 Multipliziere schriftlich.
a) 3123 · 2   b) 2443 · 2   c) 4014 · 2   d) 2330 · 3
   3404 · 2   1212 · 4   2030 · 3   2101 · 4

W

6 Setze die Zahlenfolgen fort. Schreibe jeweils die Regel auf.
a) 0, 8000, 16000, …, 48000   b) 10000, 8500, 7000, …, 1000
c) 15000, 30000, 45000, …, 105000   d) 10000, 8900, 7800, …, 3400

Schriftliches Multiplizieren

1 `1412 · 6`   So multiplizierst du schriftlich:

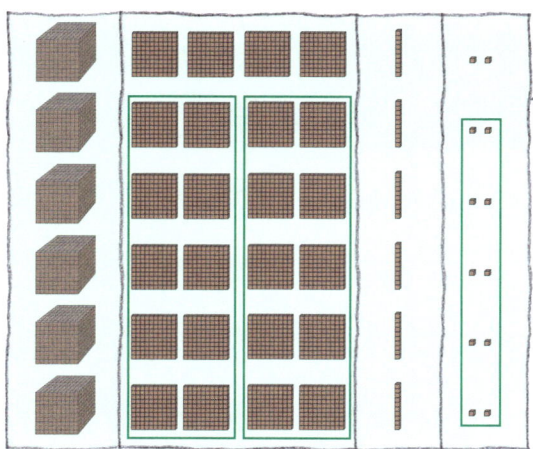

E: 6 mal 2 E gleich 12 E; ich tausche 10 E in 1 Z; schreibe 2 E; behalte 1 Z.
Z: 6 mal 1 Z gleich 6 Z; plus 1 Z gleich 7 Z; 7 Z an.
H: 6 mal 4 H gleich 24 H; ich tausche 20 H in 2 T; schreibe 4 H, behalte 2 T.
T: 6 mal 1 T gleich 6 T; plus 2 T gleich 8 T; 8 T an.

2 T merken.   1 Z merken.

Warum muss ich tauschen?

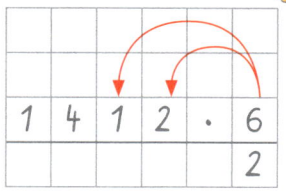

6 mal 2 gleich 12; schreibe 2 E; behalte 1 Z.
6 mal 1 gleich 6; plus 1 gleich 7; 7 an.
6 mal 4 gleich 24; schreibe 4 H; behalte 2 T.
6 mal 1 gleich 6; plus 2 gleich 8; 8 an.

1	4	1	2	·	6
					2

2 Multipliziere schriftlich. Überschlage vorher und vergleiche.

a) 474 · 4
3632 · 3
42038 · 2
479 · 5

Für den Überschlag brauche ich gerundete Zahlen. 474 ist rund 500.

a) Ü: 500 · 4 = 2000
474 · 4
1896

b) 8603 · 6
738 · 7
21613 · 9
21613 · 6

9000 · 6

3 Multipliziere, dein Partner addiert zur Kontrolle.

a) 703 · 3
7031 · 2
17130 · 2

b) 302 · 3
2302 · 3
3202 · 3

c) 401 · 4
11401 · 4
4101 · 4

d) 702 · 2
7012 · 3
27210 · 0

4 `5 6 7 8 0`   Legt mit den Ziffernkarten eine vierstellige Zahl und eine einstellige Zahl. Multipliziert.   `7 5 8 0 · 6`

a) Legt die Karten so, dass das Ergebnis besonders klein ist.
b) Legt die Karten so, dass das Ergebnis besonders groß ist.

5 Vier Aufgaben sind falsch gelöst. Prüfe nach und rechne richtig.

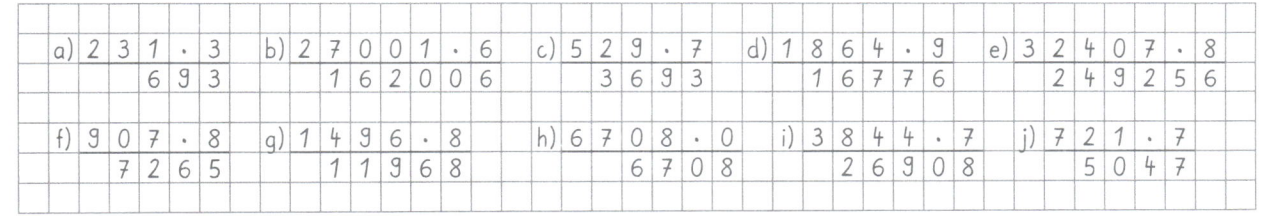

a) 231 · 3
    693

b) 27001 · 6
   162006

c) 529 · 7
    3693

d) 1864 · 9
   16776

e) 3 2407 · 8
   249256

f) 907 · 8
   7265

g) 1496 · 8
   11968

h) 6708 · 0
    6708

i) 3844 · 7
   26908

j) 721 · 7
   5047

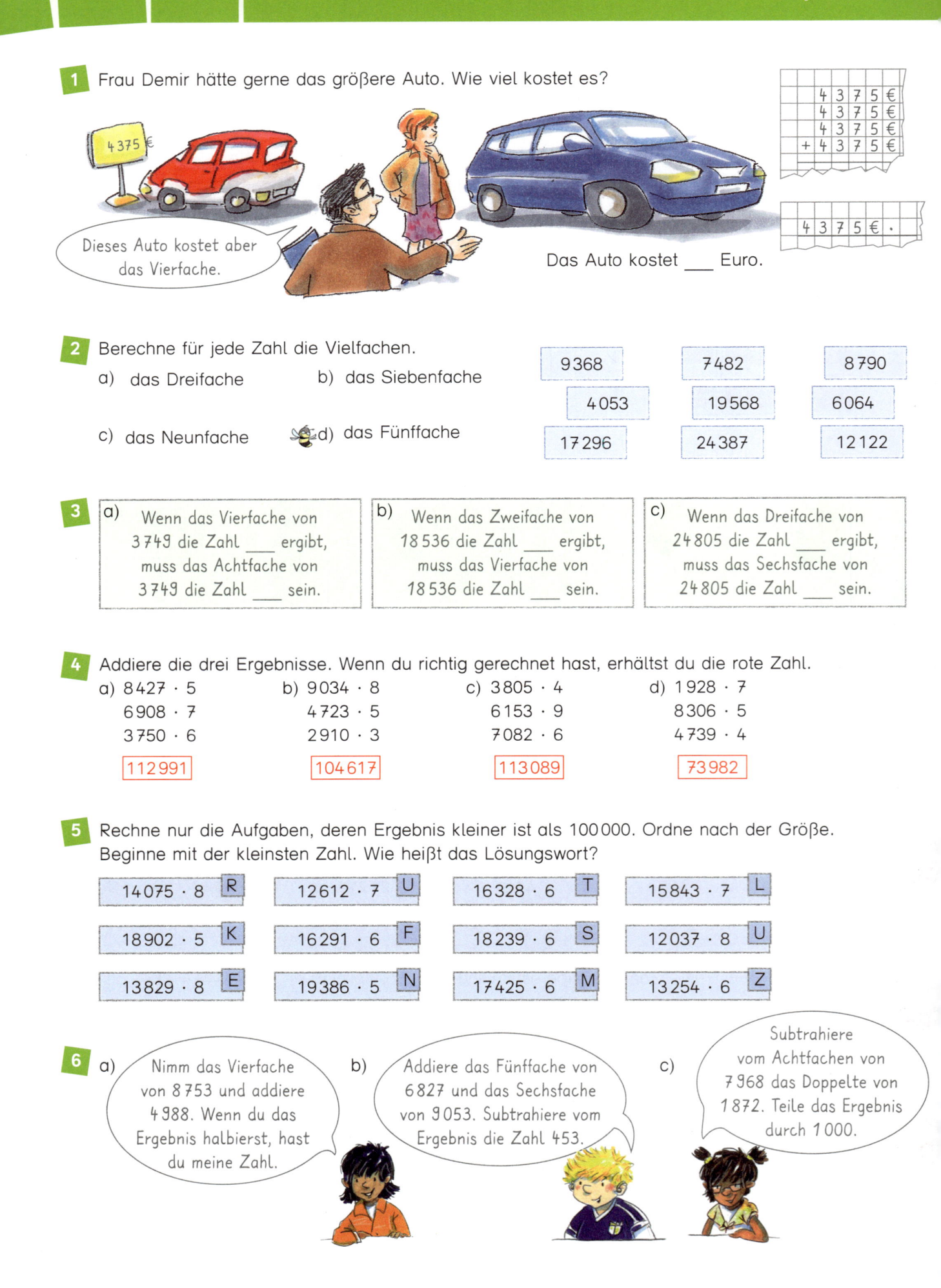

Schriftliches Multiplizieren

1 Frau Demir hätte gerne das größere Auto. Wie viel kostet es?

Dieses Auto kostet aber das Vierfache.

Das Auto kostet ___ Euro.

```
  4 3 7 5 €
  4 3 7 5 €
  4 3 7 5 €
+ 4 3 7 5 €
```

```
4 3 7 5 € ·
```

2 Berechne für jede Zahl die Vielfachen.
a) das Dreifache
b) das Siebenfache
c) das Neunfache
d) das Fünffache

9 368	7 482	8 790
4 053	19 568	6 064
17 296	24 387	12 122

3
a) Wenn das Vierfache von 3 749 die Zahl ___ ergibt, muss das Achtfache von 3 749 die Zahl ___ sein.

b) Wenn das Zweifache von 18 536 die Zahl ___ ergibt, muss das Vierfache von 18 536 die Zahl ___ sein.

c) Wenn das Dreifache von 24 805 die Zahl ___ ergibt, muss das Sechsfache von 24 805 die Zahl ___ sein.

4 Addiere die drei Ergebnisse. Wenn du richtig gerechnet hast, erhältst du die rote Zahl.

a) 8 427 · 5
   6 908 · 7
   3 750 · 6
   112 991

b) 9 034 · 8
   4 723 · 5
   2 910 · 3
   104 617

c) 3 805 · 4
   6 153 · 9
   7 082 · 6
   113 089

d) 1 928 · 7
   8 306 · 5
   4 739 · 4
   73 982

5 Rechne nur die Aufgaben, deren Ergebnis kleiner ist als 100 000. Ordne nach der Größe. Beginne mit der kleinsten Zahl. Wie heißt das Lösungswort?

14 075 · 8 R
12 612 · 7 U
16 328 · 6 T
15 843 · 7 L
18 902 · 5 K
16 291 · 6 F
18 239 · 6 S
12 037 · 8 U
13 829 · 8 E
19 386 · 5 N
17 425 · 6 M
13 254 · 6 Z

6
a) Nimm das Vierfache von 8 753 und addiere 4 988. Wenn du das Ergebnis halbierst, hast du meine Zahl.

b) Addiere das Fünffache von 6 827 und das Sechsfache von 9 053. Subtrahiere vom Ergebnis die Zahl 453.

c) Subtrahiere vom Achtfachen von 7 968 das Doppelte von 1 872. Teile das Ergebnis durch 1 000.

Schriftliches Multiplizieren – Überprüfen

1 Daniels Familie kaufte im letzten Jahr an 207 Tagen je vier Brötchen. Wie viele Brötchen waren es insgesamt?

2 An Annas Familie wurden im letzten Jahr an 318 Tagen je drei Brötchen geliefert.

3 Familie Özer kaufte im vergangenen Jahr täglich sechs Brötchen.

4 Wie viele Brötchen isst deine Familie im Jahr?

5
a) 36 · 4
   72 · 4
   144 · 4
   288 · 4

b) 98 · 5
   196 · 5
   392 · 5
   784 · 5

c) 87 894 · 0
   87 894 · 1
   87 894 · 2
   87 894 · 4

d) 999 · 8
   1998 · 4
   3999 · 2
   7992 · 1

e) 71 104 · 1
   35 552 · 2
   17 776 · 4
   18 888 · 8

6 Können diese Ergebnisse stimmen? Prüfe mit einer Überschlagsrechnung.

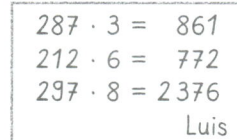

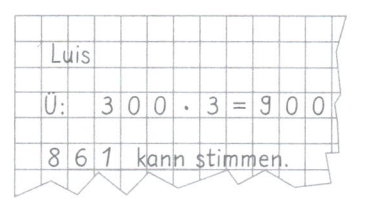

287 · 3 = 861
212 · 6 = 772
297 · 8 = 2376
Luis

Luis
Ü: 300 · 3 = 900
861 kann stimmen.

97 · 4 = 288
406 · 9 = 3654
483 · 7 = 2381
Hannah

1087 · 5 = 5435
5870 · 3 = 17 610
2793 · 4 = 8172
Elias

7 Welche Fehler haben die Kinder gemacht? Besprecht.

A Einmaleinsfehler   **B** Übertrag vergessen   **C** Null vergessen

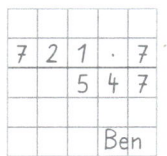

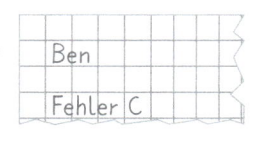

721 · 7
  547
Ben

Ben
Fehler C

352 · 4
  148
Marie

517 · 6
3002
Tim

603 · 8
5624
Johanna

234 · 3
 692
Felix

8 Suche die fehlenden Ziffern.

a) 4521 · 5
   22_05

b) 3063 · 4
   12_5_

c) 6807 · 8
   5_4_6

d) 1099 · 7
   _6_3

e) 824_ · 3
   24720

f) _50_ · 4
   38016

g) 9_3_ · 8
   72240

h) 54_ _ · 5
   27125

5 Untersuchen, wie sich das Verdoppeln/Halbieren eines Faktors auf das Ergebnis auswirkt. 6 Vier Aufgaben wurden falsch gelöst.

Schriftliches Multiplizieren – Kommazahlen

1 Rechne aus, wie viel die Bäume für den neuen Schulgarten kosten. Überschlage vorher.

Gärtnerei GRUBER

Angebot

Apfelbaum	19,60 €
Kirschbaum	28,40 €
Kastanie	16,80 €
Ahorn	22,75 €
Birnbaum	24,90 €

Bepflanzungsplan Schulgarten

Hast du jetzt nichts vergessen?

So multiplizierst du mit Kommazahlen:

Wie viel kosten die Birnbäume?
Ü: 3 · 25 € = 75 €
24,90 € = 2490 ct
2490 ct · 3 = 7470 ct
7470 ct = 74,70 €

Was kosten eigentlich die Kastanienbäume?
Preis der Apfelbäume?
... und die Kirschbäume?
Wie viel kosten die Ahornbäume?

2 Rechne jeweils den Gesamtpreis aus.

Gärtnerei GRUBER
Rechnung für Familie Gerner
3 Kirschbäume
8 Apfelbäume
6 Ahornbäume
Gesamtpreis: ___

Gärtnerei GRUBER
Rechnung für Frau Schäffler
5 Ahornbäume
3 Birnbäume
8 Pfähle 6,50/Stück
Gesamtpreis: ___

Gärtnerei GRUBER
Rechnung für Herrn Strobl
4 Kastanienbäume
4 Apfelbäume
4 Ahornbäume
Gesamtpreis: ___

Gärtnerei GRUBER
Rechnung für Firma Breuer
9 Ahornbäume
9 Pfähle 6,50/Stück
Einpflanzen pro Baum 7,20 €
Gesamtpreis: ___

Gärtnerei GRUBER
8 Ahornbäume
4 Stunden Arbeitszeit zu je 28,90 €
Rindenmulch 24,00 €
Gesamtpreis: ___

3 Überschlage vorher. Drei Ergebnisse kommen doppelt vor.

a) 313,32 € · 9
   2,88 € · 9
   13,92 € · 9
   9,72 € · 3

Nehme ich für den Überschlag bei 313,32 € 313 € oder 310 € oder 300 €?

b) 6 · 2,88 €
   6 · 20,88 €
   6 · 208,88 €
   6 · 28,08 €

c) 3,24 € · 6
   3,24 € · 7
   3,24 € · 8
   3,24 € · 9

17,28 € 19,44 € 22,68 € 25,92 € 29,16 € 125,28 € 168,48 € 1253,28 € 2819,88 € 2916,24 €

4 Schreibe zu jeder Rechnung eine Rechengeschichte. Gib sie zum Ausrechnen weiter.

a) 27,50 € · 6 + 8,99 € · 3

b) 68,75 € · 4 + 12,30 € · 4

5 Die Stadt Heidelberg will im Park Blutbuchen pflanzen. Der Stückpreis ist 38,40 €. Es stehen 250 € zur Verfügung.
Wie viele Bäume können gekauft werden? Überschlage zunächst, rechne dann genau.

Sachaufgaben – Schriftliches Multiplizieren

Radtour auf der Schwäbischen Alb

- 5 Übernachtungen mit Halbpension
- Gepäcktransport
- tägliches Lunchpaket
- 375 € pro Erwachsener
- 245 € pro Kind bis 14 Jahre

1 a) Familie Keller plant eine 5-tägige Radtour auf der Schwäbischen Alb. Die Eltern und die 10-jährigen Zwillinge möchten gerne das Angebot buchen. Wie viel müssen sie insgesamt bezahlen?

b) Drei befreundete Familien mit insgesamt 5 Erwachsenen und 7 Kindern unter 14 Jahren buchen das Angebot ohne Halbpension. Damit sparen die Familien pro Person 130 €. Wie viel bezahlen die drei Familien insgesamt?

2 a) Die Familien Rinner, Landinger, Fritz und Sommer buchen für 6 Erwachsene und 5 Kinder unter 14 Jahren das Angebot für eine Kanutour ohne Kanukurs. Welchen Betrag müssen sie an das Reisebüro überweisen?

b) Herr Bauer und seine drei Kinder, die sieben, neun und 16 Jahre alt sind, interessieren sich für das Angebot. Sie möchten auch den Kanukurs buchen. Was kostet die Kanutour für alle?

Kanutour Donautal

Reisebüro Müller

- 3 Übernachtungen mit Vollpension
- Leihausrüstung (Kanu, Schwimmwesten)
- inklusive Tourenleitung
- 287 € pro Erwachsener
- 169 € pro Kind bis 14 Jahre
- Kanukurs pro Person 75 € extra

3 Wie viele Kilometer legen die Flugzeuge pro Woche zurück?

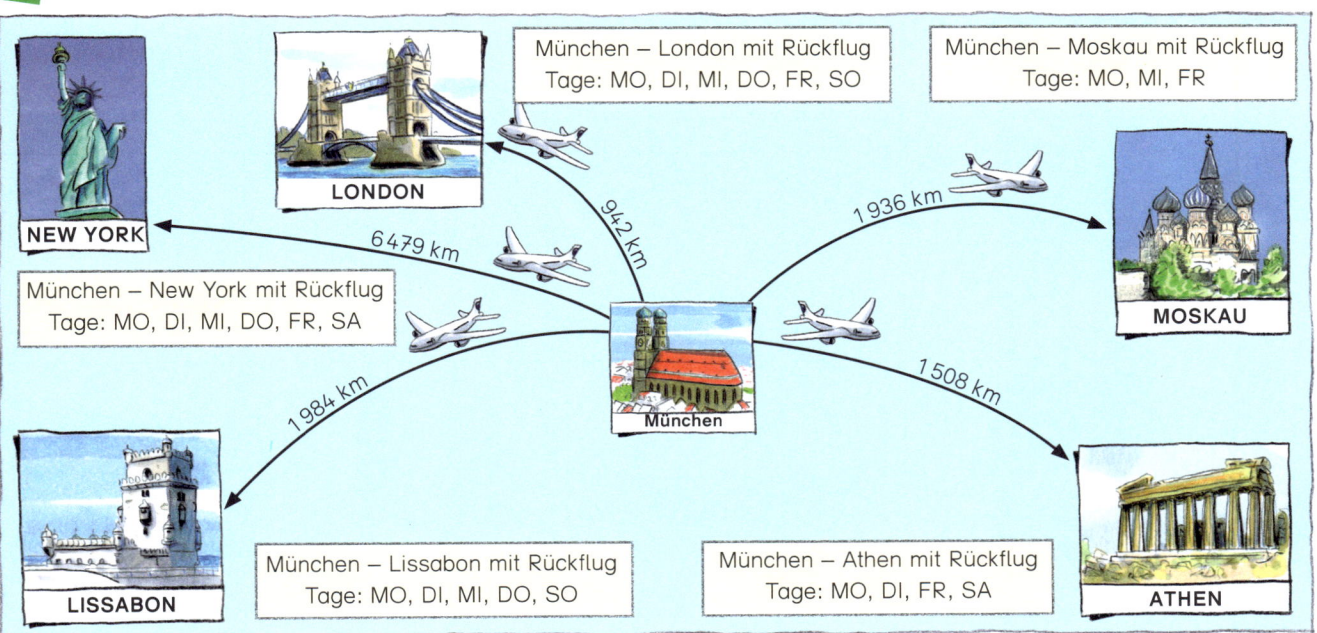

- München – London mit Rückflug, Tage: MO, DI, MI, DO, FR, SO — 942 km
- München – Moskau mit Rückflug, Tage: MO, MI, FR — 1 936 km
- München – New York mit Rückflug, Tage: MO, DI, MI, DO, FR, SA — 6 479 km
- München – Lissabon mit Rückflug, Tage: MO, DI, MI, DO, SO — 1 984 km
- München – Athen mit Rückflug, Tage: MO, DI, FR, SA — 1 508 km

58 Symmetrie

1 So kannst du achsensymmetrische Buchstaben und Ziffern herstellen.

① Nimm zwei gleich große verschieden farbige Blätter. Falte das eine wie abgebildet und zerschneide es an der Faltlinie.

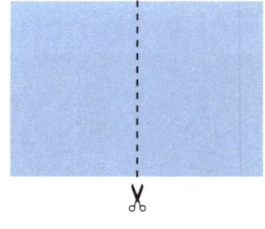

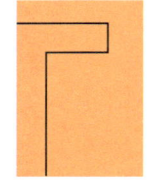

② Nimm eines der zwei Teile und zeichne die Hälfte eines symmetrischen Buchstabens auf.

③ Schneide den Umriss des Buchstabens sauber aus.

④ Klebe das bei Arbeitsschritt 3 dargestellte Papier auf. Ergänze den Buchstaben mit dem herausgeschnittenen Umriss achsensymmetrisch.

2
a) Überlege, wie dieser achsensymmetrische Buchstabe entstanden ist. Gestalte ihn nach.
b) Gestaltet weitere achsensymmetrische Buchstaben und Ziffern.
c) Macht eine Ausstellung.

3 Setze einen Spiegel jeweils so auf die Figuren, dass die daneben abgebildeten Figuren entstehen. Jeweils eine Figur kann nicht erzeugt werden.

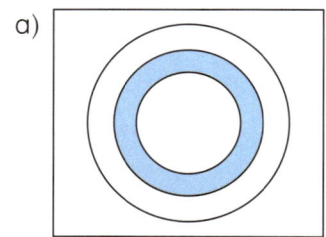

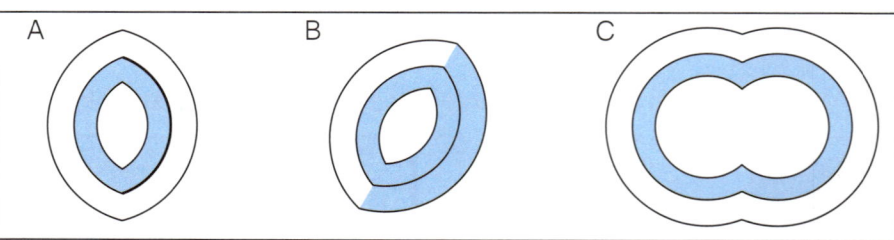

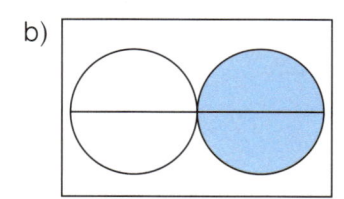

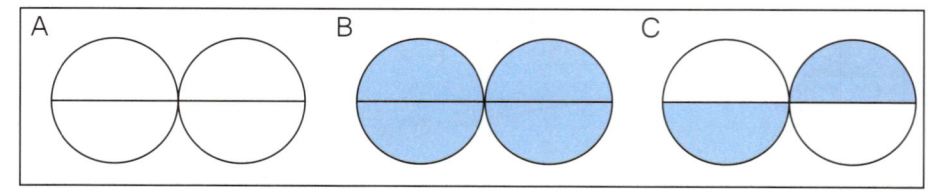

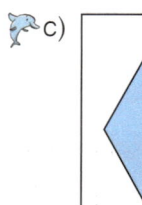

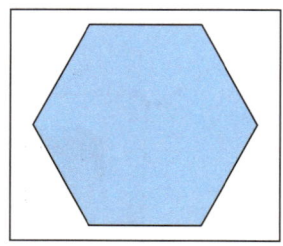

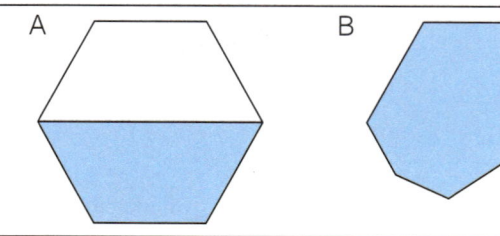

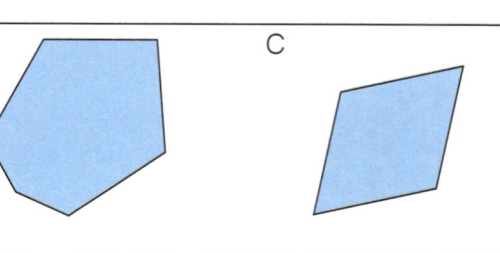

a)   A   B   C

b)   A   B   C

c)   A   B   C

2 Ideenheft.

Symmetrie

1 a) Spannt eine senkrechte oder waagerechte Symmetrieachse.
b) Spannt auf einer Seite der Achse die abgebildete Figur.
c) Dein Partner spannt das Spiegelbild.

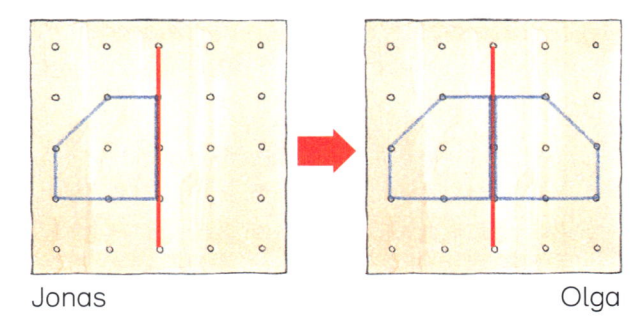

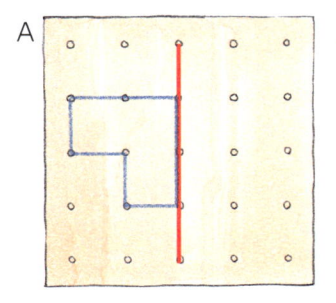

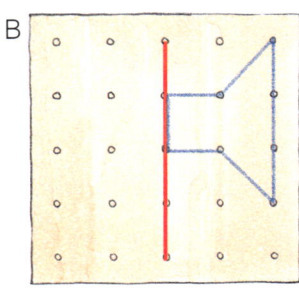

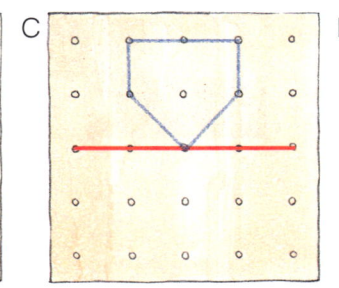

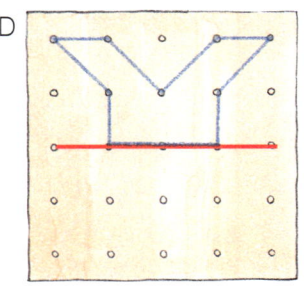

Jonas → Olga

A B C D

d) Prüft mit dem Spiegel.
e) Findet selbst weitere achsensymmetrische Figuren.

2 a) Spannt eine senkrechte und eine waagerechte Symmetrieachse.
b) Spannt die abgebildeten Figuren nach.
c) Spiegelt an beiden Symmetrieachsen.

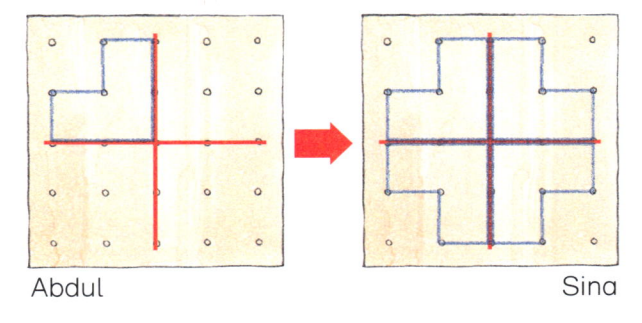

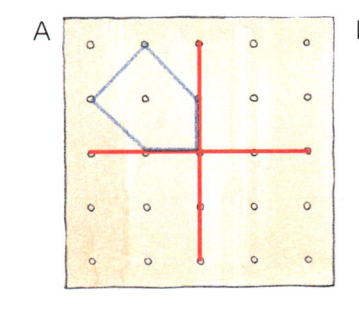

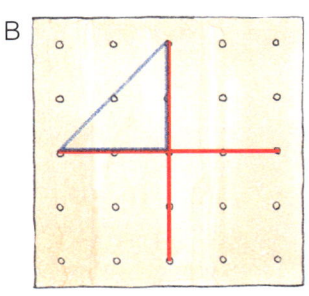

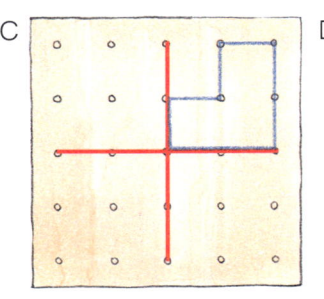

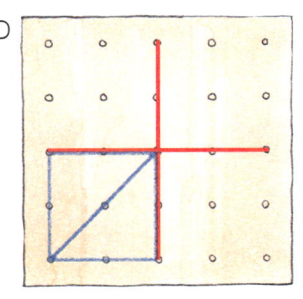

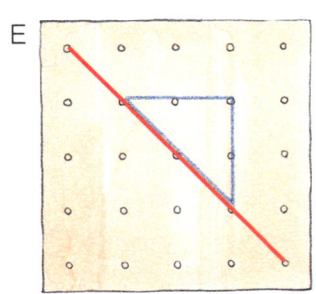

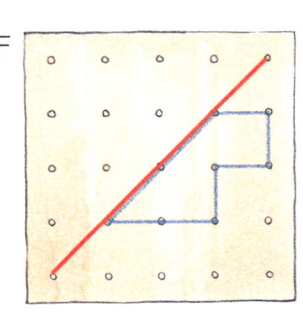

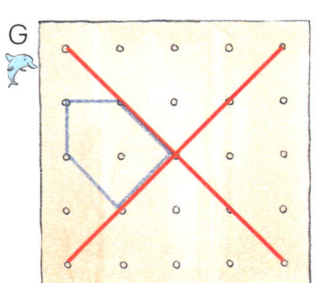

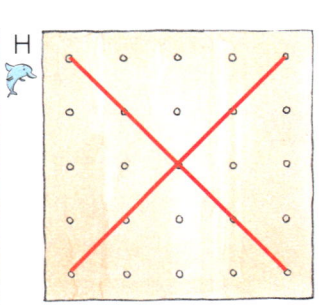

Abdul → Sina

A B C D

E F G H

d) Prüft mit dem Spiegel.
e) Findet weitere Figuren. Dein Partner spiegelt sie.

Lernumgebung Pentominos

1 Pentominos sind Figuren, die man durch Aneinanderlegen von genau fünf gleich großen Quadraten erhält. Immer zwei Quadrate berühren sich an mindestens einer Kante.

a) Zeichne die folgenden Pentominos ab. Male sie mit unterschiedlichen Farben an und schneide sie aus.

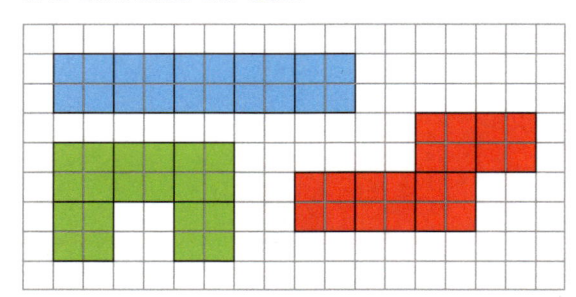

> H. E. Dudeney war ein englischer Rätselerfinder, der die Idee für das Spiel „Pentomino" entwickelte.

b) Zeichnet weitere Pentominos und malt sie mit weiteren Farben an. Stellt eure Pentominos vor.

2 Besprecht und vergleicht, warum diese Pentominos deckungsgleich sind.

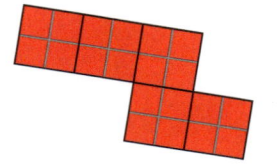

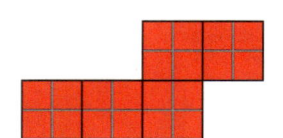

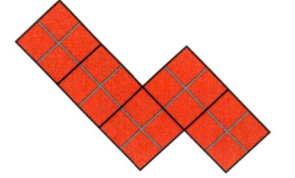

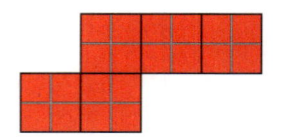

3 Welche Figuren sind deckungsgleich?

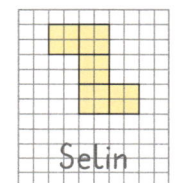

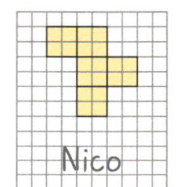

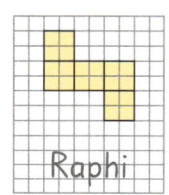

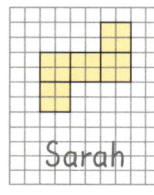

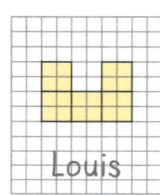

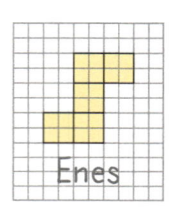

Selin   Nico   Raphi   Sarah   Louis   Enes

4 Finde alle 12 verschiedenen Pentominos und stelle sie her.

5 a) Lege zwei Pentominos aneinander. Zeichne dann den Umriss.

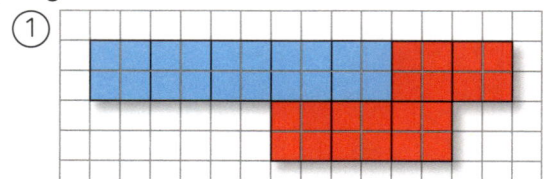

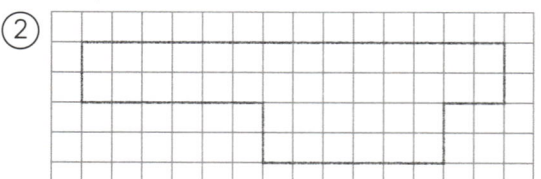

b) Gib deinem Partner den Umriss. Welche Pentominos muss er zum Auslegen verwenden?
c) Zeichne den Umriss von zwei anderen Pentominos.
d) Zeichne den Umriss von drei Pentominos.

6 Wähle Pentominos aus. Lege sie so aneinander, dass keine Lücke frei bleibt.
a) Welche Umrisse erhältst du?
b) Versuche, ein Rechteck zu legen.

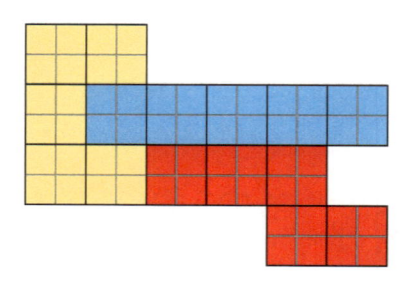

Wiederholung

W 61

1 Zeichne Rechtecke mit dem Geodreieck.

	A	B	C	D	E	F	G
Länge	4 cm	5 cm	14 cm	11 cm	40 mm	70 mm	100 mm
Breite	3 cm	5 cm	7 cm	11 cm	30 mm	7 mm	50 mm

Welche Rechtecke sind auch Quadrate?

2 a) Welche Vierecke sind Rechtecke? Überprüfe mit dem Geodreieck.

3 a) Zeichne vier parallele Linien, immer mit 1 cm Abstand.
b) Zeichne eine Figur mit zwei rechten Winkeln und zwei parallelen Linien.

4
a) 8 000 = ___ · 1 000
8 000 = ___ · 2 000
8 000 = ___ · 4 000
8 000 = ___ · 8 000

b) 9 000 = ___ · 9 000
9 000 = ___ · 4 500
9 000 = ___ · 1 000
9 000 = ___ · 1

c) 10 000 = ___ · 5 000
10 000 = ___ · 2 500
10 000 = ___ · 1 250
10 000 = ___ · 1 000

d) 12 000 = ___ · 6 000
12 000 = ___ · 3 000
12 000 = ___ · 1 000
12 000 = ___ · 4 000

5
a) 6 000 : 1 000
6 000 : 2 000
6 000 : 3 000
6 000 : 6 000

b) 2 000 : 2
2 000 : 4
2 000 : 5
2 000 : 20

c) 10 000 : 10 000
10 000 : 5 000
10 000 : 1 000
10 000 : 1

d) 24 000 : 8
24 000 : 4
24 000 : 3
24 000 : 2

6 Überlege zuerst, welche Aufgabe im Päckchen das größte Ergebnis hat. Überprüfe.

a) 2 300 · 3
3 100 · 5
15 400 · 2

b) 1 300 · 7
3 100 · 6
22 100 · 3

c) 1 374 · 5
2 789 · 7
4 921 · 4

d) 3 205 · 1
4 970 · 2
1 240 · 3

e) 12 500 · 2
14 300 · 4
11 500 · 0

7 Multipliziere schriftlich.

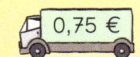

3,70 €   17,98 €   0,75 €   •   4   6   7   9

Kilogramm und Gramm

1 kg = 1000 g

Mach mit – jeden Tag Ranzen TÜV
Dein Ranzen darf höchstens ____ kg wiegen.

Mein Ranzen wiegt leer 1 kg und 50 g.

Ich wiege 33 kg.

Der Farbkasten wiegt 190 g.

Mäppchen 180 g
SU-Buch 480 g
Musikbuch 405 g
Lesebuch 640 g
Trinkflasche 600 g
Sprachbuch 390 g
Rechenbuch 380 g
Hefte 205 g
Vesperdose 180 g

Hauptregel:

Der Ranzen mit Inhalt soll nicht schwerer sein als der **zehnte** Teil deines Gewichts.

Leonie
33 kg = 33 000 g
33 000 g : 10 =

1 a) Berechne, wie viel Leonies Ranzen mit Inhalt wiegen darf.
b) Wie viel Gramm soll sie höchstens in den Ranzen packen?
c) Für die Hausaufgaben braucht sie: Hefte, Sprachbuch, Rechenbuch, Mäppchen.
d) Was kann sie noch einpacken?

2 Wie viel darf der Ranzen der Kinder jeweils wiegen?

a) Marie wiegt 25 kg.   b) Sadik wiegt 44 kg.   c) Max wiegt 31 kg.

3 Überprüfe das Gewicht deines Schulranzens. Kontrolliere, ob er zu schwer ist. Auf welche Dinge kannst du verzichten?

4 Kann das stimmen?

a) Jetzt bin ich halb so schwer.
b) Ich wiege 32 kg, mein Koffer 9 kg.
c) Ich wiege 31 kg und mein Hund 43 kg.
d) So wiege ich nur noch die Hälfte.

3 Waagen zur Verfügung stellen.

5 Alex packt ein. Was kann er in die Tüte packen?

ein halbes Kilogramm	ein Viertel Kilogramm	drei Viertel Kilogramm
$\frac{1}{2}$ kg = 500 g	$\frac{1}{4}$ kg = 250 g	$\frac{3}{4}$ kg = 750 g

Diese Papiertüte reißt bei mehr als 3 kg.

6 Ergänze.

a) zu 1 kg
  400 g
  750 g
  $\frac{1}{2}$ kg
  400 g + 600 g = 1 kg

b) zu $\frac{1}{2}$ kg
  400 g
  375 g
  50 g
  $\frac{1}{4}$ kg

c) zu $\frac{1}{4}$ kg
  200 g
  175 g
  60 g
  5 g

d) zu $\frac{3}{4}$ kg
  500 g
  450 g
  390 g
  $\frac{1}{2}$ kg

7 Suche Gegenstände mit dem angegebenen Gewicht.

a) 1 kg   b) $\frac{1}{2}$ kg   c) $\frac{1}{4}$ kg   d) 2 $\frac{1}{2}$ kg

2 $\frac{1}{2}$ kg sind 2 kg und $\frac{1}{2}$ kg

8 Wie viel Gramm sind es?

a) 2 kg
  4 kg
  10 kg

b) 1 kg 500 g
  5 kg 750 g
  9 kg 9 g

c) 4 kg 300 g
  4 kg 30 g
  4 kg 3 g

d) $\frac{1}{2}$ kg
  1 $\frac{1}{2}$ kg
  2 $\frac{1}{2}$ kg

e) 1 $\frac{1}{4}$ kg
  2 $\frac{3}{4}$ kg
  4 $\frac{3}{4}$ kg

9 Wie viel wiegt **eine** Kugel? Rechne und antworte.

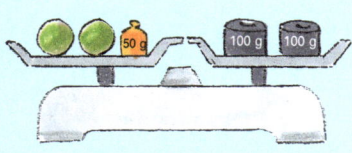

10 Wie viel wiegt der Würfel? Rechne und antworte.

Jahrgangskombiniertes Arbeiten, vgl. Denken und Rechnen 3, S.64 und 65.
7 Plakat mit Bezugsgrößen gestalten. Waagen zur Verfügung stellen.

Kilogramm und Gramm – Kommaschreibweise

1 Warum ist eine Packung leichter?

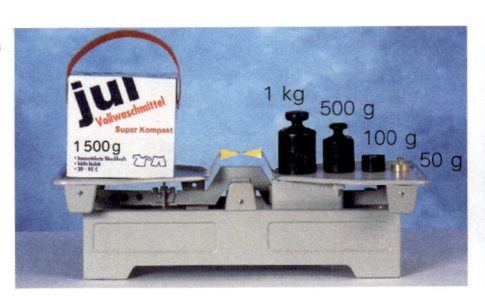

Erklärt, welche Packung ihr kaufen würdet. Begründet.

Das Komma trennt kg und g.
1 650 g = 1 kg 650 g = 1,650 kg

Sprich: eins Komma sechs fünf null Kilogramm
oder
ein Kilogramm sechshundertfünfzig Gramm

2 a) Wie schwer ist jeweils die Verpackung?

A: 0,610 kg / 0,538 kg
B: 0,595 kg / 0,549 kg
C: 1,105 kg / 1,025 kg

b) Wie viel Gramm Müll könnte mit Nachfüllpackungen jeweils eingespart werden?

3 Verschiedene Schreibweisen für das gleiche Gewicht.

a)	b)	c)	d)	e)
5,300 kg	5,003 kg	1,200 kg	$\frac{1}{2}$ kg	12,418 kg
5,030 kg	5,330 kg	0,500 kg	$2\frac{1}{2}$ kg	14,030 kg
		0,317 kg	$2\frac{1}{4}$ kg	101,790 kg
		0,001 kg	$2\frac{3}{4}$ kg	600,006 kg

5 300 kg = 5 kg 300 g = 5 300 g

4

a)	b)	c)	d)	e)
3 800 g	3 008 g	7 600 g	405 g	3 500 g
3 080 g	8 300 g	760 g	4 005 g	3 250 g
		76 g	40 005 g	3 750 g
		7 g	400 005 g	750 g

3 800 g = 3 kg 800 g = 3,800 kg

5 250 g Verpackung
10 g
je 205 g
je 140 g
je 110 g

Höchstgewicht für Päckchen: 2 kg

Stellt ein Päckchen zusammen. Wer kommt am nächsten an das Höchstgewicht für Päckchen heran?

5 Evtl. auf Gewicht der Verpackung hinweisen.

Sachaufgaben – Zuckerverbrauch

S 65

1

— All zu viel ist ungesund —

Berlin (dpa) – Drei viertel aller Schulkinder leiden an **Karies** (Zahnfäule). Süßigkeiten und süße Getränke sind dafür vor allem verantwortlich, ganz besonders Schleckereien wie Lutscher und Bonbons, die an den Zähnen haften bleiben. Zucker wird im Mund von Bakterien zu Säure umgewandelt, die dann die Zähne angreift.

Jedes Gramm Zucker „zu viel" kann im Körper in Fett umgewandelt werden und zu **Übergewicht** führen.

Kann das stimmen?

Ich esse doch gar keinen Zucker!

2 Wie viel Gramm Zucker sind jeweils in den Lebensmitteln versteckt?

1 Würfelzucker 3 g

Kakao 250 ml · Limo 1 L · Apfelsaft 1 L · Orangensaft 1 L · Cola 1 L

Nuss-Nugat-Creme 500 g · Tomaten Ketchup 300 ml · Schokolade 100 g · 10 Stück

3

Mein süßer Verbrauch in der vorigen Woche:

20 Gummibärchen
100 g Nuss-Nugat-Creme
150 ml Ketchup
2 Tafeln Schokolade
3 Liter Limo ...
... und andere Speisen mit ungefähr noch 210 g Zucker

Julian

a) Wie viel Zucker hat Julian ungefähr in einer Woche zu sich genommen?

b) Wie viel Zucker wäre das in einem Jahr?

c) Viele Lebensmittel enthalten Zucker. Führe eine Woche lang dein „Zucker-Tagebuch".

4 Täglicher Zuckerverbrauch pro Person

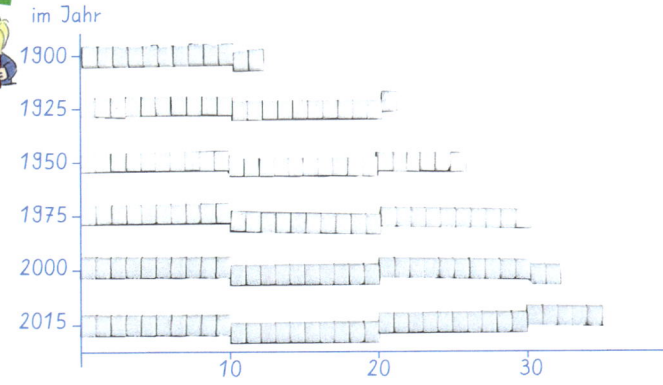

im Jahr
1900
1925
1950
1975
2000
2015

10   20   30   40   Stücke

Julians Zuckerverbrauch in einem Jahr

a) Beschreibt, wie sich der Zuckerverbrauch seit 1900 verändert hat.

b) Wie viel Zucker verbrauchte eine Person ungefähr im Jahr 2015? Vergleicht mit Julians Zuckerverbrauch.

3 c) Eigene Daten (Verbrauch süßer Lebensmittel) sammeln, in einer Tabelle darstellen.

Kilogramm und Tonne

1 "Wir drei wiegen zusammen 100 kg."

"Wie viele Kinder unserer Klasse sind zusammen so schwer wie ein Pkw?"

Dieser Pkw wiegt etwa 1000 kg.

1000 Kilogramm = 1 Tonne
1000 kg = 1 t

2 a) Wie schwer seid ihr zusammen in eurer Klasse?
b) Wie viele Kinder wiegen zusammen eine Tonne?

3
Elefant .... 5 000 kg
Blauwal .... 120 000 kg
Rothirsch .... 270 kg
Flusspferd ..... 2 t 500 kg
Kaltblutpferd .... 1 t
Nashorn .... 2 t

Ordne die Säugetiere nach dem Gewicht. Die Buchstaben ergeben ein Lösungswort. | E | Blauwal,

4 Kennst du noch andere „Schwergewichte"? Erkunde und notiere mindestens fünf Tiere oder Gegenstände, die mehr als 1 t wiegen. | Dampflok 80 t,

5 Wandle diese Gewichte um in Kilogramm.
a) 4 t 500 kg   a) 4 t 500 kg = 4 500 kg
   4 t 50 kg
   4 t 5 kg

b) 1 t
   10 t
   100 t

c) $\frac{1}{2}$ t
   $1\frac{1}{2}$ t
   $10\frac{1}{2}$ t

d) 11 t 500 kg
   12 t 30 kg
   15 t 2 kg

6 Runde auf volle Tonnen.
a) 3 t 826 kg   a) 3 t 826 kg = 4 t
   5 t 399 kg
   7 t 405 kg

b) 17 t 502 kg
   23 t 489 kg
   9 t 65 kg

c) 638 kg
   122 kg
   907 kg

d) $1\frac{1}{2}$ t
   $\frac{1}{2}$ t
   $3\frac{1}{2}$ t

7 Blauwal
Gewicht: 120 t
Länge: 30 m

Ein Blauwaljunges wiegt bei der Geburt ungefähr 3 t. Blauwaljunge werden unter Wasser von der Mutter gesäugt. Nach 7 Monaten wiegen sie etwa 15 t mehr, nach einem Jahr neunmal so viel wie bei der Geburt.

a) Wie viele Blauwaljunge sind bei der Geburt zusammen so schwer wie ein Muttertier?
b) Wie schwer ist ein Blauwaljunges nach 7 Monaten?
c) Wie schwer ist ein Blauwaljunges nach einem Jahr?

1 Kleinwagen als Bezugsgröße für 1 t einprägen.
5 Umrechnungsfaktor 1000 (wie bei g und kg).

Kilogramm und Tonne

1 Was bedeutet dieses Schild?

3,5 t

Das Komma trennt t und kg.
3 500 kg = 3 t 500 kg = 3,500 t

3 t

Sprich:
drei Komma fünf null null Tonnen
oder
drei Tonnen fünfhundert Kilogramm

2
a) 4 300 kg	b) 1 002 kg	c) 5 200 kg	d) 8 307 kg	e) 13 410 kg
2 430 kg	1 202 kg	520 kg	7 100 kg	20 300 kg
		52 kg	3 007 kg	20 002 kg
		5 kg	4 197 kg	30 000 kg

4 3 0 0 kg = 4 t 3 0 0 kg = 4,3 0 0 t

3
a) 8,001 t	b) 6,028 t	c) 0,300 t	d) $\frac{1}{2}$ t	e) 2,7 t
8,100 t	6,802 t	0,030 t	$1\frac{1}{2}$ t	3,6 t
		0,003 t	$12\frac{1}{2}$ t	0,1 t
		3,000 t	$20\frac{1}{2}$ t	10,0 t

8,0 0 1 t = 8 t 1 kg = 8 0 0 1 kg

4 Darf der Lkw über diese Brücke fahren?

Ladung	3 519 kg
Leergewicht	3 480 kg
Gesamtgewicht	

5 a) Erlaubtes Gesamtgewicht 7 t. Welche Lkws dürfen weiterfahren?

	Lkw 1	Lkw 2	Lkw 3	Lkw 4	Lkw 5	Lkw 6	Lkw 7
Ladung	2 450 kg	3 690 kg	1,250 t	4 900 kg	4,200 t	2,635 t	3 500 kg
Leergewicht	2 700 kg	3 800 kg	1 080 kg	7,500 t	5,100 t	4,500 t	$3\frac{1}{2}$ t
Gesamtgewicht							

b) Vier Lkws sind zu schwer. Wie viel kg müssen jeweils wieder abgeladen werden?

6 Die Lkws der Firma Böhm dürfen 5 t laden. Sie sind schon teilweise beladen.
Ergänze zu fünf Tonnen.

a) 2 700 kg	b) 750 kg	c) 4,510 t	d) $4\frac{1}{2}$ t	e) 1 000 kg	f) $3\frac{1}{2}$ t
1 400 kg	450 kg	2,051 t	$1\frac{1}{2}$ t	4 991 kg	3,5 t
200 kg			$\frac{1}{2}$ t	888 kg	2,6 t
600 kg			$2\frac{1}{2}$ t	2 796 kg	4,8 t

a) 2 7 0 0 kg + 2 3 0 0 kg = 5 t

7 Vergleiche. <, > oder =.

a) 20 t ○ 2 000 kg	b) 8,300 t ○ 8,3 t	c) $2\frac{1}{2}$ t ○ 2 480 kg	d) 886 kg ○ 1 t
2,0 t ○ 2 000 kg	7,520 t ○ 7,6 t	$1\frac{1}{2}$ t ○ 1 500 kg	999 kg ○ 1 t
2,002 t ○ 2 000 kg	9,480 t ○ 9,4 t	$5\frac{1}{2}$ t ○ 5 495 kg	1 000 kg ○ 1 t

1 und **3** Das Schild bedeutet: Verbot für Fahrzeuge,
die einschließlich der Ladung das Gewicht überschreiten.

68 Würfelgebäude

1 a) Überlegt, wie viele Würfel jeweils benötigt werden.

A   B   C

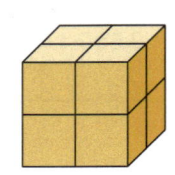

1. Gebäude   2. Gebäude   3. Gebäude

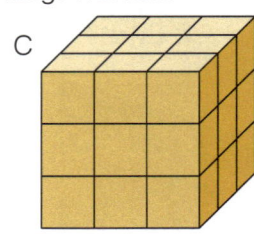

Wie geht es weiter?

a) A 1 Würfel
    B 8 Würf...
    C

b) Zeichnet für die Gebäude einen Bauplan.
c) Zeichnet für folgende Gebäude einen Bauplan.
d) Zeichnet Baupläne für ganz große Gebäude.

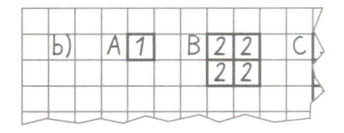

b) A |1| B |2|2| C
                   |2|2|

2 a) Zeichnet jeweils den Bauplan.

A
A	3	2	2
	3	2	2
	3	2	2

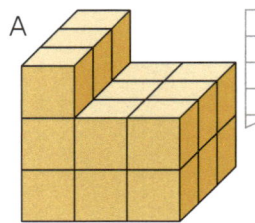

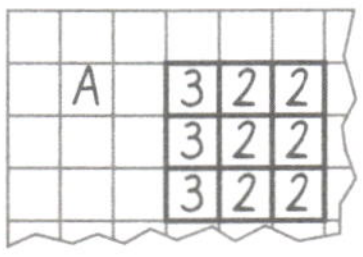

B 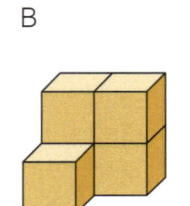   C 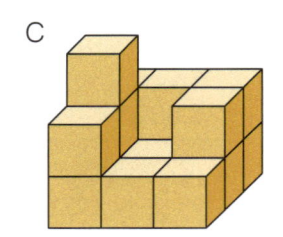   D

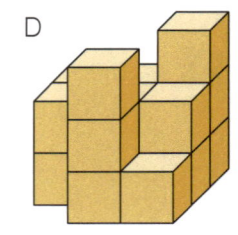

E    F 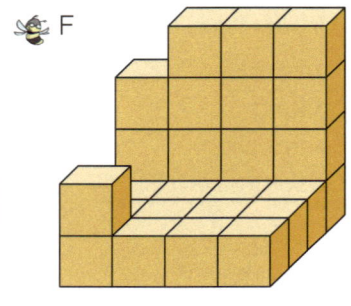   G    H

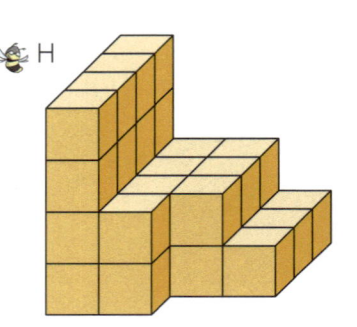

b) Wie viele kleine Würfel fehlen, damit ein großer Würfel entsteht? Erkläre deinem Partner deinen Lösungsweg.

3 Wie viele kleine Würfel fehlen, damit ein großer Würfel entsteht? Erklärt euren Lösungsweg.

A
2	2
1	0

B
4	4	4	0
4	4	4	0
4	4	4	0
4	4	4	0

C
1	1	1
1	1	1
1	1	1

D
2	3	1
1	0	2
1	1	1

E
3	2	3
2	3	2
3	2	3

F
3	3	1
2	2	0
3	3	0

G
1	2	3	4
1	2	3	4
1	2	3	4
1	2	3	4

H
4	1	5	5
4	2	5	5
3	5	5	5
2	4	5	5

Soma-Würfel

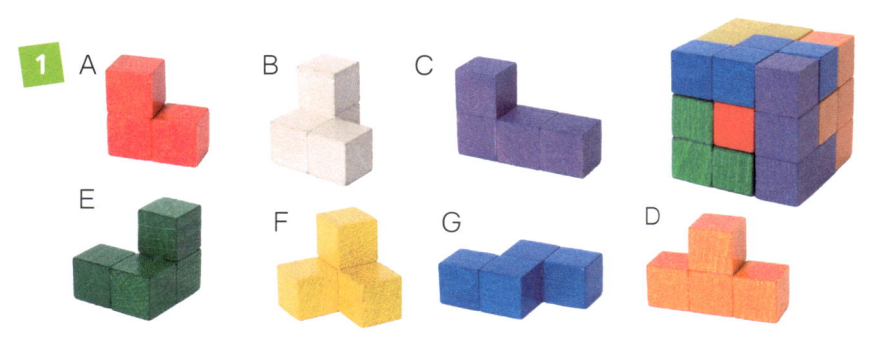

1 A B C

E F G D

Diese sieben Teile lassen sich zu einem Soma-Würfel zusammenbauen. Beschreibt die Teile. Baut.

Auf die Idee, den Soma-Würfel zu bauen, kam der dänische Spieleerfinder Piet **Hein** im Jahre 1936 während einer Vorlesung an der Uni.

2 Welche zwei Teile des Soma-Würfels sind hier jeweils zusammengesetzt? Überprüft.
a) b) c) d)
   a) G und
e) f) g) h)

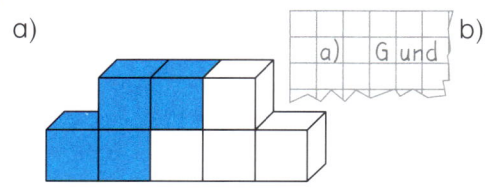

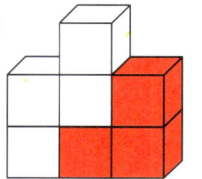

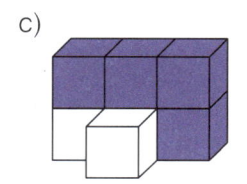

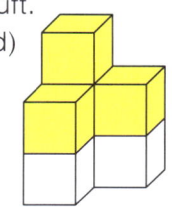

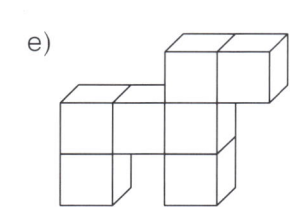

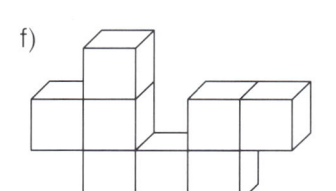

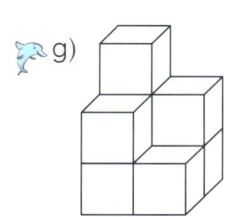

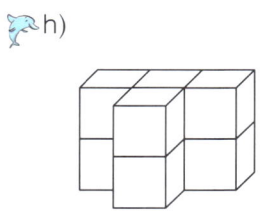

3 Aus welchen Teilen des Soma-Würfels sind die Figuren zusammengesetzt? Überprüft.
a) b) c) d)
e) f) g) h)

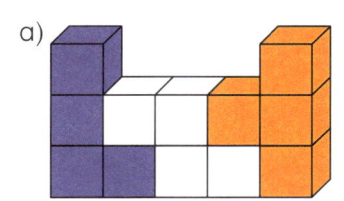

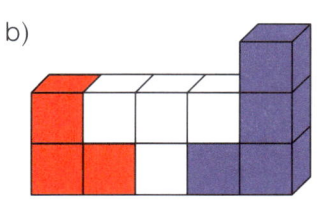

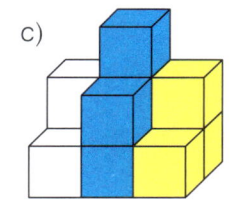

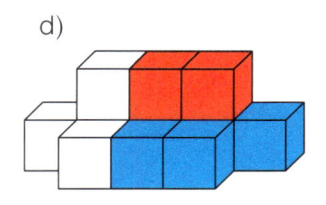

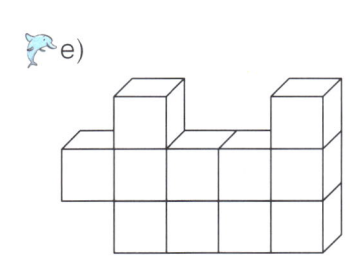

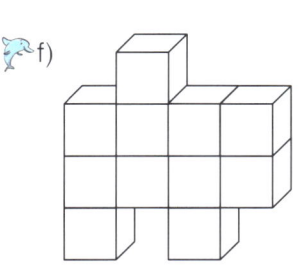

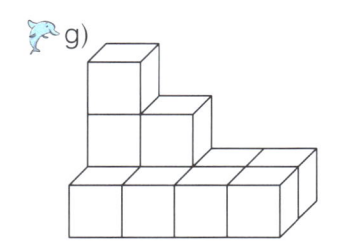

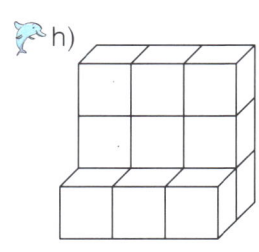

4 Ihr könnt auch mit allen sieben Teilen des Soma-Würfels bauen.
a) b) c)

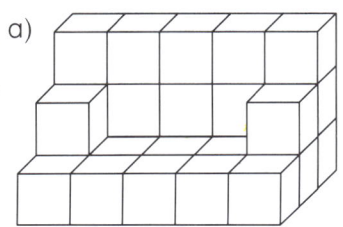

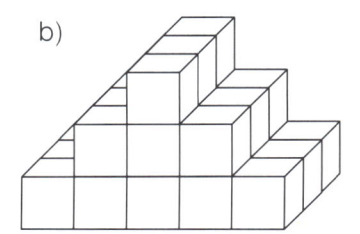

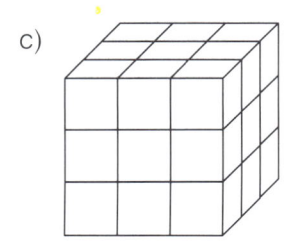

1 Evtl. Teile des Soma-Würfels aus Holzwürfeln zusammenkleben.
Freies Bauen mit Teilen des Soma-Würfels. 2 und 3 Kopfgeometrie. Kopiervorlage nutzen.
3 f) bis h) Mehrere Möglichkeiten. 4 Die Gebäude bauen.

Netze – Quader und Würfel

1 Sucht Verpackungen, die die Form eines Quaders oder eines Würfels haben und vergleicht die Verpackungen.

2 Beschreibt euch gegenseitig die Unterschiede zwischen Quader und Würfel mithilfe folgender Begriffe:

| Anzahl der Seitenflächen | Anzahl der Ecken | Seitenflächen | Würfel | 8 | Quader |
| 6 | alle gleich groß | 12 | alle gleich lang | Anzahl der Kanten | Kanten |

3 Schneidet eine quaderförmige Verpackung so auf, dass alle Flächen aneinanderhängen. Ihr erhaltet das Netz des Quaders. Vergleicht.

4 a) Zeichnet dieses Quadernetz, schneidet es aus und probiert, ob ihr daraus einen Quader falten könnt.
b) Zeichnet weitere Netze auf Karo-Papier, schneidet sie aus und probiert, ob ihr daraus einen Quader falten könnt.

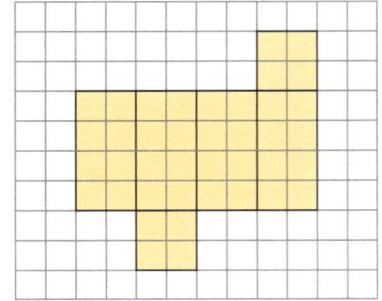

5 a) Besprecht, welche dieser Quadernetze deckungsgleich sind.

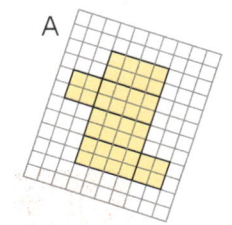

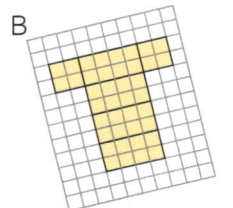

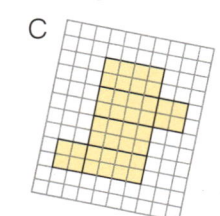

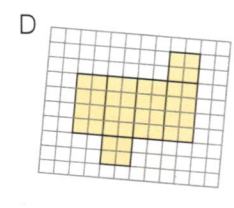

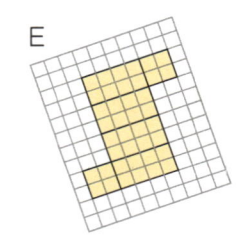

A   B   C   D   E

b) Probiert mit weiteren Quadernetzen.

6 Wie viele verschiedene Quadernetze findet ihr?

7 Welches Netz passt? Beachtet die farbigen Flächen.

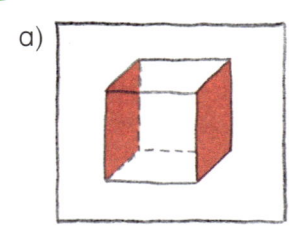

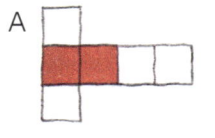

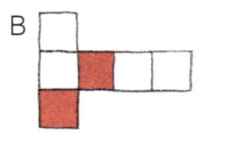

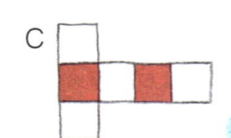

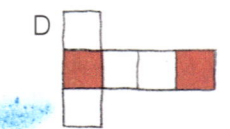

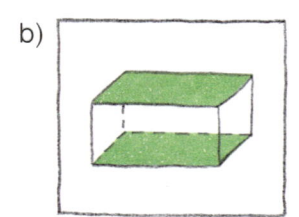

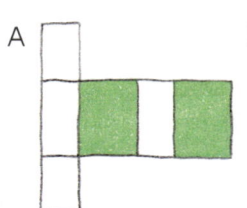

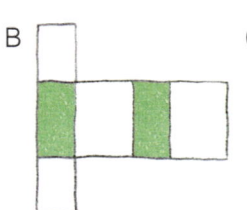

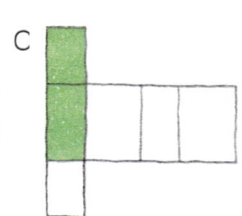

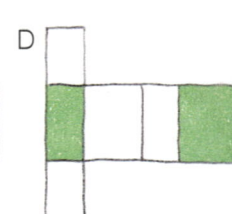

a)   A   B   C   D

b)   A   B   C   D

5 Spiegelbildliche Deckungsgleichheit besprechen.

Netze von Quadern

1 Das Netz eines Schuhkartons.

a) Welche Fläche fehlt zu einem vollständigen Quadernetz?
b) Zeichne alle Möglichkeiten, wo der Deckel sein könnte.

2 a) Bei jedem Netz fehlen zwei Flächen. Überlege, welcher Körper jeweils aus dem Netz entsteht. Notiere.
b) Zeichne die vollständigen Netze, schneide aus und prüfe durch Falten.

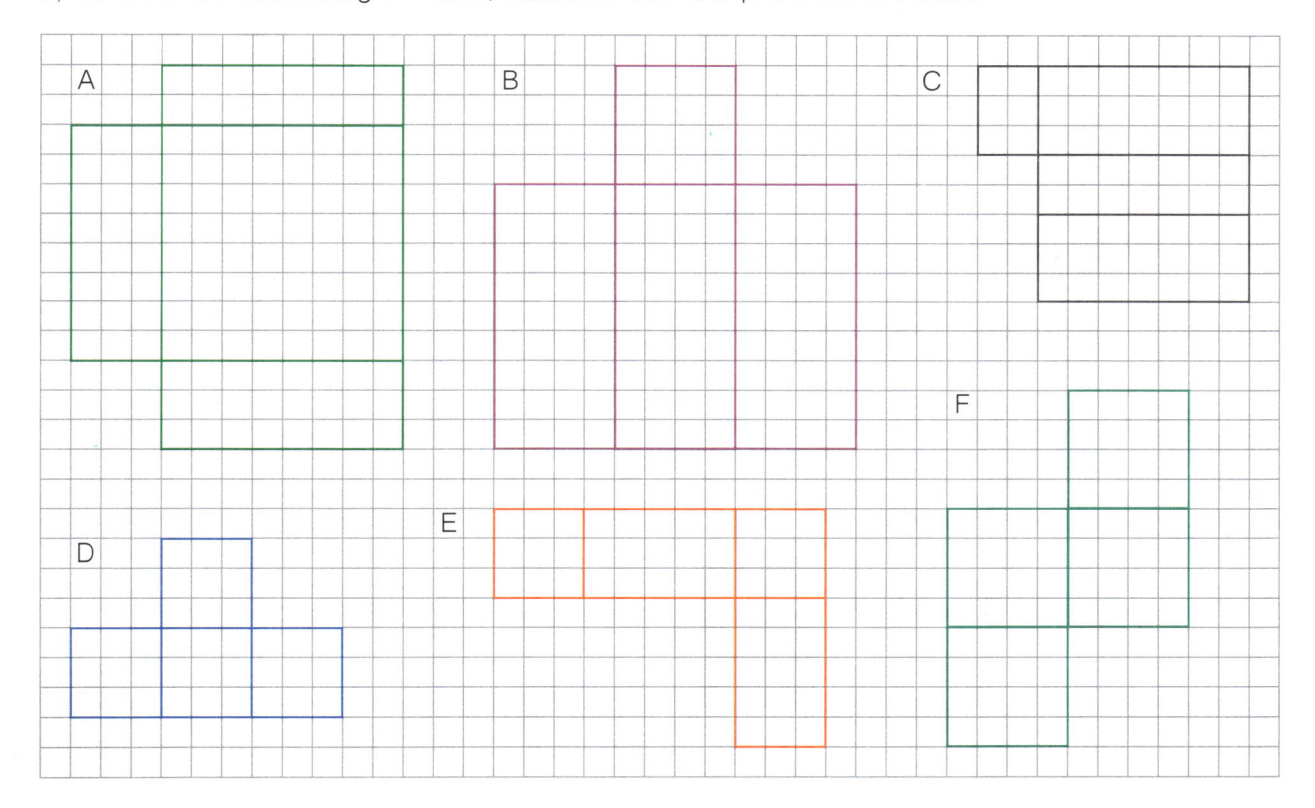

A   B   C

D   E   F

3 Aus welchen Netzen kann man einen Quader herstellen? Begründet.

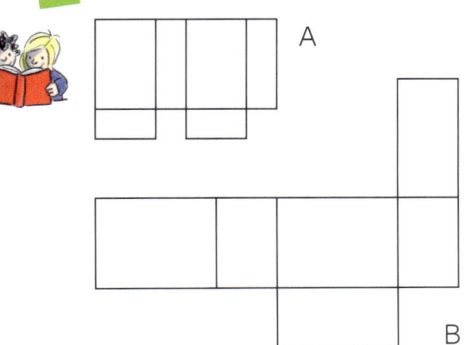

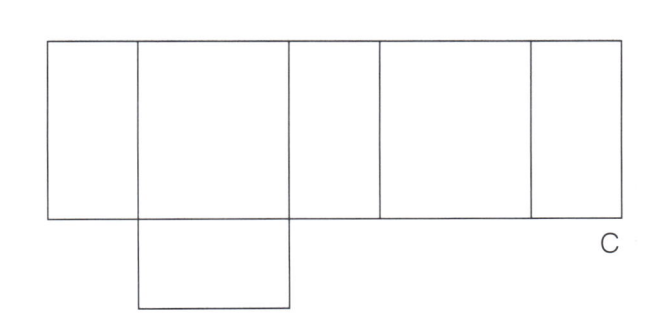

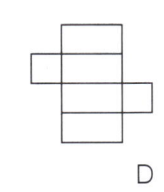

A   B   C   D

2 Kariertes Papier bereitstellen.

Quader kippen

1 a) Kippt eine Schachtel nacheinander:
Erst nach rechts (r), dann nach hinten (h), dann nach links (l) und dann nach vorn (v).
Vorschrift: r – h – l – v
Welche Fläche liegt zuletzt oben?

b) Kippt nacheinander.
Vorschrift: r – r – h – h – h
Welche Fläche liegt zuletzt oben?

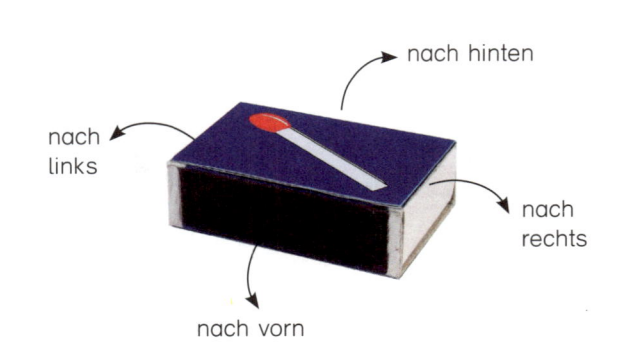

2 Kippe die Schachtel in der Vorstellung.
a) Welche Fläche liegt jeweils am Ziel oben? Zeichne nur diese Fläche.

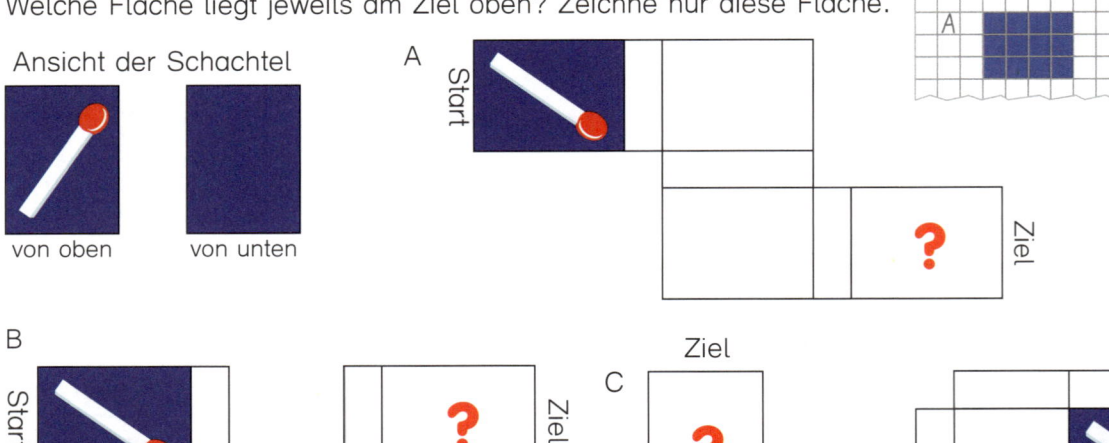

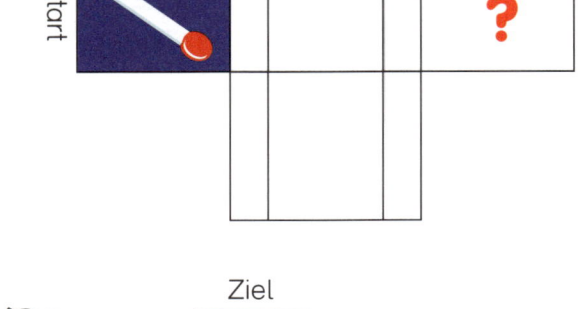

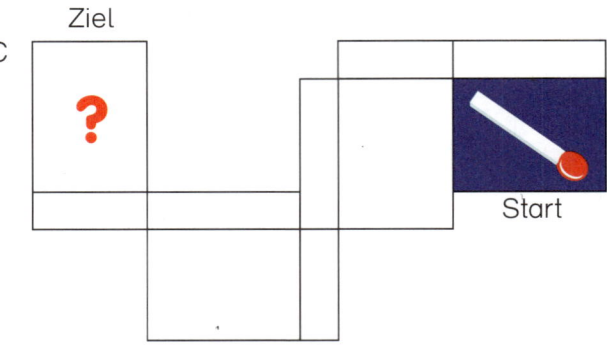

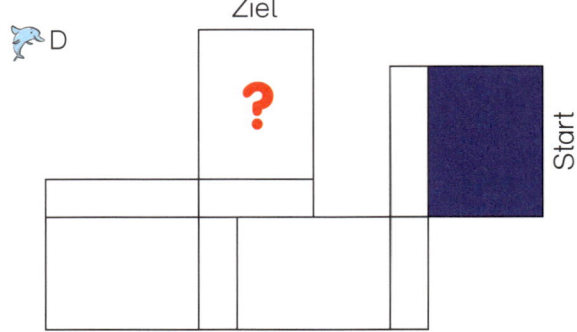

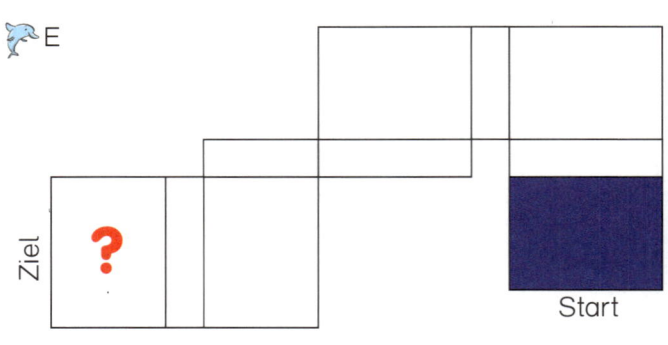

Ansicht der Schachtel
von oben   von unten

b) Überprüfe und notiere den Weg.

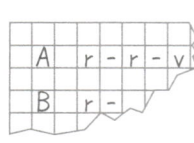

A   r – r – v
B   r –

3 Kippe in der Vorstellung. Welche Fläche liegt jeweils am Ziel oben? Überprüfe.

a) r – r – h – h – l – l
b) l – v – v – r – h – h
c) h – h – h – l – l – h
d) r – r – r – r – h – h – h – h
e) v – r – h – l – l
f) l – r – v – h – v – h

2 und 3 Erst Kopfgeometrie. Anschließend mit einer Schachtel handelnd nachvollziehen.

Ansichten

73

1 Die Kapitäne der Schiffe schauen durch ihre Fernrohre in verschiedene Richtungen. Was sehen die Kapitäne? Ordnet richtig zu. Notiert und besprecht.

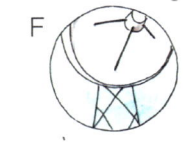

2 Aus welcher Richtung seht ihr die Seitenansicht? Besprecht und vergleicht.

a)

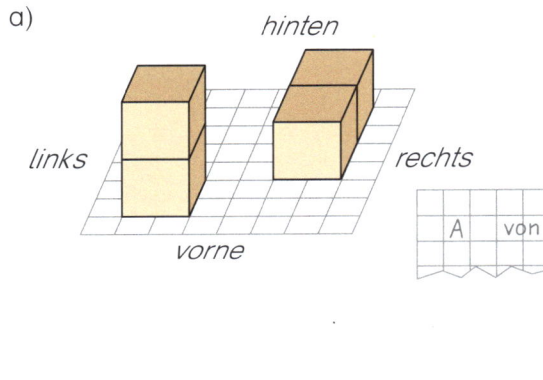

| A | von rechts |

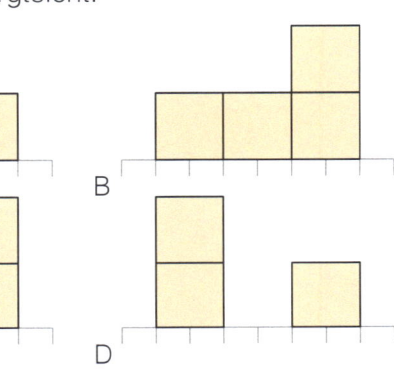

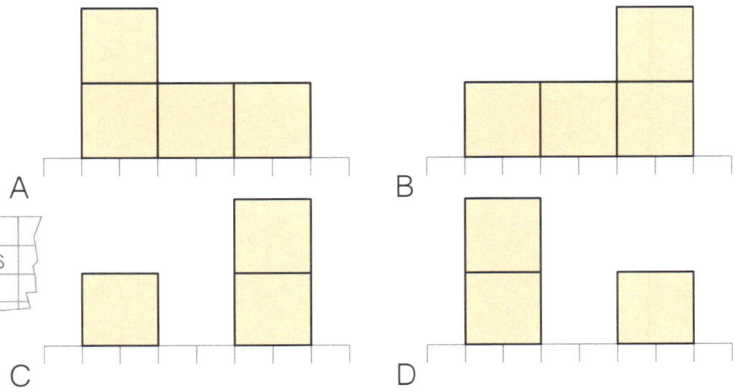

b)

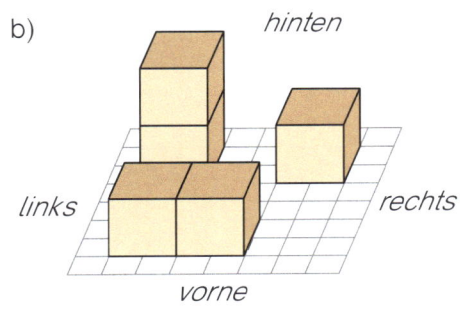

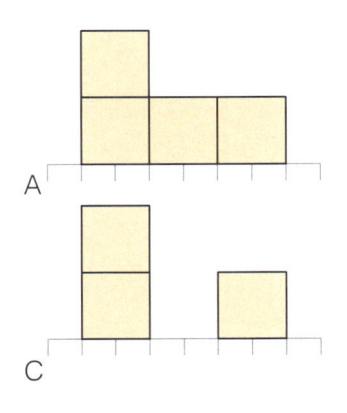

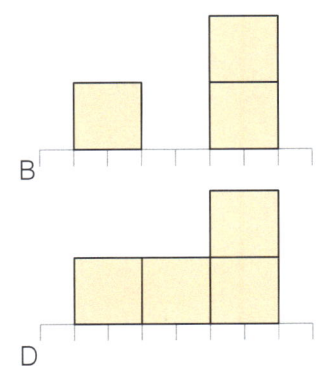

c)

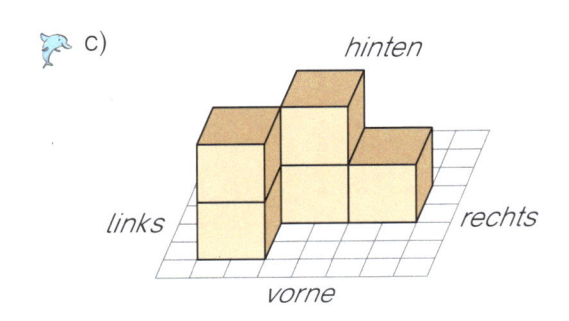

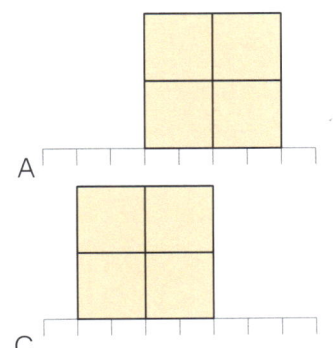

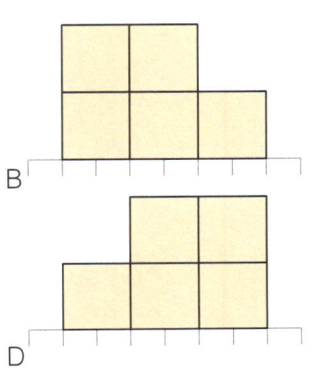

Zufall und Wahrscheinlichkeit – Spielkreisel

1 Rot gewinnt.

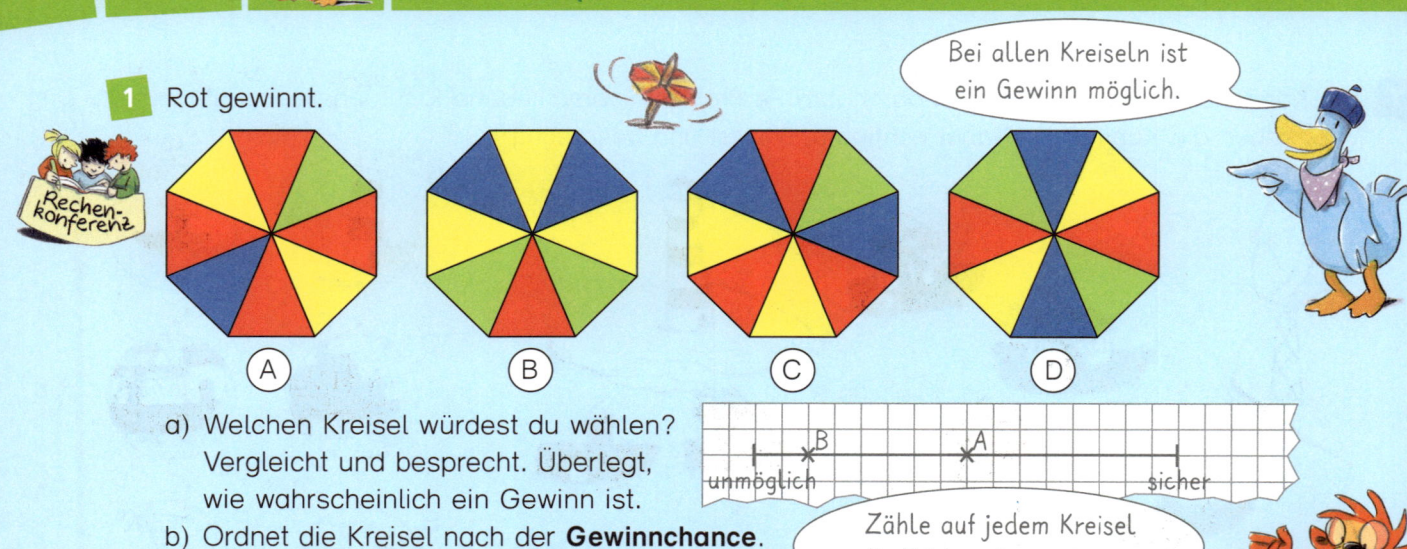

Bei allen Kreiseln ist ein Gewinn möglich.

A   B   C   D

a) Welchen Kreisel würdest du wählen? Vergleicht und besprecht. Überlegt, wie wahrscheinlich ein Gewinn ist.
b) Ordnet die Kreisel nach der **Gewinnchance**.

Zähle auf jedem Kreisel die Felder, die gewinnen.

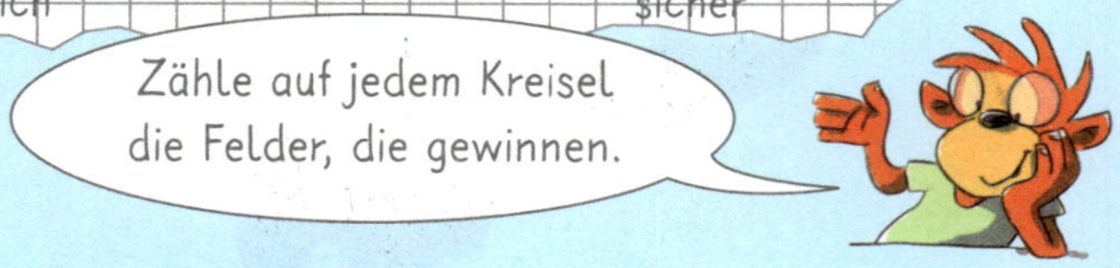

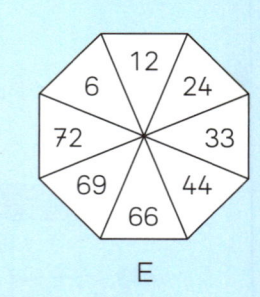

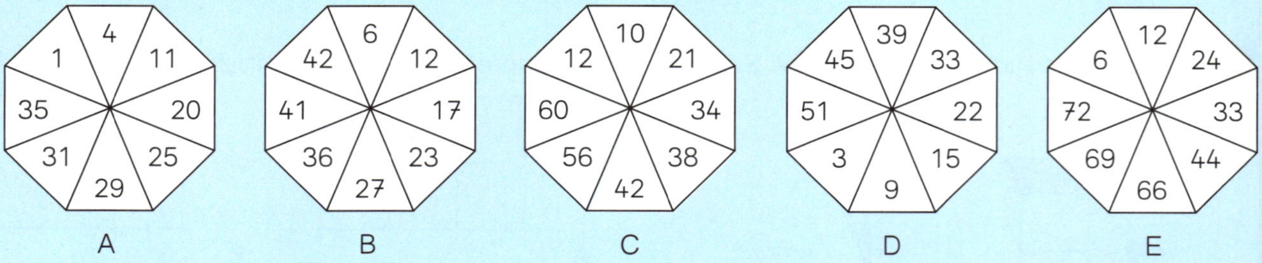

2 Jede gerade Zahl gewinnt.

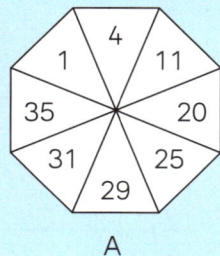

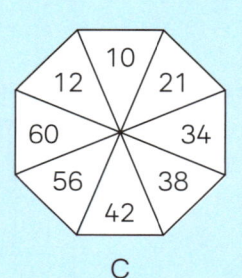

Kreisel A: 4, 1, 11, 35, 20, 31, 25, 29
Kreisel B: 6, 42, 12, 41, 17, 36, 23, 27
Kreisel C: 10, 12, 21, 60, 34, 56, 38, 42
Kreisel D: 39, 45, 33, 51, 22, 3, 15, 9
Kreisel E: 12, 6, 24, 72, 33, 69, 44, 66

a) Welchen Kreisel würdest du wählen?
b) Ordnet die Kreisel nach der Gewinnchance.

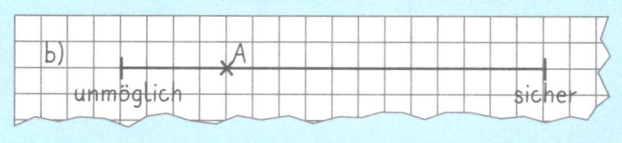

3 Stelle zuerst jeweils die Anzahl der Felder fest, die gewinnen. Trage die Gewinnchancen ein.

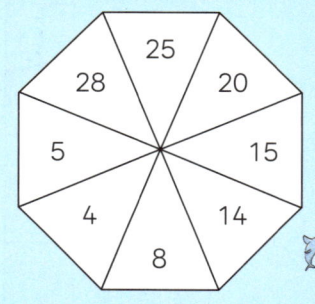

Kreisel: 25, 28, 20, 5, 15, 4, 14, 8

A Ich treffe immer ein Vielfaches von 5.
B Ich treffe einen Teiler von 30.
C Ich treffe eine gerade Zahl.
D Ich treffe eine ungerade Zahl.
E Ich treffe eine Primzahl.
F Ich treffe einen gemeinsamen Teiler von 24 und 32.

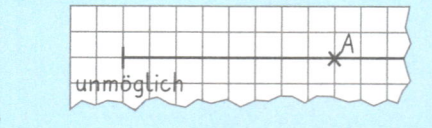

4 Male jeweils einen passenden Kreisel.
a) Ich treffe nie eine gerade Zahl.
b) Ich treffe sicher eine Fünferzahl.
c) Ich treffe wahrscheinlich einen Teiler von 80.
d) Es ist unwahrscheinlich, dass ich eine Primzahl treffe.

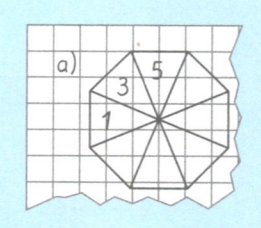

5 Male einen passenden Kreisel, zu dem beide Aussagen passen.

Ich treffe immer eine gerade Zahl und ich treffe sicher ein Vielfaches von 5.

Zufall und Wahrscheinlichkeit – Sachsituationen

1

a) Die Klasse 4a führt eine Verkehrszählung durch und fertigt eine Strichliste an.
   Drei Kinder zählen zusammen 15 Minuten lang an der Ringstraße.
   Wie viele Pkws und wie viele Lkws haben sie gezählt? Vergleiche.

b) Charlotte meint: „Eben kamen zehn Pkws. Dann kommt jetzt wahrscheinlich ein Lkw."
   Peter behauptet: „Nein, als nächstes kommt mit Sicherheit ein Lkw."
   Paul sagt: „Nein, das wäre Zufall." Was meinst du?

c) Die Stadtverwaltung teilt mit, dass in jeder Vormittagsstunde rund 200 Kraftfahrzeuge auf der Ringstraße fahren.
   Kannst du sagen, wie viele davon wahrscheinlich Lkws sind?

2

Die Verkehrszählung am Dienstag ergab rund 200 Radfahrer und 400 Fußgänger.
In der ganzen Woche wurden hier 1500 Radfahrer gezählt.
Wie viele Fußgänger waren es wahrscheinlich?

3 Josef will herausfinden, wie viele Autos an einem Tag bei ihm zu Hause vorbeifahren.
Er zählt von 10 bis 11 Uhr genau 50 Pkws.
Josef hat ausgerechnet, dass es dann in 24 Stunden 1200 Autos sind.

$24 \cdot 50 = 1200$

Welche Aussagen zu Josefs Ergebnis können stimmen?

A Das Ergebnis sagt genau, wie viele Autos an einem Tag vorbeikommen.

B Das Ergebnis sagt nur ungefähr, wie viele Pkws täglich vorbeifahren.

C Das Ergebnis stimmt sicher, weil pro Stunde immer gleich viele Autos vorbeifahren.

D Das Ergebnis ist kaum möglich, weil nicht jede Stunde genau 50 Fahrzeuge vorbeikommen.

E Das Ergebnis ist unwahrscheinlich, weil nachts weniger Pkws unterwegs sind.

F Das Ergebnis ist ungenau, weil morgens und abends stündlich mehr Fahrzeuge fahren als von 10 bis 11 Uhr.

Jahrgangskombiniertes Arbeiten, vgl. Denken und Rechnen 3, S. 74 und 75.

Schriftliches Multiplizieren mit Zehnerzahlen

Täglicher Verbrauch an Lebensmitteln pro Person in Deutschland im Jahr 2016

A 175 g Brot
B 180 g Obst
C 275 g Gemüse
D 120 g Wurst und Fleisch
E 75 g Käse
F 160 g Kartoffeln
G 55 g Nudeln

1 a) Wie viel Gramm Brot verbraucht eine Person im Monat (30 Tage).
Schreibe die Ergebnisse in kg und g. Vergleicht und besprecht die Rechenwege.

Rechenkonferenz

```
 1 7 5 · 3          Tim
     5 2 5

  5 2 5 g · 1 0 = 5 2 5 0 g
  5 2 5 0 g = 5 kg 2 5 0 g
```

```
 1 7 5 · 1 0 = 1 7 5 0 g

   1 7 5 0 g
   1 7 5 0 g
 + 1 7 5 0 g
   ² ¹
   5 2 5 0 g           Elisa
```

So multiplizierst du schriftlich:

			Z	E	
1	7	5	·	3	0
		5	2	5	0

b) Wie viel Gramm von den anderen Lebensmitteln sind das pro Person im Monat?
c) Wie viel Obst und Gemüse benötigt eine Familie mit vier Personen im Monat?
d) Wie viel Fleisch und Wurst isst eine fünfköpfige Familie monatlich?
e) Wie viel Kartoffeln und Nudeln braucht eine Familie mit sechs Personen im Monat?
f) Frau Tauber rechnet für ihre dreiköpfige Familie aus, wie viel Gramm sie jeweils von allen Lebensmitteln im Monat benötigt.
g) Rechne für deine Familie aus, wie viel Gramm ihr von allen Lebensmitteln im Monat braucht.

2 Kann das stimmen?
a) Eine fünfköpfige Familie isst pro Tag ungefähr 1 kg Gemüse.
b) Eine Person isst pro Monat 20 Packungen Nudeln mit je 250 g.

W

3 Wie lautet die Regel? Setze fort. Vermute zunächst, welches die längste Folge wird.
a) 50 000, 65 000, 80 000, … 170 000
b) 100 000, 100 900, 101 800, … 109 000
c) 500 000, 499 500, 499 000, … 497 000
d) 70 000, 68 800, 67 600, … 58 000

4 Verwende immer diese drei Zahlen: 20 60 300

zum Knobeln

a) 20 · 300 + ☐ = 6060
☐ ☐ + ☐ = 1500

b) ☐ · ☐ − ☐ = 900
☐ · ☐ − ☐ = 5940

c) ☐ · ☐ : ☐ = 900
☐ · ☐ : ☐ = 100

Schriftliches Multiplizieren mit zweistelligen Zahlen

77

1 a) Frau Vogt aus Stuttgart Feuerbach fährt ins Büro nach Schwäbisch Hall. Im letzten Monat hat sie an 23 Tagen gearbeitet. Wie viele Kilometer ist sie insgesamt gefahren?

Jeden Tag 88 km hin und 88 km zurück.

176 · 23

176 · 20 = 3520
176 · 3 = 528
3520 + 528 = 4048

	Z	E	
1 7 6 ·	2	3	
3 5 2	0		← 176 · 20
5 2	8		← 176 · 3
			← 176 · 23

b) Im Mai war Frau Vogt an 19 Tagen im Büro.

c) Im August hat sie nur an 16 Tagen gearbeitet.

2
a) 183 · 26   b) 555 · 55   c) 319 · 48   d) 408 · 66   e) 504 · 56   f) 5 765 · 63
   366 · 13   444 · 44   319 · 58   4 080 · 66   6 540 · 51   5 576 · 36

4 758   4 758   15 312   18 502   19 536   26 928   28 224   30 186   30 525   200 736   269 280   333 540   363 195

3 Welche Überschlagsrechnung kommt dem Ergebnis am nächsten?

a) 317 · 48 | 300 · 40 | 300 · 50 | 400 · 40   b) 698 · 49 | 700 · 40 | 700 · 50 | 600 · 50

c) 657 · 34 | 700 · 30 | 700 · 40 | 600 · 40   d) 327 · 68 | 300 · 70 | 400 · 60 | 400 · 70

4 Rechne nur Aufgaben, bei denen das Ergebnis des Überschlags kleiner als 30 000 ist.

| 283 · 78 | 826 · 69 | 912 · 24 | 783 · 37 | 325 · 62 | 485 · 72 |
| 597 · 43 | 436 · 16 | 675 · 78 | 387 · 93 | 561 · 56 |

5
a) 823 · 15   b) 1 466 · 16   c) 9 530 · 57   d) 6 261 · 14   e) 733 · 32
   1 986 · 23   733 · 32   662 · 69   2 659 · 13   28 590 · 19
   993 · 46   1 286 · 96   2 439 · 41   2 087 · 42   2 572 · 48

6 Drei Aufgaben sind falsch gelöst. Beschreibe deinem Partner die Fehler. Rechne richtig.

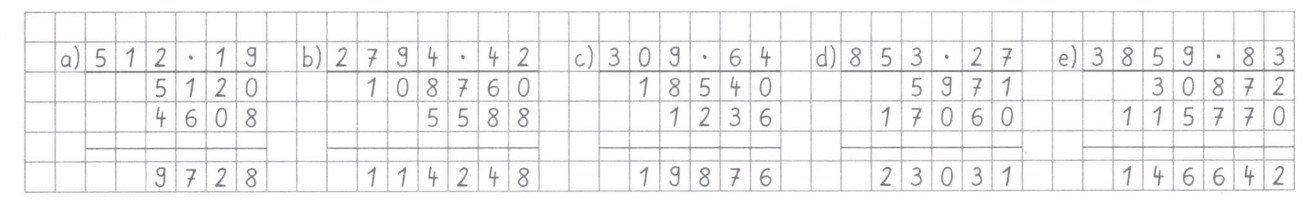

a) 512 · 19	b) 2794 · 42	c) 309 · 64	d) 853 · 27	e) 3859 · 83
5120	108760	18540	5971	30872
4608	5588	1236	17060	115770
9728	114248	19876	23031	146642

7 **W** Wer sitzt neben der Mutter?
Auf einer Bank sitzen Noah, seine Mutter, sein Opa und sein Freund Ben. Opa sitzt neben Noah, aber nicht neben Ben. Ben sitzt nicht neben Noahs Mutter.

5 Besondere Ergebnisse.

Schriftliches Multiplizieren – Überschlagen

1 Überschlage. Vergleicht und besprecht, wie ihr überschlagen habt.

284 · 52 = 14 768

Ich runde beide Zahlen auf. ↑300 · 60↑

Ich runde nur ab. ↓200 · 50↓

Ich runde auf und ab. ↑300 · 50↓

Ein Überschlag ist besonders genau.
Wie kommt das?

2 Welches Ergebnis könnte stimmen? Prüfe mit einem Überschlag.

a) 476 · 63
  24 388 | 42 588
  29 988

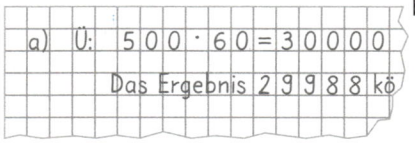

a) Ü: 500 · 60 = 30 000
Das Ergebnis 29 988 kö

b) 87 · 32
  2 784 | 2 494
  1 684

c) 62 · 78
  3 536 | 4 836
  5 246

d) 314 · 48
  15 072 | 12 416
  17 016

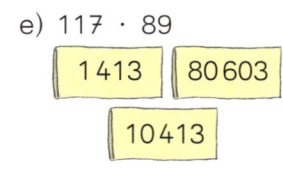

e) 117 · 89
  1 413 | 80 603
  10 413

f) 876 · 64
  68 474 | 56 064
  48 364

g) 888 · 99
  94 102 | 83 507
  87 912

3 Multipliziere. Prüfe mit einem Überschlag, ob das Ergebnis stimmen kann.

a) 43 · 56
94 · 78
28 · 81
13 · 99
79 · 62

a) 43 · 56
   2 1 5 0
     2 5 8
   2 4 0 8
Ü: 40 · 60 = 2 400
Das Ergebnis 2 408 kann stimmen.

b) 64 · 36
43 · 28
57 · 64
28 · 31
92 · 47

c) 126 · 32
234 · 26
517 · 43
422 · 20
343 · 37

d) 509 · 99
699 · 50
853 · 75
488 · 84
796 · 92

4 Rechne zu jedem Überschlag nur die passende Aufgabe.

a) 600 · 30
501 · 38
595 · 32

b) 400 · 50
388 · 46
345 · 42

c) 900 · 80
827 · 77
927 · 84

d) 800 · 70
777 · 66
888 · 77

e) 500 · 20
524 · 16
424 · 19

5 Amalia kauft sich jede Woche die Fußball-Zeitschrift für je 1,85 €.

Wie viel muss Amalia in einem Jahr bezahlen?

Rechne aus. Prüfe mit einem Überschlag, ob dein Ergebnis stimmen kann.

1 8 5 · 5 2
  9 2 5 0

Ü: 50 · 2 € =

Schriftliches Multiplizieren – Kommazahlen

1 Herr Schmitz spielte im letzten Jahr regelmäßig Lotto.
Das kostete jede Woche 7,50 €.
Insgesamt gewann er 256 €.
Wie viel hat er im ganzen Jahr bezahlt?
Vergleiche mit dem Gewinn.

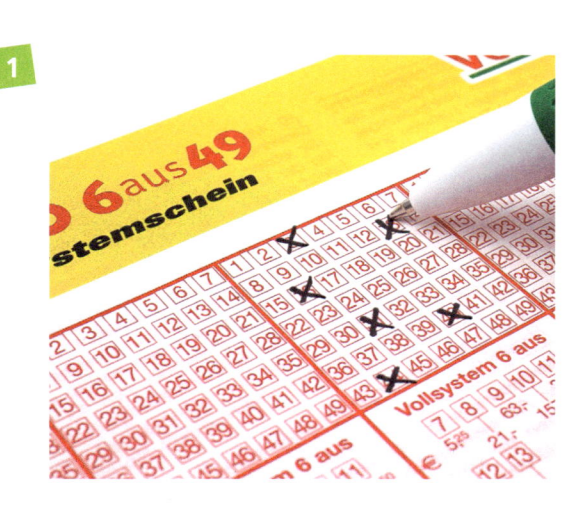

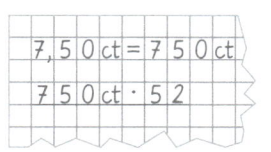

52-mal im Jahr. Hat sich das gelohnt?

7,50 ct = 750 ct
750 ct · 52

2
a)	b)	c)	d)
9,78 € · 2	6,08 € · 4	39,59 € · 8	87,65 € · 3
9,78 € · 4	12,16 € · 8	39,59 € · 4	87,65 € · 9
9,78 € · 8	24,32 € · 16	39,59 € · 2	87,65 € · 27

17,23 €, 19,56 €, 24,32 €, 39,12 €, 78,24 €, 79,18 €, 97,28 €, 158,36 €, 262,95 €, 316,72 €, 389,12 €, 788,85 €, 2366,55 €

e) Sucht euch jeweils ein Päckchen aus. Beschreibt es euch gegenseitig.

3
a)	b)	c)	d)
8,47 € · 74	27,32 € · 54	29,48 € · 77	15,70 € · 66
64,35 € · 12	59,07 € · 28	99,99 € · 56	85,80 € · 46
81,96 € · 21	121,32 € · 42	16,77 € · 37	25,55 € · 44

620,49 €, 626,78 €, 772,20 €, 1036,20 €, 1124,20 €, 1475,28 €, 1653,96 €, 1721,16 €, 2269,96 €, 3946,80 €, 5095,44 €, 5599,44 €, 6499,35 €

4 Wie teuer könnte das Telefonieren im ganzen Jahr werden? Überschlage und rechne.
a) Lena hat ein neues Smartphone.
 Im ersten Monat telefonierte sie für 9,90 €.
b) Ihre Freundin hat mit ihrem neuen Smartphone
 im ersten Monat 6,50 € weniger ausgegeben.
c) Wie viel kostet das Telefonieren mit deinem Handy im Monat?

5 *Kann das stimmen?*

a) Paul bekommt 2,50 € Taschengeld pro Woche. Er hat davon in einem Jahr 140 € gespart.

b) Ein Auto ist etwa 4,50 m lang. In einem Stau von 1 km Länge stehen etwa 100 Autos.

c) Anna braucht täglich rund 70 Minuten für ihre Hausaufgaben. Etwa 25 Stunden sind es in einem Monat.

d) 1 kg Mehl ist schwerer als 1000 g Watte.

e) Daniel fährt mit dem Rad in 30 Minuten 9 km. Er braucht für 18 km 2 Stunden.

f) Eine Flasche Wasser kostet 0,29 €. 30 Flaschen kosten ungefähr 9 €.

2 Entdecke, wie sich Halbieren, Verdoppeln, Verdreifachen von Faktoren auf das Ergebnis auswirkt.

Wiederholung

1 Ordne die Gewichtsangaben nach der Größe.

a) 3526 g   4 kg   5211 g   5 kg 214 g

b) 6 ½ kg   7030 g   6,040 kg   6 kg 4 g

2 Ergänze.

a) zu 1 kg
500 g
250 g
½ kg

b) zu ½ kg
200 g
25 g
¼ kg

c) zu ¼ kg
110 g
250 g
1 g

d) zu ¾ kg
300 g
650 g
½ kg

3 Schreibe das Ergebnis jeweils als Kommazahl.

5 kg   10 kg   20 kg   –   4,800 kg   2 ½ kg   1,647 kg   975 g   27 g

4 a) An jedem Netz fehlt eine Fläche. Übertrage ins Heft und zeichne die fehlende Fläche.
b) Male gegenüberliegende Flächen mit derselben Farbe an.

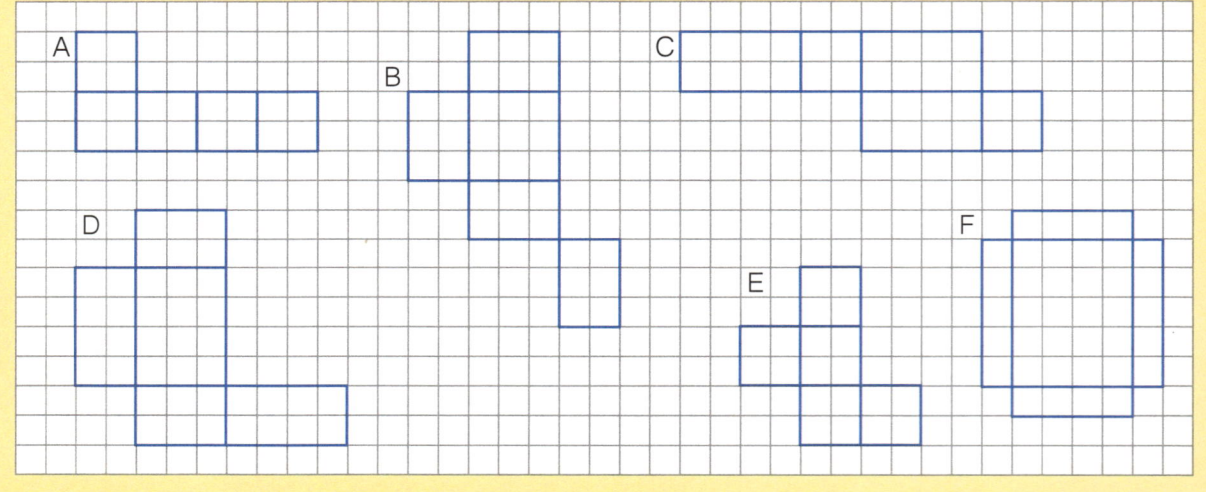

A   B   C   D   E   F

5 Welche Ziffer musst du jeweils einsetzen?

a) 1 3 2 0 ■ · 4
   5 2 8 1 2

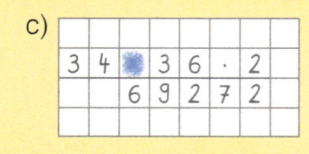

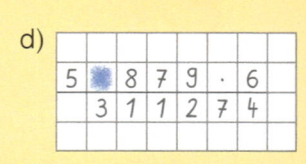

b) 2 6 4 ■ 6 · 3
   7 9 3 6 8

c) 3 4 ■ 3 6 · 2
   6 9 2 7 2

d) 5 ■ 8 7 9 · 6
   3 1 1 2 7 4

6 Multipliziere. Prüfe mit einem Überschlag.

a) 31 · 20
52 · 60
38 · 90

b) 73 · 300
68 · 400
29 · 500

c) 311 · 48
215 · 89
107 · 21

d) 888 · 11
711 · 29
299 · 13

Halbschriftliches Dividieren

1 Wie viel Gramm Futter erhält jedes der fünf Meisenküken im angegebenen Zeitraum ungefähr?

a) Zwei Wochen lang bleiben die Küken im Nest. Dort erhalten sie zusammen rund 4000 g Futter.

b) Eine Woche lang werden sie noch außerhalb des Nests mit ungefähr 2500 g Futter versorgt.

2 Setze die Aufgabenfolgen fort.

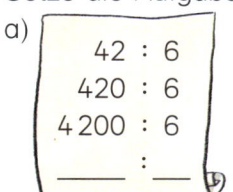

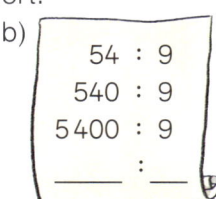

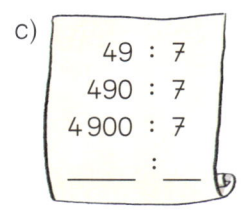

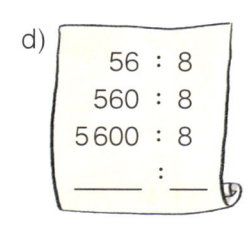

a) 42 : 6
   420 : 6
   4200 : 6
   ___ : ___

b) 54 : 9
   540 : 9
   5400 : 9
   ___ : ___

c) 49 : 7
   490 : 7
   4900 : 7
   ___ : ___

d) 56 : 8
   560 : 8
   5600 : 8
   ___ : ___

3 a) 240 : 8   (24 : 8)
   248 : 8
   256 : 8
   264 : 8

b) 120 : 6
   132 : 6
   144 : 6
   156 : 6

c) 350 : 7
   364 : 7
   378 : 7
   392 : 7

d) 320 : 4
   360 : 4
   400 : 4
   440 : 4

e) 150 : 3
   165 : 3
   180 : 3
   195 : 3

f) Setze ein Päckchen um sechs Aufgaben fort.

4 Dividiere schrittweise.

a) 90 : 5 =
   50 : 5 =
   40 : 5 =

   a) 90 : 5 = 18
      50 : 5 = 10
      40 : 5 = 8

b) 84 : 6 =
   60 : 6 =

c) 93 : 3 =
   30 : 3 =

d) 92 : 4 =
   40 : 4 =

e) 480 : 4 =
   400 : 4 =
   80 : 4 =

f) 510 : 6 =
   300 : 6 =
   180 : 6 =

g) 690 : 3 =
   600 : 3 =

h) 760 : 4 =
   400 : 4 =

i) 680 : 8 =
   400 : 8 =

5 Wie rechnest du? Vergleicht und besprecht die Rechenwege.

5700 : 3

| 5700 : 3 = 1900 |
| 3000 : 3 = 1000 |
| 2700 : 3 = 900   plus |
| Jule |

| 5700 : 3 = 1900 |
| 6000 : 3 = 2000 |
| 300 : 3 = 100   minus |
| Moritz |

6 Rechne auf deinem Weg.

a) 660 : 5
b) 840 : 7
c) 972 : 6
d) 2170 : 7
e) 1590 : 3
f) 7500 : 3
g) 7600 : 4
h) 1236 : 1
i) 6355 : 5
j) 4767 : 7

Schriftliches Dividieren

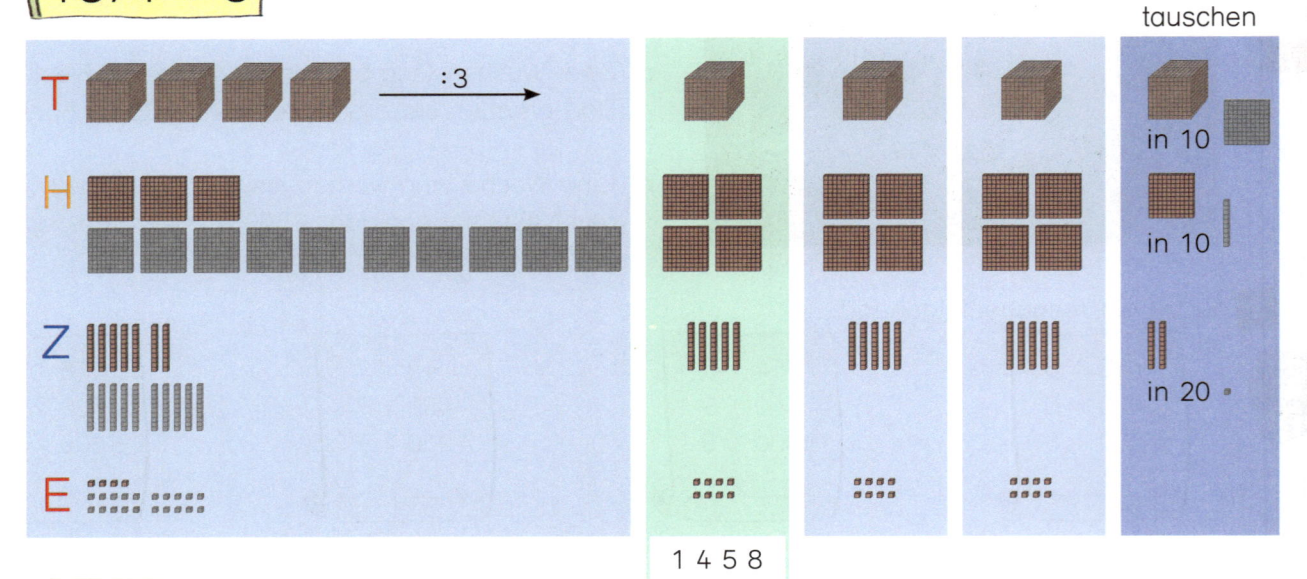

1 4374 : 3

tauschen
in 10
in 10
in 20

1 4 5 8

So dividierst du schriftlich:

T	H	Z	E			T	H	Z	E
4	3	7	4	:	3	=	1	4	5	8
− 3					·3				
	1	3							
	−1	2			·3				
		1	7						
		−1	5		·3				
			2	4					
		−	2	4		·3			
				0					

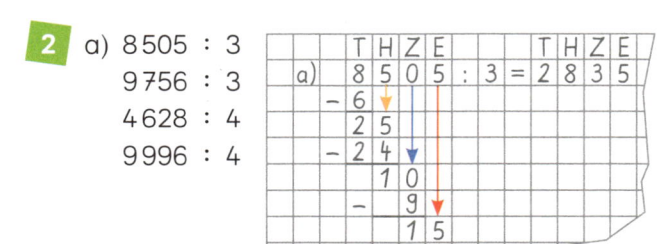

T   4 T : 3 = 1 T, Rest 1 T,
denn 1 T · 3 = 3 T
     4 T − 3 T = 1 T
     1 T in 10 H tauschen und 3 H herunterholen

H   13 H : 3 = 4 H, Rest 1 H,
denn 4 H · 3 = 12 H
     13 H − 12 H = 1 H
     1 H in 10 Z tauschen und 7 Z herunterholen

Z   17 Z : 3 =

2 a) 8505 : 3
       9756 : 3
       4628 : 4
       9996 : 4

b) 730 : 5
   8075 : 5
   7458 : 6
   858 : 6

c) 8624 : 2
   718 : 2
   471 : 3
   3855 : 3

d) 9905 : 7
   861 : 7
   8976 : 8
   992 : 8

123 124 143 146 157 359 1122 1157 1243 1285 1415 1592 1615 2499 2835 3252 4312

3 Rechne schriftlich oder im Kopf.

a) 848 : 2
   848 : 4
   848 : 8

b) 968 : 8
   968 : 4
   968 : 2

c) 9966 : 6
   9966 : 3
   9966 : 2

d) 96 822 : 2
   96 822 : 3
   96 822 : 6

e) 984 : 3
   9844 : 4
   98 445 : 5

106 121 212 242 328 424 484 756 1661 2461 3322 4983 16 137 19 689 32 274 48 411

f) Erklärt die Zusammenhänge in jedem Päckchen.

1 Entbündelungsvorgänge beschreiben und erklären.

Schriftliches Dividieren

1 Dividiere schriftlich. Besprecht und erklärt.

468 : 6

4 Hunderter kann ich nicht durch 6 teilen. Aber 46 Zehner...

H	Z	E			H	Z	E
4	6	8	:	6	=	7	8
4	2						
	4	8					
	4	8					
		0					

bleibt frei

a) 516 : 6   b) 468 : 3
c) 375 : 5   d) 644 : 7
e) 534 : 3   f) 792 : 6
g) 873 : 9   h) 784 : 8

2 Dividiere. Überlege vorher, wie viele Stellen das Ergebnis haben muss.

a) 736 : 4   b) 342 : 3   c) 747 : 9   d) 296 : 2   e) 7872 : 6
   736 : 8   342 : 6   747 : 3   296 : 4   7872 : 3

f) 684 : 9   g) 452 : 4   h) 504 : 8   i) 732 : 6   j) 6642 : 3
   684 : 3   452 : 2   504 : 4   732 : 3   6642 : 9

57 63 74 76 83 92 113 114 122 126 148 175 184 226 228 244 249 738 1312 2214 2624

k) Wähle drei Päckchen und erkläre die Zusammenhänge der Aufgaben im Heft.

3

Wenn man eine vierstellige Zahl durch eine einstellige Zahl teilt, hat das Ergebnis vier Stellen.
— Tim

Wenn man eine vierstellige Zahl durch eine einstellige Zahl teilt, hat das Ergebnis drei Stellen.
— Sara

7864 : 4   4228 : 7
8217 : 3   2465 : 5

Bei welchen Aufgaben hat Tim recht, bei welchen Sara?

4 Wie viele Stellen muss das Ergebnis haben? Überlege erst, rechne dann.

a) 9736 : 8   b) 4314 : 3   c) 4692 : 3   d) 8964 : 9   e) 56736 : 6
   9736 : 4   4314 : 6   4692 : 6   8964 : 3   56736 : 2

719 782 996 1153 1217 1438 1564 2434 2988 9456 28368

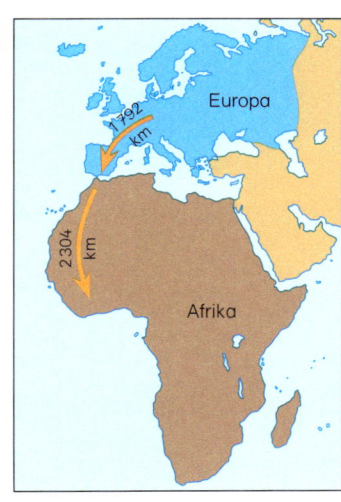

5 Wie viele Kilometer schafft das Storchenpaar aus Deutschland ungefähr an einem Tag?

Europa → 1792 km
→ Afrika: 2304 km

a) Im Herbst flog es erst nach Südspanien. Es brauchte dafür 8 Tage.
b) Nach einer Woche Pause flog das Storchenpaar weiter nach Westafrika. Dieser Flug dauerte 9 Tage.

6 Bei einem Mauersegler wurde festgestellt, dass er 1516 km in vier Tagen flog. Er hatte Rückenwind. Wie viele Kilometer schaffte er an einem Tag?

1 Feststellen, ob die erste Stelle teilbar ist.

Schriftliches Dividieren – Überschlagen

1 Suche einen passenden Überschlag zur Aufgabe. Vergleicht und besprecht.

1686 : 3

a) Wie groß wird das Ergebnis ungefähr sein? Überschlage.
b) Welchen Überschlag würdest du wählen? Begründe im Heft.
c) Bewertet die Vorschläge von Alina, Lena, Jonas und Sophie. Welcher Überschlag ist einfach zu rechnen und liegt nah am Ergebnis?

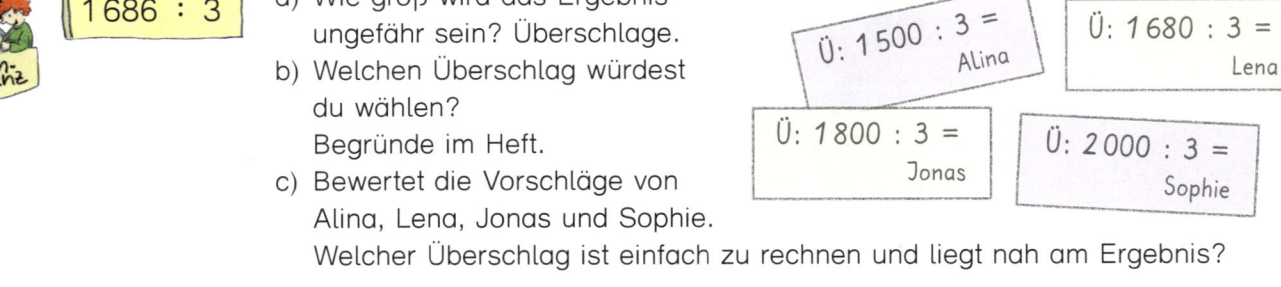

Ü: 1500 : 3 = Alina
Ü: 1680 : 3 = Lena
Ü: 1800 : 3 = Jonas
Ü: 2000 : 3 = Sophie

2 Entscheidet, welcher Überschlag am besten passt. Begründet. Rechnet diesen Überschlag. Dividiert schriftlich. Vergleicht.

a) 5964 : 3
Ü: 5000 : 3
Ü: 5100 : 3
Ü: 6000 : 3

b) 12423 : 3
Ü: 12000 : 3
Ü: 15000 : 3
Ü: 13000 : 3

c) 5795 : 5
Ü: 6000 : 5
Ü: 4000 : 5
Ü: 5000 : 5

d) 8430 : 10
Ü: 8500 : 10
Ü: 8400 : 10
Ü: 9000 : 10

e) 17528 : 4
Ü: 15000 : 4
Ü: 16000 : 4
Ü: 17000 : 4

f) 5190 : 6
Ü: 6000 : 6
Ü: 5400 : 6
Ü: 5000 : 6

g) 65448 : 8
Ü: 64000 : 8
Ü: 68000 : 8
Ü: 72000 : 8

h) 8829 : 9
Ü: 10000 : 9
Ü: 8100 : 9
Ü: 9000 : 9

3 Überschlage, dividiere, vergleiche. Kann dein Ergebnis stimmen?

a) 1758 : 6
7584 : 6
17586 : 6
1758 : 3
468 : 3
14748 : 3

b) 3512 : 4
13572 : 4
35124 : 4
3512 : 8
928 : 8
39296 : 8

c) 270 : 10
27420 : 10
2740 : 10
790 : 10
7240 : 10
72490 : 10

d) 266 : 7
1113 : 7
8379 : 7
57827 : 7
134624 : 7
459851 : 7

e) 684 : 9
1116 : 9
46611 : 9
161712 : 9
374508 : 9
832428 : 9

4 Die Nordschule hat 288 Kinder.
a) Der vierte Teil der Kinder trainiert in einem Sportverein.
b) Der sechste Teil der Kinder lernt ein Instrument.
c) Der achte Teil der Kinder ist in der vierten Klasse.
d) Der dritte Teil der Kinder fährt mit dem Bus zur Schule.
e) Die Hälfte der Kinder geht zu Fuß zur Schule.
Wie viele Kinder sind das jeweils?

5 Überprüft und erklärt, welche Aufgaben falsch eingeordnet sind. Sprecht auch über eigene Fehler.

Ergebnisse mit 3 Stellen	Ergebnisse mit 4 Stellen	Ergebnisse mit 5 Stellen	Ergebnisse mit 6 Stellen
4228 : 7	50226 : 2	6072 : 8	337002 : 3
7494 : 3	8217 : 3	67629 : 1	916194 : 6
52317 : 9	7864 : 4	50382 : 9	782608 : 8

Schriftliches Dividieren – Stolpersteine

1 Schaue dir die Rechnung an. Erkläre den Fehler. Vergleicht und besprecht.

Ü: 6000 : 3 = 2000

6150 : 3 = 250
−6
015
−15
00

Das Ergebnis kann nicht stimmen.

6150 : 3 = 2050
−6
01
−0
15
−15
00
−0
0

Null an der Hunderterstelle.
Null an der Einerstelle.

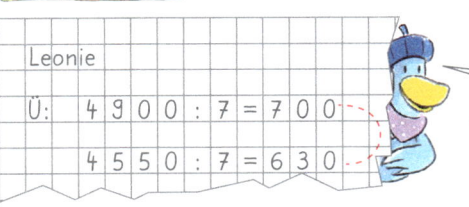

2 4550 : 7

Leonie
Ü: 4900 : 7 = 700
4550 : 7 = 630

Der **Überschlag** zeigt, ob das Ergebnis **stimmen kann**.

Woran erkennst du, dass Leonie falsch gerechnet hat?

Probe: 630 · 7
4410

Die **Probe** zeigt, ob das Ergebnis **stimmt**. Als Probe rechnet man die Umkehraufgabe.

3 Überschlage, dividiere und überprüfe das Ergebnis mit der Umkehraufgabe.

a) 29040 : 10
37180 : 10
74360 : 10
58080 : 10

a) Ü: 30000 : 10 = 3000
29040 : 10 = 2904
−20
90
−90
04
2904 · 10

b) 2106 : 2
3159 : 3
6318 : 6
9486 : 9

c) 18256 : 7
18956 : 7
18970 : 7
19670 : 7

d) 23040 : 3
24030 : 5
43020 : 2
32400 : 6

4 Sind die Ergebnisse richtig? Prüfe mit der Probe. Rechne richtig.

a) 5120 : 4 = 1280 Marie
b) 18315 : 9 = 2035 Felix
c) 30170 : 7 = 431 Charlotte
d) 6180 : 10 = 680 Irina

5 Erklärt die Fehler. Rechnet richtig. Beschreibt die Fehler im Heft. Besprecht auch eigene Fehler.

20172 : 4 = 543
−20
017
−16
12
−12
0
Nele

45290 : 7 = 647
−42
32
−28
49
−49
0
Esme

11052 : 3 = 384
−9
25
−24
12
−12
0
Pia

6 a) Sucht fünf aufeinanderfolgende Zahlen, die größer sind als 500. Addiert sie. Dividiert dann das Ergebnis durch 5. Was fällt euch auf?
b) Geht das auch mit sechs Zahlen? Begründet.

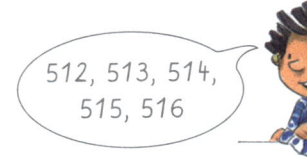

512, 513, 514, 515, 516

3 Das Dividieren durch 10 an der Stellenwerttafel veranschaulichen und erklären, siehe auch Seite 50.

Schriftliches Dividieren mit Rest

1

Was geschieht mit dem Rest?

465 Bälle
130 Pedalos
250 Frisbee-Scheiben
325 Springseile

Springseile
3 2 5 : 7 = 4 6 R 3
- 2 8
  4 5
- 4 2
    3

Diese Sportgeräte wurden von einer Firma gespendet.
Sie werden gleichmäßig an die sieben Grundschulen der Stadt verteilt.
a) Wie viele Frisbee-Scheiben erhält jede Schule?
b) Wie viele Pedalos bekommt jede Schule?
c) Wie viele Bälle erhält jede Schule?

2 500 Frühstücksdosen sollen an sechs Grundschulen gleichmäßig verteilt werden.
a) Was geschieht mit dem Rest? Rechne aus.
b) Können 506 Frühstücksdosen an diese Schulen ohne Rest verteilt werden?
c) Wie viele Frühstücksdosen könnten ohne Rest an die sechs Schulen verteilt werden? Begründe.

3 a) 4310 : 3   b) 8627 : 6   c) 9542 : 5   d) 6090 : 8   e) 10854 : 3
   4310 : 4   8627 : 7   9541 : 5   6900 : 8   14472 : 4
   4310 : 5   8627 : 8   7541 : 5   6009 : 8   18090 : 5

4 Dividiere. Kontrolliere mit der Umkehraufgabe.

```
a) 6 1 2 4 : 8 = 7 6 5  R 4
   -5 6
      5 2        7 6 5 · 8
    - 4 8        6 1 2 0
       4 4
     - 4 0
         4     6 1 2 0 + 4 = 6 1 2 4
```

a) 6124 : 8   b) 53581 : 7   c) 46668 : 7   d) 13335 : 4
   33335 : 6   22224 : 5   9877 : 8   24198 : 7
    6667 : 6   41111 : 9   3273 : 5   7409 : 6

Besondere Ergebnisse.

5 Welche Zahlen kannst du durch 3 teilen, ohne dass ein Rest bleibt?

| 1413 | 15660 | 9635 | 14213 |
| 294 | 111111 | 4218 | |

Zahlen, die durch 3 teilbar sind, haben eine Quersumme, die...

6 Welche Zahlen sind durch 3 teilbar?
a) 432   357   b) 12312   12710   c) 55550   72723
   789   554   12396   12717   66690   90909

d) Prüfe nach, welche Zahlen durch 9 teilbar sind. Findest du auch dafür eine Regel?

7 1 2 4 5 8

Kannst du aus diesen Ziffern Divisionsaufgaben ohne Rest bilden? Du musst nicht alle Ziffern in einer Aufgabe verwenden.

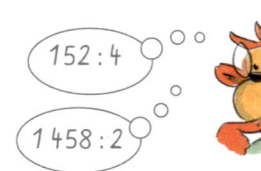

152 : 4
1458 : 2

1 Diff.: Überlegen, was mit dem jeweiligen Rest geschieht.

Schriftliches Dividieren mit Kommazahlen

1 Welche Kartoffeln sind günstiger? Rechne. Vergleicht und besprecht.

Frühkartoffeln Sieglinde
6 kg 3 €

Frühkartoffeln Gloria
2 kg 2 €

2 Der OLA-Markt bietet 6 kg Biokartoffeln für 4,32 € an.
Bauer Mohr verkauft 2 kg Biokartoffeln für 1,78 €.

a) Berechne jeweils den Preis für 1 kg und vergleiche.

Kartoffeln von OLA	Preis	Kartoffeln von Mohr	Preis
6 kg	4,32 €	2 kg	1,78 €
1 kg		1 kg	

a) 4,32 € = 432 ct
432 ct : 6 = 72 ct
− 42
  12
− 12
   0

72 ct = 0,72 €
1 kg kostet 0,72 €.

b) Anna vergleicht die Preise anders. Erkläre ihren Weg.

Kartoffeln von Mohr	Preis
2 kg	1,78 €
6 kg	Anna

3 Rechne auf deinem Weg.

WAU 3 kg 8,25 €
WUFF 5 kg 13,20 €
BELLA 2 kg 5,32 €

Welche Packung soll ich kaufen?

4 a) In der „Fruchtoase" kosten 8 Orangen 5,12 €.
Lisa konnte auf dem Wochenmarkt 4 Orangen für 2,64 € kaufen.

b) Auf dem Markt werden 3 Zitronen für 0,87 € angeboten.
Im Supermarkt kostet ein Netz mit 4 Stück 1,16 €.

c) Im Hofladen werden 4 kg Zwiebeln für 4,76 € verkauft.
Auf dem Wochenmarkt kosten 2 kg 1,42 €.

d) Im Supermarkt werden 3 kg Äpfel für 5,37 € angeboten.
Auf dem Bauernhof werden 5 kg für 8,35 € verkauft.

5 Überschlage vorher.

a) 8,52 € : 3
   16,65 € : 3
   91,23 € : 3

b) 56,40 € : 8
   56,40 € : 4
   56,40 € : 2

c) 192,42 € : 3
   192,42 € : 6
   192,42 € : 9

d) 54,60 € : 7
   4,64 € : 8
   88,85 € : 5

0,58 € 2,84 € 5,55 € 7,05 € 7,80 € 9,20 € 14,10 € 17,77 € 21,38 € 28,20 € 30,41 € 32,07 € 64,14 €

6 Manche Aufgaben kannst du im Kopf rechnen.

a) 9,90 € 7,83 € 10,80 € : 3 9

b) 1,68 € 16,16 € : 4 8

88   Entfernungen

ICE Neubaustrecke

Schneller nach Berlin
Durch den Neubau der Strecke Ebensfeld nach Leipzig wurde die Fahrzeit der Bahn von München nach Berlin um $2\frac{1}{2}$ Stunden verkürzt. Für diese Strecke entstanden 22 Tunnel mit 41 km Gesamtlänge und 29 Talbrücken mit 14 km Gesamtlänge. Die Neubaustrecke ist 235 km lang. Beim Bau der Tunnel wurde sehr verschieden vorgegangen. Beim Silberberg-Tunnel wurden zwei

1 Im Zeitungsartikel hat sich bei den Tunneln und Brücken ein Fehler eingeschlichen. Prüfe nach und stelle dein Ergebnis vor.
Besprecht eure Lösungen.

Tunnel über 2 000 m Länge	
Tunnel Eierberge	3 756 m
Tunnel Reitersberg	2 975 m
Tunnel Bleßberg	8 314 m
Tunnel Silberberg	7 391 m
dazu: 18 Tunnel mit einer Gesamtlänge von	18 550 m

Brücken über 1 000 m Länge	
Füllbachtalbrücke	1 012 m
Grümpentalbrücke	1 104 m
Ilmtalbrücke	1 681 m
Geratalbrücke	1 121 m
dazu: 24 Brücken mit einer Gesamtlänge von	7 361 m

2 Ein Teil der ICE-Strecke führt durch Tunnel und über Brücken. Wie viele Kilometer der Neubaustrecke verlaufen ohne Tunnel und Brücken?
Stelle deine Lösung vor, besprecht diese und vergleicht mit dem Streifenbild.

Gesamtlänge		
Tunnel	Brücken	restliche Strecke

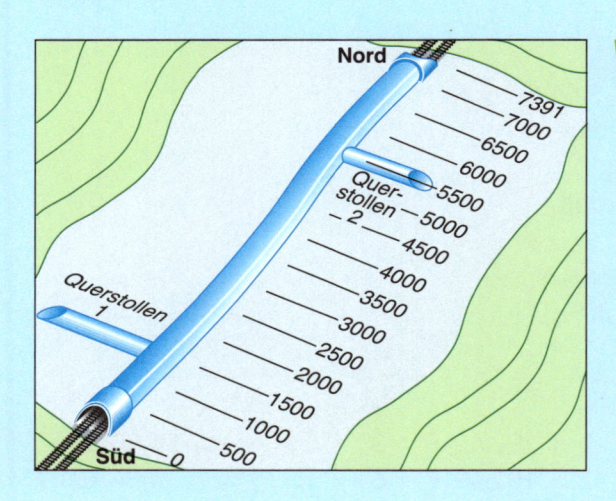

3 Der Tunnel Silberberg wurde von zwei Querstollen aus gegraben.
a) Wie weit musste vom Querstollen 1 bis zum Tunnelausgang Süd gegraben werden?
b) Wie weit musste vom Querstollen 2 bis zum Tunnelausgang Nord gegraben werden?
c) Überlege, wie weit von den Querstollen 1 und 2 gegraben werden musste, bis die Grabungen sich treffen. Es gibt viele Möglichkeiten.
d) Wie weit wurde von Querstollen 1 zur Mitte hin gegraben, wenn es 200 m mehr waren als von Querstollen 2 aus?

4 In einem Diagramm sind die Tunnellängen dargestellt.

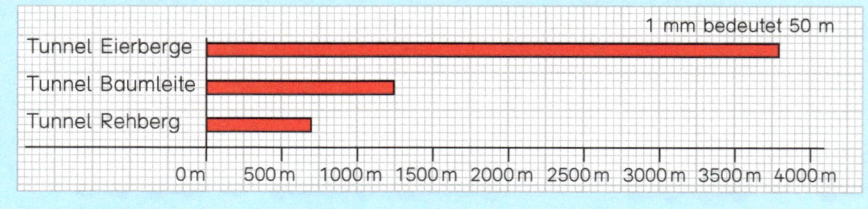

a) Wie lang sind die Tunnel?
b) Zeichne ein Diagramm für die Tunnel Reitersberg, Bleßberg und Silberberg.

Jahrgangskombiniertes Arbeiten, vgl. Denken und Rechnen 3, S. 88.

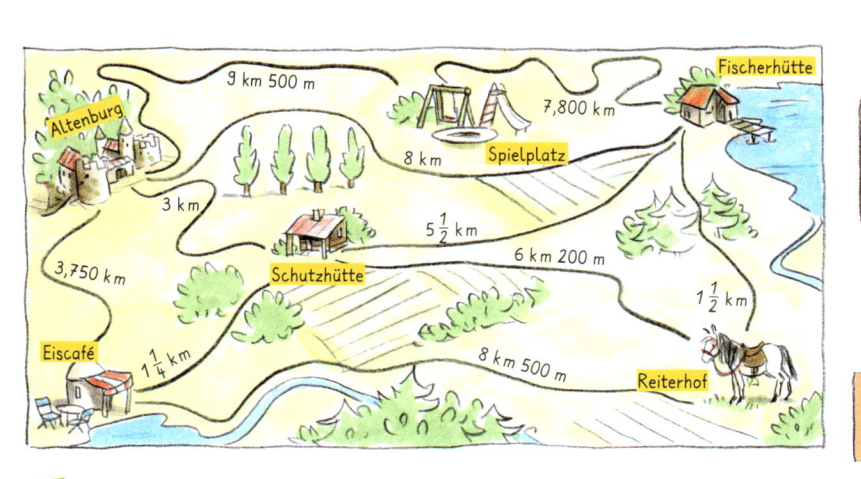

Längen – Kilometer und Meter

89

"Kilo" bedeutet: Tausendfaches.

1 Kilometer = 1000 Meter
1 km = 1000 m   ½ km = 500 m
¼ km = 250 m   ¾ km = 750 m

So schreibe ich mit Komma.

6 km 200 m = 6 200 m = 6,200 km
6 km 20 m = 6 020 m = 6,020 km

Das Komma trennt km und m.

1 Wie viele Meter lang sind die Wege? Schreibe mit Komma.
   a) von der Altenburg zur Fischerhütte
   b) vom Reiterhof nach Altenburg
   c) vom Eiscafé zur Fischerhütte
   🐬 d) vom Eiscafé zum Spielplatz

   a) 8,000 km

2 Wo könnten die Wandergruppen jetzt sein?
   a) Familie Petrov ist von der Fischerhütte aus 7 km 700 m gewandert.
   b) Familie Oskamp ist beim Reiterhof gestartet und hat schon fast 10 km geschafft.
   🐬 c) Familie Weiß ist beim Eiscafé gestartet und ist nach 27 km 800 m am Ziel angekommen.

3 Könnte man alle Orte besuchen, ohne einen Weg doppelt zu gehen?

4 Rechne um in Meter.
   a) 1,300 km   b) 2,500 km   c) 0,001 km   d) 3 ½ km
      1,030 km   2,005 km   0,105 km   3 ¾ km
      1,003 km   2,015 km   0,400 km   10 ¼ km
      3,120 km   2,055 km   0,040 km   1 ½ km

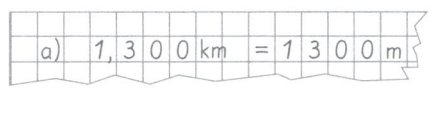

   a) 1,300 km = 1 300 m

5 Schreibe mit Komma.
   a) 1 km 300 m   b) 2 km 500 m   c) 3 km 400 m   d) 10 ½ km
      1 km 550 m   2 km 50 m   4 km 50 m   12 ½ km
      1 km 428 m   5 m   5 km   6 m   5 ½ km
      1 km 303 m   55 m   6 km 666 m   ¾ km

   a) 1 km 300 m = 1,300 km

6 Vergleiche. > < =
   a) 4 450 m ○ 4 ½ km   b) 5,730 km ○ 580 m   🐝 c) 4,500 km ○ 4,499 km
      4 500 m ○ 4 ½ km   0,460 km ○ 4 630 m   7,009 km ○ 7,900 km
      4 505 m ○ 4 ½ km   1,200 km ○ 1 020 m   0,100 km ○ 0,010 km
      4 055 m ○ 4 ½ km   4,300 km ○ 4 340 m   1 ¾ km ○ 1,800 km
      4 555 m ○ 4 ½ km   6,008 km ○ 6 100 m   5 ½ km ○ 5,855 km

W

7 a) 🚚1904 🚚1409 🚚4091 ● 6 12 24   b) 🚚1904 🚚1409 🚚4091 ● 7 14 88

Längen – Meter, Zentimeter, Millimeter

1

Sprechblase: "Unser Auto ist 4 m 20 cm lang."

Garage: 1,95 m hoch, 5,50 m tief, 2,05 m breit
Regal: 60 cm
Auto mit Gepäckbox: 55 cm (Box), 1 m 45 cm (Auto)

a) Passt das Regal noch an die Rückwand, wenn das Auto in der Garage steht?
b) Passt der Wagen mit Gepäckbox in die Garage?

2

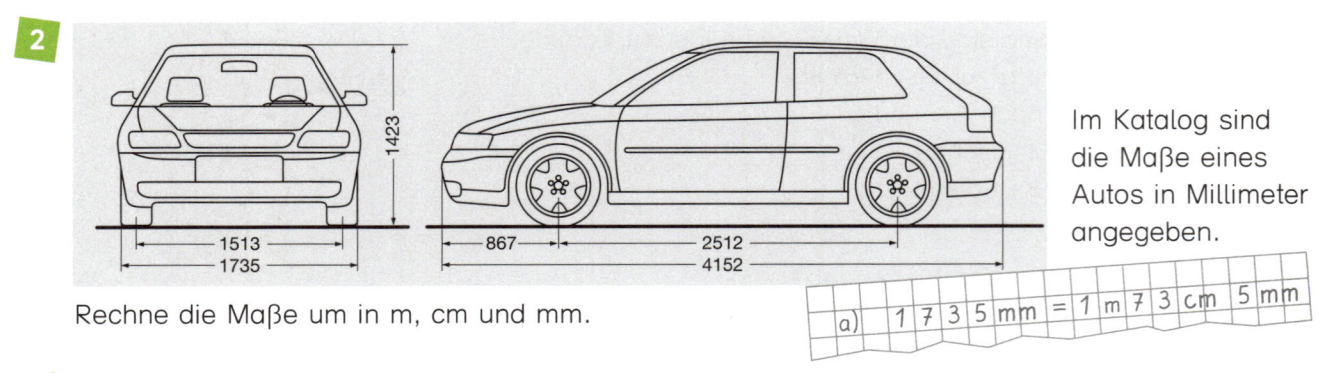

Maße des Autos: 1423 (Höhe), 1513, 1735 (Breite), 867, 2512, 4152 (Länge)

Im Katalog sind die Maße eines Autos in Millimeter angegeben.

Rechne die Maße um in m, cm und mm.

a) 1735 mm = 1 m 7 3 cm 5 mm

3 Passen die Autos jeweils in die Garage von Aufgabe 1?
a) Frau Voß kauft einen Van mit 1900 mm Höhe und 5490 mm Länge.
b) Frau Lammels Auto hat folgende Maße: 1817 mm breit, 1421 mm hoch und 4520 mm lang.

4 Beantwortet für das Auto eurer Familie.
a) Wie lang ist es? b) Wie breit ist es? c) Wie hoch ist es?
d) Würde es in die Garage von Aufgabe 1 passen?

5 Zeichne die Strecken mit gespitztem Bleistift.
Gib die Längen in zwei Schreibweisen an.

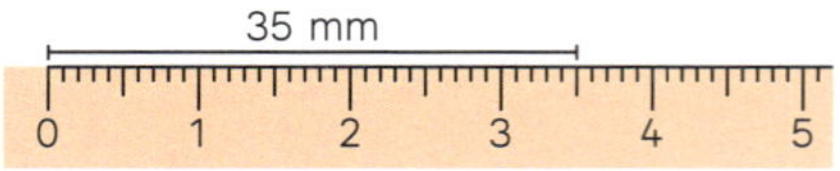

Sprechblase: "Wie viele Millimeter sind ein halber Zentimeter?"

Lineal: 35 mm

a) 3 cm 5 mm
   8 cm 2 mm
   10 cm 2 mm
   7 cm 3 mm
   6 cm 9 mm

b) 25 mm
   43 mm
   102 mm
   56 mm
   113 mm

c) $\frac{1}{2}$ cm
   $1\frac{1}{2}$ cm
   $3\frac{1}{2}$ cm
   $5\frac{1}{2}$ cm
   $9\frac{1}{2}$ cm

a) 3 cm 5 mm = 3 5 mm

6 Wandle um in Millimeter.

a) 1 cm
   10 cm
   100 cm
   200 cm
   20 cm
   220 cm

b) 4 cm
   14 cm
   140 cm
   150 cm
   250 cm
   255 cm

c) 2 cm
   11 cm
   17 cm
   3 m
   15 m
   34 m

d) $\frac{1}{2}$ cm
   $3\frac{1}{2}$ cm
   $2\frac{1}{2}$ cm
   1 cm
   $1\frac{1}{2}$ cm
   $4\frac{1}{2}$ cm

e) 2 cm 4 mm
   12 cm 4 mm
   120 cm 4 mm
   110 cm 3 mm
   101 cm 1 mm
   183 cm 7 mm

a) 1 cm = 10 mm
   10 cm =

7 Suche Gegenstände mit der Länge.
a) 5 mm   b) 10 mm   c) 50 mm   d) 100 mm   e) 500 mm

4 Messen oder die Maße dem Fahrzeugschein entnehmen.

Fermi-Aufgaben

1 Der größte Schuh der Welt

Schuhmachermeister Joseph Schratt fasste im Jahre 1930 den Entschluss, einen so großen Schuh zu bauen, wie es ihn noch nie gegeben hatte. Zunächst entwarf er auf Papier ein Modell, dann zeichnete er die Form mit Kreide in Originalgröße auf den Fußboden.
Schratt fertigte den Leisten für den Schuh selbst. Neun Großviehhäute verarbeitete er für den dreieinhalb Meter langen Schuh Größe 450. Eine Firma aus der Schnürsenkel-Metropole Wuppertal lieferte die passende Verschnürung, die vier Kilo wog. Kaum war das Werk beendet, da erschien eine Zeitungsmeldung, wonach eine amerikanische Firma den größten Schuh der Welt baute. Gleich am nächsten Morgen ließ er vom Direktor der Realschule die amerikanischen Maße umrechnen, um dann höchst erfreut festzustellen, dass sein Schuh doch größer war.

Schuhlänge: 3,50 m

Überlege, wie groß ein Mensch wäre, dem dieser Schuh passt.
Vergleicht und besprecht eure Rechenwege.

Wie lang ist der Schuh eines Erwachsenen?

Wie viel mal mehr ist die Länge dieses Schuhs?

2

Der Mann liegt neben dem Oberschenkelknochen eines Sauriers, der in Argentinien gefunden wurde. Versuche herauszubekommen, wie groß der Saurier war.

Die rote Linie gibt an, wo der Oberschenkelknochen sitzt.

Wie groß der Mann wohl ist?

Was ist einfacher, die Höhe oder Länge des Sauriers festzustellen?

3

Alle Kinder eurer Schule bilden eine Menschenkette. Wie lang wird diese Menschenkette?

Wie groß ist die Armspanne bei einem Kind?

Wie viele Kinder sind in eurer Schule?

Rechenwege darstellen und erklären

1 Ordne zu. Vergleicht und besprecht.

- A das Achtfache von 24
- B verringere 24 um 8
- C um 8 weniger als 24
- D der achte Teil von 24
- E 24 um 8 vermehren
- F 8 mehr als 24
- G 8 mal so viel wie 24
- H 8 von 24 subtrahieren
- I 24 um 8 vermindern
- J 8 zu 24 addieren
- K von vierundzwanzig acht abziehen

$24 + 8$ $24 - 8$ $24 \cdot 8$ $24 : 8$

| 2 | 4 | + | 8 | F, J |

2 Schreibe als Rechenaufgabe und löse die Aufgabe.

a) Das Dreifache von 9.
b) Der vierte Teil von 36.
c) Addiere 12 und 800.
d) Subtrahiere 22 von 215.
e) Verdopple die Zahl 124.
f) Die Hälfte von 244.
g) Vergrößere zweihundertelf um die Hälfte von achtzig.

| a) | $3 \cdot 9$ |

3 Welcher Text passt zur Aufgabe? Erkläre jeweils deine Lösung im Heft.

a) $5 \cdot 6 + 26$
- A Addiere zum Fünffachen von 6 die Zahl 26.
- B Addiere zum fünften Teil von 26 die Zahl 6.

b) $18 : 3 + 53$
- A Addiere 3 und 53 und teile dann durch 18.
- B Zähle zum dritten Teil von 18 die Zahl 53 dazu.

c) $4 \cdot 7 - 11$
- A Subtrahiere 11 vom Vierfachen der Zahl 7.
- B Subtrahiere 11 vom siebten Teil von 4.

d) $24 \cdot 2 + 9 \cdot 4$
- A Addiere 2 und 9, ziehe 4 ab und teile durch 24.
- B Verdopple 24 und addiere dazu das Neunfache von 4.

e) $8 \cdot 40 + 160 : 4$
- A Dividiere 160 durch 4 und addiere den achten Teil von 40.
- B Addiere zum Achtfachen von 40 den vierten Teil von 160.

4 Schreibe zu jeder Aufgabe einen passenden Text.

a) $25 \cdot 2 + 32 : 4$
b) $160 - 30 : 2$
c) $25 \cdot 4 - 60 : 2$
d) $350 : 7 - 240 : 6$
e) $777 + 111 - 49 : 7$
f) $72 : 8 + 91$

5 Wie heißen die gesuchten Zahlen?

Ich bekomme das mit der Umkehraufgabe heraus.

a) Das Dreifache meiner Zahl ist 27.

___ —·3→ 27

b) Wenn ich meine Zahl um 120 vergrößere, erhalte ich 360.

___ —+120→ 360

c) Wenn ich die Hälfte meiner Zahl mit 3 multipliziere, erhalte ich 48.

___ —:2→ ___ —·3→ 48

d) Wenn ich zum sechsten Teil meiner Zahl noch 4 addiere, erhalte ich 9.

___ —:6→ ___ —+4→ 9

e) Wenn ich das Siebenfache meiner Zahl um 250 verringere, erhalte ich 100.

___ ——→ ___ ——→ 100

f) Wenn ich das Doppelte meiner Zahl durch 60 dividiere, erhalte ich 3.

___ ——→ ___ ——→ 3

6 Wie heißen die gesuchten Zahlen? Zeichne und rechne.

a) Wenn ich meine Zahl durch 30 dividiere, erhalte ich 5.

b) Wenn ich vom Achtfachen meiner Zahl 20 subtrahiere, heißt das Ergebnis 28.

c) Wenn ich zum siebten Teil meiner Zahl 25 addiere, erhalte ich 30.

7

a) Ich denke mir eine Zahl, multipliziere sie mit 40, dividiere dann durch 100 und erhalte 200.

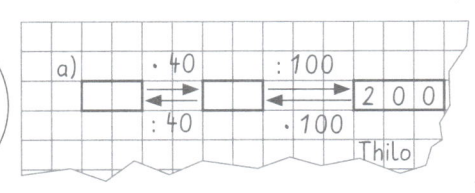

b) Wenn ich meine Zahl verdopple und anschließend verdreifache, erhalte ich 360.

c) Wenn ich 1 500 von meiner Zahl subtrahiere und anschließend durch 30 dividiere, erhalte ich 1 000.

d) Wenn ich zu meiner Zahl 500 addiere, dann durch 4 dividiere, erhalte ich 2 500.

e) Wenn ich meine Zahl viermal verdopple und dann durch 4 dividiere, erhalte ich 120.

8 Kann das stimmen?

a) Wenn ich zwei gleiche Quadratzahlen multipliziere, erhalte ich eine Quadratzahl.

b) Ich multipliziere 25 mit 75 und mit einer dritten Zahl. Das Ergebnis ist null.

c) Wenn ich eine Zahl immer wieder verdopple, erhalte ich nie eine ungerade Zahl.

Lernumgebung – Fibonacci

1 Das sind die ersten Zahlen der Fibonacci-Zahlenfolge.

1, 1, 2, 3, 5, 8, 13, 21, …

a) Finde die Regel, wie die Folge gebildet wird.
Setze die Fibonacci-Folge um zehn Zahlen fort.

b) Wie folgen gerade und ungerade Zahlen aufeinander?
Kreise gerade Zahlen blau ein und ungerade rot.

*Dies ist der Rechenmeister Leonardo von Pisa, auch **Fibonacci** genannt. Er lebte vor etwa 800 Jahren und hat die Fibonacci-Folge entdeckt.*

2 a) Zähle die Anzahl der äußeren Blütenblätter.
Was fällt dir auf?

b) Findest du noch mehr Beispiele aus der Natur?
Sammelt verschiedene Blüten und zählt.

c) Die Sonnenblume hat innen viele Spiralen.
Sind Sonnenblumen ein Beispiel für die Fibonacci-Zahlenfolge? Überprüft.

3 Wähle drei aufeinander folgende Fibonacci-Zahlen.
Multipliziere die beiden äußeren Zahlen mit sich selbst.
Bilde die Differenz der beiden Ergebnisse.

a) Addiere die beiden äußeren Zahlen. Multipliziere das Ergebnis mit der mittleren Zahl. Was fällt dir auf?

b) Probiere weitere Beispiele.

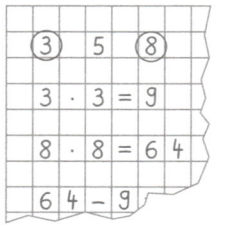

③   5   ⑧
3 · 3 = 9
8 · 8 = 64
64 − 9

4 Setze die Folgen nach der Fibonacci-Regel um fünf Zahlen fort.

a) 2, 2, 4, …   b) 5, 5, 10, …   c) 5, 6, 11, …   d) 7, 8, 15, …

e) Wähle zwei Startzahlen und setze fort.

5 Ergänze die fehlenden Zahlen der Folge. Beachte die Fibonacci-Regel.

a) 1, ___, 8, ___, 23, ___, 61, ___, 160
b) 4, ___, 5, ___, 11, ___, 28, ___, 73
c) ___, 6, ___, 15, ___, 39, ___, 102, ___
d) ___, 9, ___, 25, ___, 66, ___, 173, ___
e) 2, 6, ___, ___, 22, 36, ___, ___, 152
f) 8, 4, ___, ___, 28, 44, ___, ___, 188

6 Ist die zehnte Zahl der beiden Folgen jeweils gleich? Vermute vorher.

a) 4, 25, 29, …   b) 25, 4, 29, …

7 a) Wie müssen die beiden Startzahlen heißen, damit die fünfte Zahl 50 ist?
___, ___, ___, ___, 50

b) Wie müssen die beiden Startzahlen heißen, damit die fünfte Zahl 100 ist?
___, ___, ___, ___, 100

Lernumgebung – ANNA-Zahlen

1 a) Bilde aus den Ziffern 3 und 5 zwei vierstellige Zahlen. Die Tausender- und die Einerstelle sowie die Hunderter- und Zehnersstelle sollen gleich sind.
b) Finde zehn weitere ANNA-Zahlenpaare.
c) Schreibe alle ANNA-Zahlen, die mit 7 beginnen.
d) Schreibe alle ANNA-Zahlen, die an der Hunderter- und an der Zehnerstelle eine 5 haben.

Das sind ANNA-Zahlen.

ANNA-Zahlen	
2442	1991
7447	4224
9119	1771

2 Bilde jeweils aus den beiden Ziffern ein ANNA-Zahlenpaar. Subtrahiere.

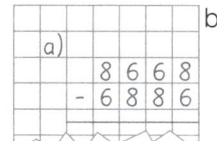

a) 8, 6   (8668 − 6886)   b) 2, 9   c) 1, 7   d) 6, 5   e) 9, 4   f) 1, 6

3 a) Subtrahiert. Was fällt euch auf? Beschreibt und erklärt.

```
 2 1 1 2     3 2 2 3     4 3 3 4     5 4 4 5     6 5 5 6     7 6 6 7
-1 2 2 1    -2 3 3 2    -3 4 4 3    -4 5 5 4    -5 6 6 5    -6 7 7 6
```

Wie verändern sich T, H, Z, E von Aufgabe zu Aufgabe?

b) Vergleiche immer den Unterschied zwischen den Ziffern der beiden ANNA-Zahlen.
c) Wie verändert sich die Quersumme der ANNA-Zahlen von einer Minusaufgabe zur nächsten?

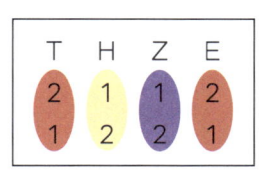

T	H	Z	E
2	1	1	2
1	2	2	1

T	H	Z	E
3	2	2	3
2	3	3	2

4 a) Subtrahiere und setze die Reihen jeweils fort.

```
A  3 1 1 3     4 2 2 4     5 3 3 5      B  4 1 1 4     5 2 2 5     6 3 3 6
  -1 3 3 1    -2 4 4 2    -3 5 5 3        -1 4 4 1    -2 5 5 2    -3 6 6 3

C  5 1 1 5     6 2 2 6     7 3 3 7      D  6 1 1 6     7 2 2 7     8 3 3 8
  -1 5 5 1    -2 6 6 2    -3 7 7 3        -1 6 6 1    -2 7 7 2    -3 8 8 3
```

b) Wie groß ist jeweils der Unterschied der Differenzen von A zu B, von B zu C, von C zu D?
c) Erkläre im Heft, wie du aus dem Unterschied der Stellenwerte von ANNA-Zahlenpaaren das Ergebnis schon vorher wissen kannst.

5 a) Subtrahiert. Was fällt euch auf?

```
 3 2 2 3     4 2 2 4     5 2 2 5     6 2 2 6     7 2 2 7     8 2 2 8     9 2 2 9
-2 3 3 2    -2 4 4 2    -2 5 5 2    -2 6 6 2    -2 7 7 2    -2 8 8 2    -2 9 9 2
```

b) Berechnet die Quersumme aller Differenzen. Vergleicht.
c) Addiert bei allen Differenzen jeweils die Ziffern an der Einer- und an der Zehnerstelle.
d) Addiert bei allen Differenzen jeweils die Ziffern an der Hunderter- und an der Tausenderstelle.

6 *Kann das stimmen?*

a) Wenn du zwei ANNA-Zahlen subtrahierst, ist das Ergebnis wieder eine ANNA-Zahl.

b) Es gibt mehrere Minusaufgaben mit ANNA-Zahlen, die das gleiche Ergebnis haben.

---

1 Bezug zwischen Bezeichnung ANNA-Zahlen und der Ziffernfolge herstellen.
Die Ziffer 0 ist nur als Innenzahl erlaubt.

Liter und Milliliter

1 Schätze zuerst. Prüfe dann mit dem Messbecher.
a) Welche Gefäße fassen mehr als 1 Liter?
b) Habt ihr ein Gefäß, das genau 1 Liter fasst?
c) In welche Gefäße passt kein ganzer Liter?

1 Liter = 1 l

2 Wem gehört welcher Messbecher?

Tim: Mein Messbecher ist mit einem Liter gefüllt.
Lea: Ein Viertelliter ist in meinem Messbecher.
Ella: In meinem Messbecher ist ein halber Liter.
Simon: Ich habe drei Viertelliter.

3 Ordne zu.

$\frac{1}{4}$ l $\frac{1}{2}$ l   1 l   5 l   10 l   180 l

| A | 1 l |

4 Lisa möchte den gesamten Orangensaft in Gläser füllen. Welche Gläser verwendet sie?
a)
b)

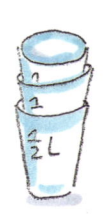

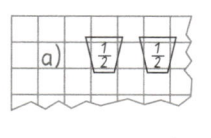

3 Plakat mit Bezugsgrößen gestalten.

Flüssigkeiten werden in Liter und Milliliter gemessen.

1 Liter = 1000 Milliliter

1 l = 1000 ml $\frac{1}{2}$ l = 500 ml $\frac{1}{4}$ l = 250 ml $\frac{3}{4}$ l = 750 ml

„Milli" bedeutet: tausendster Teil

5 Sammelt Flaschen und Behälter.
Schätzt, wie viele Milliliter in die verschiedenen Gefäße passen.
Prüft mit dem Messbecher.

	geschätzt	gemessen
Tasse	ml	ml

6 Vergleicht immer zwei Größenangaben miteinander und besprecht.

1 l 500 ml   1 250 ml   1 $\frac{1}{4}$ l   1 100 ml   1 l 200 ml

1 l 500 ml > 1 250 ml

7 Ergänze zu einem Liter.

a) 750 ml
   250 ml
   810 ml
   990 ml

a) 750 ml + 250 ml = 1 l

b) 775 ml
   625 ml
   315 ml
   135 ml

c) 999 ml
   111 ml
   777 ml
   555 ml

d) $\frac{1}{4}$ l
   $\frac{1}{2}$ l
   $\frac{3}{4}$ l
   1 l

Jedes Kind sollte am Tag 1 l trinken.

8 Die Kinder haben aufgeschrieben, wie viel sie jeden Tag trinken.

a) Haben sie genug getrunken? Rechne.
b) Notiere und berechne für einen Tag wie viel du getrunken hast.

	1 l	500 ml	100 ml	250 ml
Paul		2		2
Leni			3	1
Johannes	1		1	
Mia		2	2	
Peter		1	5	1

Sachaufgaben – Wasserverbrauch

1 Täglicher Wasserverbrauch pro Person

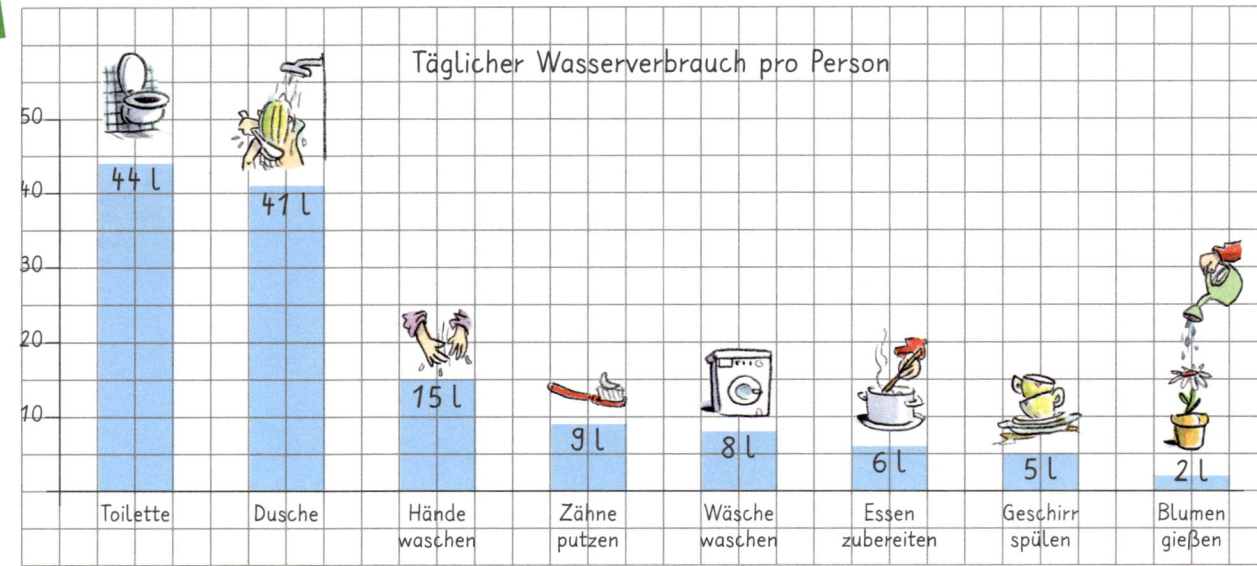

- Toilette: 44 l
- Dusche: 41 l
- Hände waschen: 15 l
- Zähne putzen: 9 l
- Wäsche waschen: 8 l
- Essen zubereiten: 6 l
- Geschirr spülen: 5 l
- Blumen gießen: 2 l

Wie hoch ist ungefähr der Wasserverbrauch einer Person?
a) am Tag b) in einer Woche c) im Monat d) im Jahr
e) Berechne den ungefähren Verbrauch für deine Familie im Jahr.

Das Jahr hat 365 Tage.

2 a) Frau Möbius hat mit ihren beiden Kindern im Jahr 141 000 l Wasser verbraucht. Wie viel Liter sind das für eine Person im Jahr?
b) Für 1 000 l muss Frau Möbius ungefähr 8 € bezahlen. Wie hoch ist die Jahresrechnung etwa?

3 a) In 1 min 6 Liter

Paul putzt seine Zähne täglich dreimal je 2 Minuten. Während dieser Zeit lässt er das Wasser laufen. Berechne die Wassermenge im Jahr.

Wie kann Paul sparen?

b) In 1 min 12 Liter

Tina duscht jeden Tag 5 Minuten. Wie viel Wasser verbraucht sie im Jahr?

Wie kann Tina sparen?

4 Wasserverbrauch in der Albert-Schweitzer-Schule.

Monat	Jan.	Feb.	März	April	Mai	Juni	Juli	August	Sept.	Okt.	Nov.	Dez.
Liter	15 000	20 000	23 000	15 000	18 000	18 000	25 000	5 000	20 000	25 000	18 000	17 000

Zeichnet ein Schaubild. Vergleicht. Was fällt euch auf?

5 Kann das stimmen?
a) In meine Trinkflasche passen 300 ml Wasser.
b) Mit dem Inhalt einer Teekanne kann man 25 Tassen füllen.

Kombinatorik

1 Jeder Dominostein besteht aus zwei Hälften auf denen jeweils eine Augenzahl von Null bis Sechs ist. Wie viele verschiedene Steine gibt es mit diesen Kombinationen?

a) mit 6  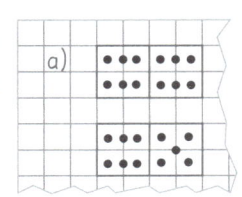   b) mit 5

> Alle Dominosteine sind verschieden. Kombinationen wie ▢▢ und ▢▢ dürfen nur einmal gezählt werden.

2 Alle Dominosteine sollen angeordnet werden. Überlege wie es weitergeht. Wie viele verschiedene Steine gibt es insgesamt?

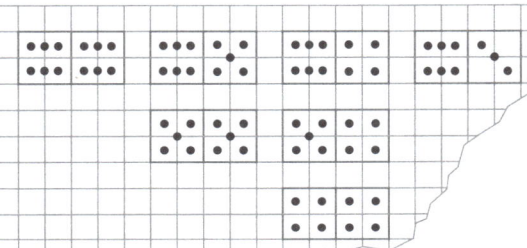

3 Wie viele Kombinationen gibt es mit dieser Augensumme? Zeichne. Denke daran: Jede Kombination darf nur einmal vorkommen.

a) 6 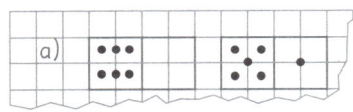   b) 8   c) 3   d) 10   e) 7   f) 4

4 Zeichne die Strecken. Gib die Länge immer in zwei Schreibweisen an.

a)	b)	c)	d)
2 cm 4 mm	$\frac{1}{2}$ cm	23 mm	10 cm 5 mm
3 cm 7 mm	$2\frac{1}{2}$ cm	35 mm	11 cm 8 mm
5 cm 2 mm	$4\frac{1}{2}$ cm	100 mm	12 cm 0 mm
9 cm 5 mm	$1\frac{1}{2}$ cm	105 mm	10 cm 9 mm

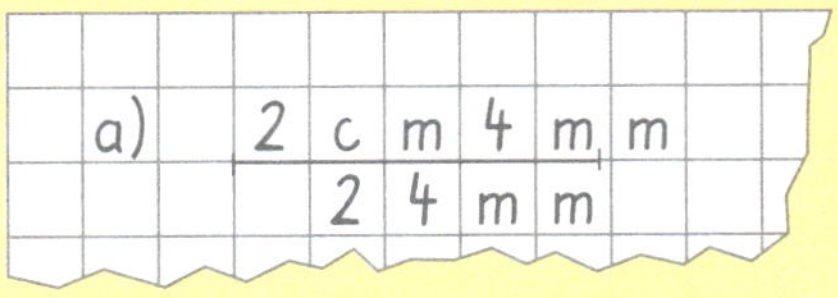

a) | 2 c m 4 m m |
   | 2 4 m m |

5 Wandle um in Millimeter.

a)	b)	c)	d)	e)
1 cm	3 cm	4 cm 5 mm	$\frac{1}{2}$ cm	2 cm
5 cm	13 cm	14 cm 5 mm	$3\frac{1}{2}$ cm	4 cm
9 cm	130 cm	24 cm 3 mm	$5\frac{1}{2}$ cm	8 cm
10 cm	210 cm	110 cm 1 mm	$1\frac{1}{2}$ cm	16 cm
100 cm	21 cm	11 cm 1 mm	$9\frac{1}{2}$ cm	32 cm
200 cm	2 cm	1 cm 1 mm	$7\frac{1}{2}$ cm	64 cm

Sachaufgaben – Tiere

1 a) Diese Zahlen haben die Kinder der Erich-Kästner-Schule über Tiere herausgefunden. Finde passende Fragen und Rechnungen.

> Ein indischer Elefant wiegt 5 000 kg. Der Blauwal wiegt das 30-fache. Der Brachiosaurus war 16-mal so schwer wie der Elefant.
> — Theres

> Der Brachiosaurus war 24 m lang, 12 m hoch und wog 80 000 kg. Damit war er 4-mal so lang wie ein Elefant und 100-mal so lang wie eine Zauneidechse.
> — Marie

> Der Tyrannosaurus war 12 m lang und 15 m hoch. Er wog 6 000 kg. Damit war er etwa 30-mal so schwer wie ein Löwe.
> — Mathis

> Das große Kondor-Küken hat immer viel Hunger. Jeden Tag verspeist es ungefähr 28 Mäuse. Nach 12 Monaten ist es ausgewachsen und fliegt davon.
> — Jana

> Die älteste Katze wurde 30 Jahre alt. Sie hat insgesamt 390 Junge zur Welt gebracht.

b) Suche Zahlen über Tiere und schreibe damit Sachaufgaben.

2

Körperlänge	
Frosch	8 cm
Katze	0,50 m
Floh	3 mm
Heuschrecke	7 cm
Eichhörnchen	25 cm
Paul	1,27 m

Wie weit springen sie?
a) Frosch: 20-fache Körperlänge
b) Katze: 6-fache Körperlänge
c) Floh: 200-fache Körperlänge
d) Heuschrecke: 30-fache Körperlänge
e) Eichhörnchen: 15-fache Körperlänge
f) Paul: 2-fache Körperlänge

3 Die Blattschneideameisen können Blattstücke tragen, die das 10-fache ihres Körpergewichts wiegen.
a) Wie viel könntest du tragen, wenn du gleich stark wie die Ameise wärst?
b) Überlege das Gleiche für andere Personen.

4
a) 25 300 + 5
25 300 + 50
25 300 + 500
25 300 + 5 000
25 300 + 50 000

b) 46 210 + 6
46 210 + 60
46 210 + 600
46 210 + 6 000
46 210 + 60 000

c) 87 420 + 3
87 420 + 30
87 420 + 300
87 420 + 3 000
87 420 + 30 000

d) 70 840 + 4
70 840 + 40
70 840 + 400
70 840 + 4 000
70 840 + 40 000

5
a) 64 570 − 40 000
64 570 − 4 000
64 570 − 400
64 570 − 40
64 570 − 4

b) 85 760 − 60 000
85 760 − 6 000
85 760 − 600
85 760 − 60
85 760 − 6

c) 79 640 − 50 000
79 640 − 5 000
79 640 − 500
79 640 − 50
79 640 − 5

d) 36 280 − 30 000
36 280 − 3 000
36 280 − 300
36 280 − 30
36 280 − 3

6 Hummel und Biene (lat.: Bombus terrestris, Apis mellifera)

Nur die **Königin** legt Eier – jedes Jahr etwa 120 000. Die Bienenkönigin wird etwa 4 Jahre alt.

Ein **Bienenvolk** baut etwa 20 Waben; jede Wabe hat fast 6000 Zellen.

Eine Biene saugt in 6 Sekunden eine Blüte leer. Sie arbeitet etwa 4 Stunden am Tag.

An einem Sonnentag sammeln 50 Bienen Nektar für 1 g Honig.

Überlegt Fragen und rechnet.

Für 1 g Honig werden 3 g Nektar benötigt.

7 Honigbienen sammeln bei 100 Flügen Nektar für 1 g Honig. Davon wird die Hälfte zur eigenen Ernährung und zur Aufzucht des Nachwuchses gebraucht.
 a) Wie viele Flüge müssen die Bienen machen, damit ein Glas mit 500 g Honig zusammenkommt?
 b) Bei einem Flug legt eine Biene ungefähr 750 m zurück. Wie viele Kilometer fliegen die Bienen für ein Glas Honig?

8 a) Die Hummelkönigin lebt nur ein Jahr. Sie legt ungefähr 120 Eier. Vergleiche mit der Bienenkönigin.
 b) Im Nektarsammeln ist eine Hummel zehnmal so fleißig wie eine Biene. Wie viel Gramm Nektar können 50 Hummeln an einem Tag sammeln?
 c) In Tims Garten leben in einem Mauseloch rund 500 Erdhummeln. Wie viel Gramm Nektar sammeln sie wohl an einem Tag?
 d) Wie viel Gramm Nektar würde ein Volk mit 100 Hummeln ungefähr sammeln?

Hummelkönigin

9 a) 30 000 : 30 000   b) 20 000 : 10 000   c) 40 000 : 10 000   d) 60 000 : 30 000
 30 000 : 15 000   20 000 : 2000   40 000 : 8000   60 000 : 20 000
 30 000 : 3000   20 000 : 4000   40 000 : 4000   60 000 : 10 000

10 Rechne schriftlich oder im Kopf.
 a) 636 : 3   b) 816 : 4   c) 1500 : 5   d) 4200 : 7   e) 9999 : 9
   396 : 3   432 : 4   1545 : 5   4270 : 7   918 : 9
   690 : 3   632 : 4   2390 : 5   2107 : 7   8163 : 9

102 108 132 158 204 212 230 300 301 309 478 600 610 718 907 1111

Maßeinheiten von früher

Am Freiburger Münster ist eine Freiburger Elle angebracht.
1 Elle = 54 cm
1 Freiburger Fuß = 32 cm 4 mm

Freiburger Elle

Freiburger Münster

1 Maße des Freiburger Münsters in Ellen
Höhe Westturm 210 Ellen
Gesamtlänge der Kirche 233 Ellen
Höhe Mittelschiff 48 Ellen
Berechne die Maße in Meter und Zentimeter.

2 Berechne die Maßangaben in Freiburger Fuß.

1858 wurde in Deutschland festgelegt:
1 Pfund = 500 g
Abkürzung: ℔

3 Wie viel Gramm Wurst und Fleisch muss Opa nach Hause tragen?

Ich habe 100 g Lyoner, $\frac{1}{2}$ Pfund Fleischkäse, 2 Pfund Rindfleisch und 1 Pfund Schinken gekauft.

4 Rechne um.

a)
2 kg	__ ℔
4 kg	__ ℔
10 kg	__ ℔
50 kg	__ ℔

b)
$1\frac{1}{2}$ kg	__ ℔
$2\frac{1}{2}$ kg	__ ℔
$\frac{1}{4}$ kg	__ ℔
$4\frac{1}{4}$ kg	__ ℔

c)
3 ℔	_____ g
$2\frac{1}{2}$ ℔	_____ g
$\frac{1}{4}$ ℔	_____ g
$\frac{3}{4}$ ℔	_____ g

Für schwere Dinge gab es von 1858 bis 1969 noch die Maßeinheiten:
Zentner (Ztr.) und **Doppelzentner** (dz)
100 Pfund = 1 Ztr.
2 Ztr. = 1 dz

5 a) Überlege:
Wie viele Kilogramm sind 1 Ztr.?
b) Wie viel Kilogramm wiegt Opa?

Ich wiege so viel wie dieser Kartoffelsack und dazu noch 48 Pfund.

1 Ztr.

6 Wie viel kg?
a) 3 Ztr.
 10 Ztr.
 5 Ztr. 30 Pfund
b) 2 dz
 5 dz 10 Pfund
 $3\frac{1}{2}$ dz

7 Suche im Internet Maßeinheiten von früher.
Zum Beispiel: Klafter, Meile, Scheffel und Schoppen.

Parkettieren

1 a) Zarina hat aus einem Quadrat diese Schablone hergestellt. Beschreibt.

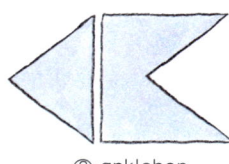

① zeichnen   ② schneiden   ③ ankleben

b) Stellt selbst diese Schablone her. Zeichnet damit ein **Parkettmuster**.

2 Auch aus anderen Vierecken lassen sich Schablonen herstellen. Beschreibt.

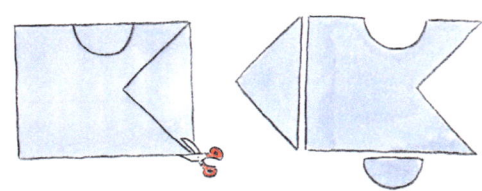

3 Paul hat diese Schablone hergestellt. Wie ist er vorgegangen? Beschreibt.

4 a) Beschreibt, wie diese Schablone aus einem Rechteck entsteht.

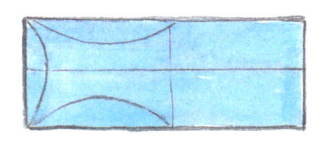

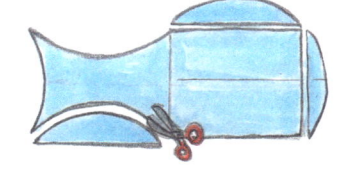

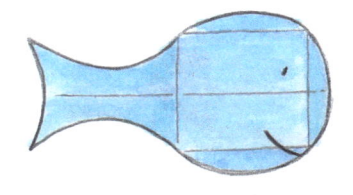

b) Stellt die Schablone her. Zeichnet damit ein Parkettmuster.
c) Beschreibt den Unterschied zwischen diesen beiden Parkettmustern.

5 Entwerft eigene Schablonen. Beschreibt sie. Zeichnet Parkettmuster und macht eine Ausstellung.

1 bis **4** Schablonen aus Papier herstellen, dann auf Pappe kleben und ausschneiden.

104 Flächeninhalt und Umfang

1

Den **Flächeninhalt** kann man mit Zentimeterquadraten messen.

Den **Umfang** kann man in cm messen.

Immer vier Kästchen ergeben ein Zentimeterquadrat.

a) Wie viele Zentimeterquadrate passen in das Rechteck? Zeichne das Rechteck ab und zeichne die Zentimeterquadrate ein. Wie viele sind es?

b) Der Käfer läuft um das gesamte Rechteck. Wie viele Zentimeter legt er zurück?

2 Zeichne die Flächen genau ab und trage die Zentimeterquadrate ein.
Wie groß sind jeweils Flächeninhalt und Umfang? Was fällt dir auf? Vergleicht und besprecht.

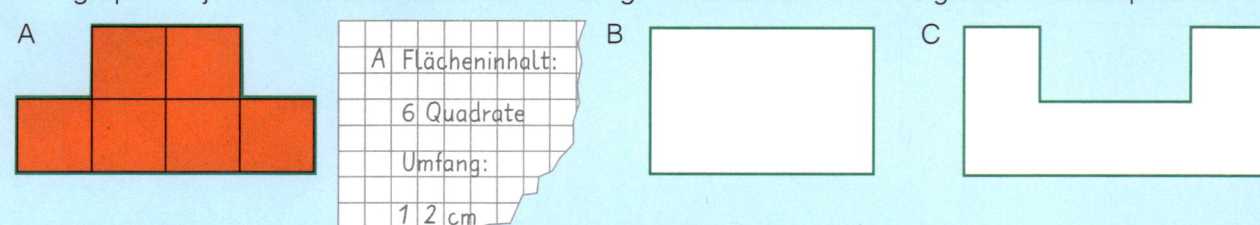

A   B   C

A Flächeninhalt: 6 Quadrate
Umfang: 12 cm

b) Findest du noch weitere Flächen mit demselben Flächeninhalt?

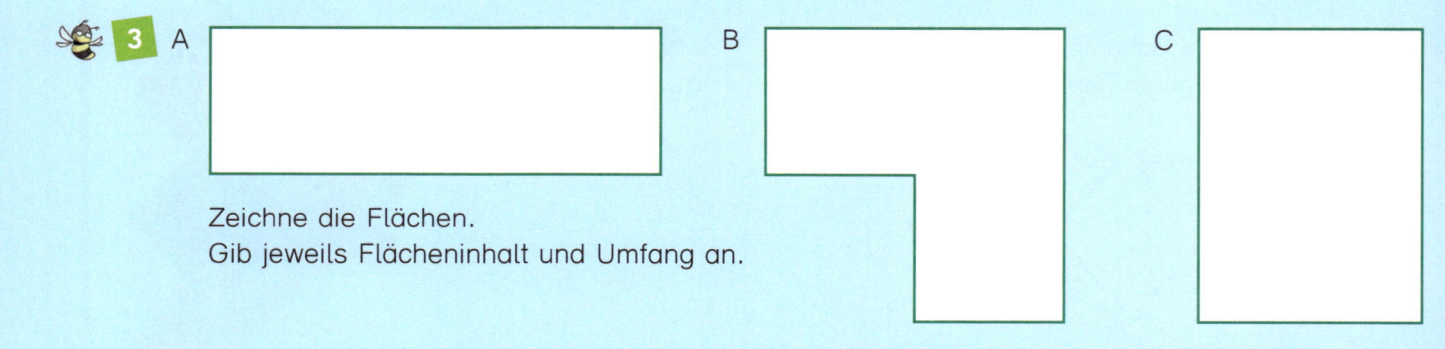

3 A   B   C

Zeichne die Flächen.
Gib jeweils Flächeninhalt und Umfang an.

4 Welche Figur aus 36 Zentimeterquadraten hat den kleinsten Umfang?

5 Die Kinder zeigen ein Meterquadrat.

a) Zeichnet ein Meterquadrat auf dem Schulhof.

b) Wie viele Kinder können zusammen auf einem Meterquadrat stehen? Schätzt und probiert.

c) Wie viele Meterquadrate passen in euer Klassenzimmer? Schätzt.

6 FERMI Stellt euch vor, euer Klassenzimmer ist ganz leer.
Wie viele Kinder könnten in dem Raum stehen?
Überlege einen Lösungsweg. Stelle ihn deinem Partner vor. Erklärt und vergleicht.

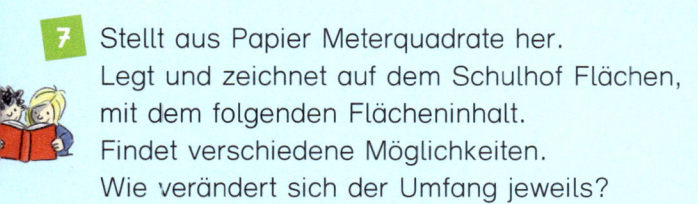

7 Stellt aus Papier Meterquadrate her.
Legt und zeichnet auf dem Schulhof Flächen,
mit dem folgenden Flächeninhalt.
Findet verschiedene Möglichkeiten.
Wie verändert sich der Umfang jeweils?

Skizze: 1 m, 1 m

a) 5 Meterquadrate
b) 6 Meterquadrate
c) 10 Meterquadrate
d) 12 Meterquadrate

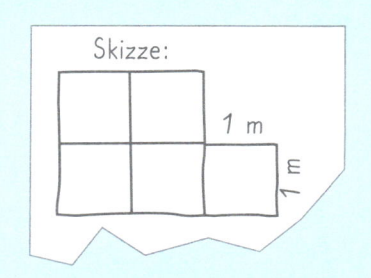

8 Piotr hat sein Zimmer mit einem Meterquadrat ausgemessen.
Das Meterquadrat passte 16-mal hinein.
Wie lang und wie breit könnte das Zimmer sein?
Beurteilt die möglichen Formen.

Fertigt jeweils eine Skizze an.

9 Überlege, wie du den Flächeninhalt eurer Turnhalle bestimmen kannst.
Vergleicht und besprecht eure Lösungswege.

Rechenkonferenz

10 Leas Zimmer:

Länge: 5 m, Breite: 3 m

a) Das Zimmer ihres Bruders ist 1 m kürzer und dafür 1 m breiter.
Haben beide Zimmer trotzdem den gleichen Flächeninhalt?
Begründe deine Antwort.

b) Was wäre, wenn das Zimmer ihres Bruders 50 cm breiter und 50 cm kürzer als Leas Zimmer wäre?
Begründe deine Antwort.

11 *Kann das stimmen?*

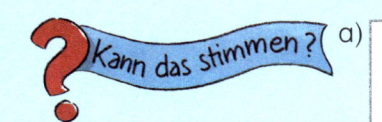

a) Der Flächeninhalt meines Zimmers ist doppelt so groß wie der des Zimmers meiner Schwester, weil jede Seite doppelt so lang ist.

b) Die Kinder messen die Tafel mit Meterquadraten aus.

c) Der Aquariumboden hat so viel Zentimeterquadrate wie das Hausmeisterbüro.

12 Der Fliesenleger soll eine Wand im Badezimmer von Familie Brenner fliesen.
Die Wand ist 2,50 m hoch und 4,60 m lang.
Sie soll nur bis zur Höhe von 2 m gefliest werden. Die quadratischen Fliesen haben eine Kantenlänge von 20 cm.
Wie viele Fliesen werden benötigt?

Badezimmerwand:
Fliesen bis zur Höhe von 2 m
Höhe: 2,50 m
Länge: 4,60 m

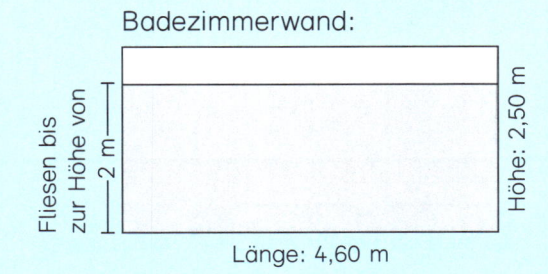

Jahrgangskombiniertes Arbeiten, vgl. Denken und Rechnen 3, S.104 und 105.

Rauminhalt

1 Ein Behälter ist 6 cm lang, 3 cm breit und 1 cm hoch. Wie viele Zentimeterwürfel passen hinein?

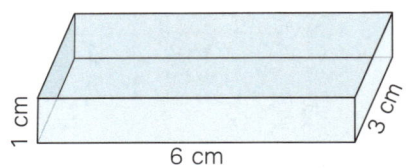

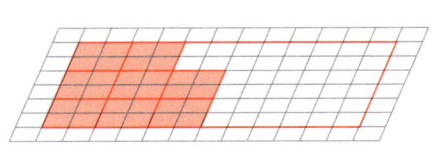

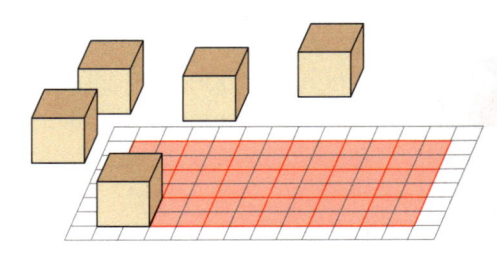

① Zeichne den Boden des Behälters auf Karopapier.
② Zeichne dann auf die Bodenfläche Zentimeterquadrate. Bestimme den Flächeninhalt.
③ Stelle nun auf jedes Zentimeterquadrat einen Zentimeterwürfel.

Den **Rauminhalt** kann man mit Zentimeterwürfeln messen. Dazu wird ein Behälter vollständig mit Zentimeterwürfeln gefüllt.

Zentimeterwürfel

2 a) Bestimme bei jedem Behälter den Rauminhalt.

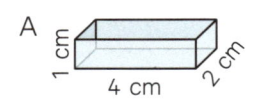

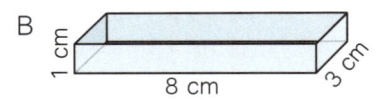

A: 4 cm · 2 cm · 1 cm
B: 8 cm · 3 cm · 1 cm
C: 8 cm · 4 cm · 1 cm

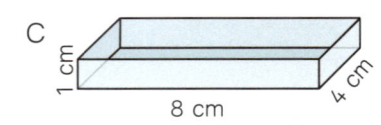

b) Besprecht und vergleicht eure Lösungswege mit dem von Melih.

Beim ersten Behälter rechne ich einfach 4 · 2, dann habe ich die Anzahl der Zentimeterwürfel. — Melih

3 a) Bestimme bei jedem Behälter den Rauminhalt.

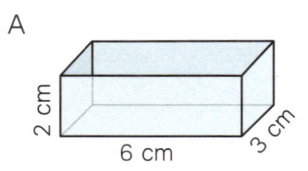

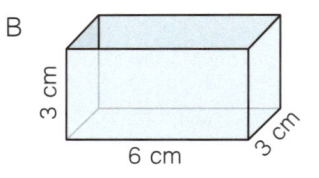

A: 6 cm · 3 cm · 2 cm
B: 6 cm · 3 cm · 3 cm
C: 4 cm · 3 cm · 2 cm

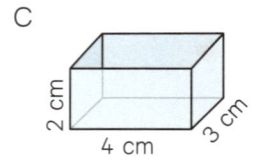

b) Besprecht und vergleicht eure Lösungswege mit dem von Li.

Ich weiß, wie viele Zentimeterwürfel den Boden bedecken, und wie viele Würfelschichten übereinander liegen.

Beim ersten Behälter rechne ich 6 · 3 und dann … — Li

W

4 a) 1176 1869 : 3 7   b) 1752 1608 : 4 6

2 Bezug zwischen Grundfläche und Rauminhalt herstellen.

5 Welcher Quader besteht aus mehr Zentimeterwürfeln?
Baut nach. Rechnet den Rauminhalt aus. Vergleicht.

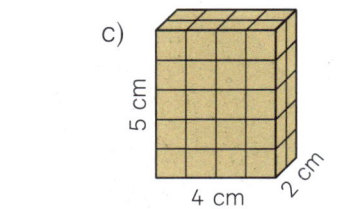

a) 4 cm · 5 cm · 3 cm
b) 3 cm · 6 cm · 3 cm
c) 5 cm · 4 cm · 2 cm

6 Berechne den Rauminhalt dieser Quader. Wie viele Zentimeterwürfel passen hinein?

a) 6 cm · 9 cm · 4 cm
b) 5 cm · 6 cm · 4 cm
c) 4 cm · 4 cm · 3 cm
d) 6 cm · 6 cm · 4 cm
e) 1 cm · 10 cm · 5 cm
f) 3 cm · 10 cm · 5 cm
g) 3 cm · 10 cm · 7 cm
h) 2 cm · 5 cm · 3 cm
i) 3 cm · 5 cm · 3 cm
j) 4 cm · 3 cm · 5 cm
k) 3 cm · 4 cm · 5 cm

7 Ein Zentimeterwürfel hat den Rauminhalt 1 ml.

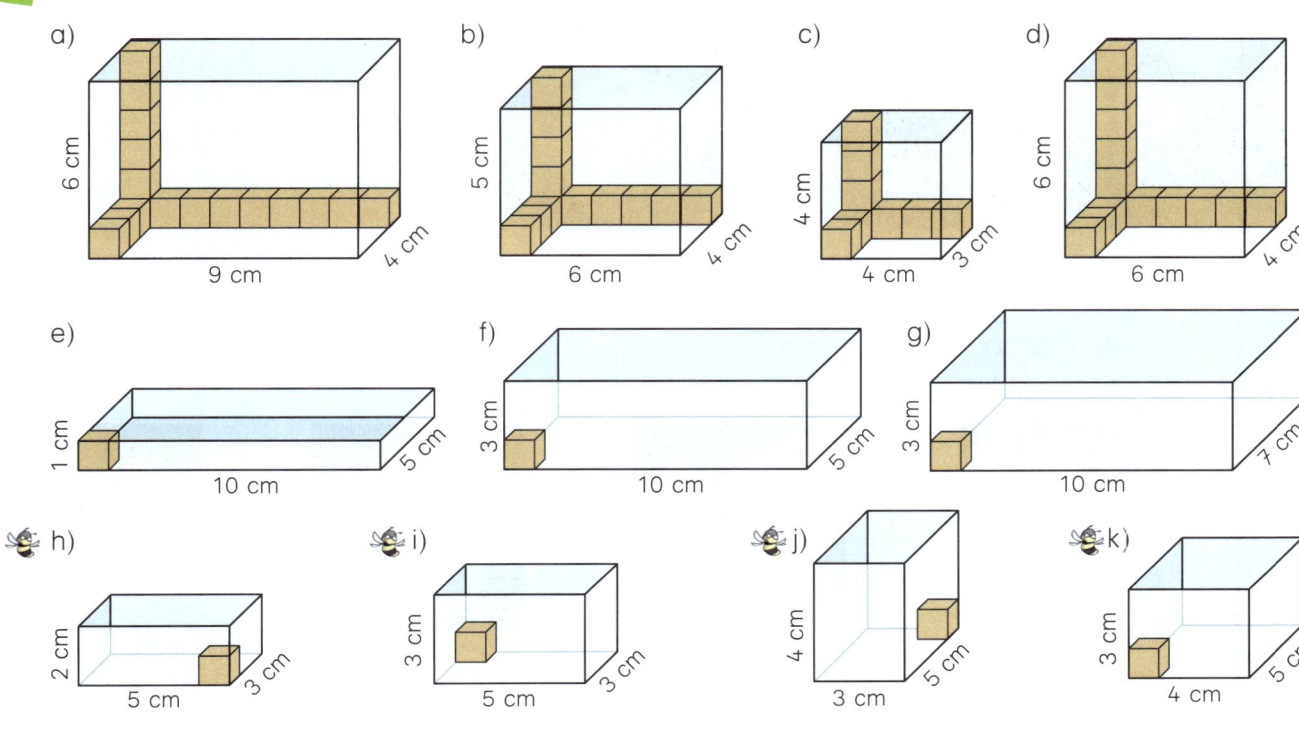

a) Wie viele Zentimeterwürfel passen in diesen Würfel?
b) Wie viel Milliliter passen in diesen Würfel? Wie viel Liter sind es?

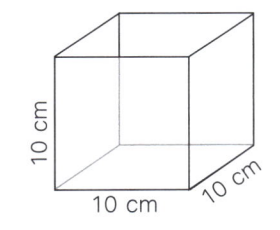

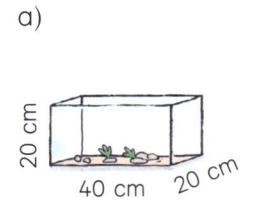

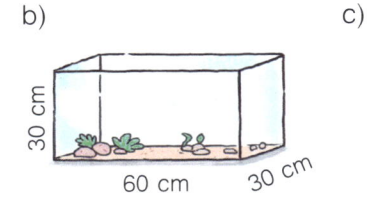

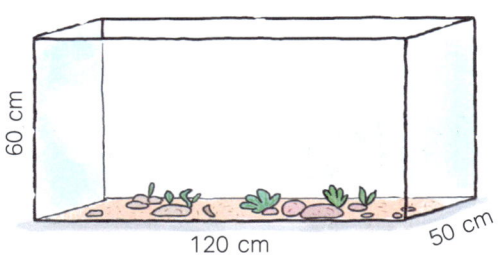

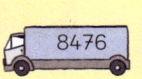

10 cm · 10 cm · 10 cm

8 Wie viel Liter Wasser passen in diese Aquarien?

a) 20 cm · 40 cm · 20 cm
b) 30 cm · 60 cm · 30 cm
c) 60 cm · 120 cm · 50 cm

9 a) 7751   879   ●   3   9
b) 16917   8476   ●   7   4

Mathematik und Kunst

Wassily Kandinsky (1866–1944) war ein russischer Maler. Er malte abstrakte Bilder. Zeitweise lebte er auch in Deutschland. Seine Lieblingsform war der Kreis.

Dieses Bild hat Wassily Kandinsky gemalt. Er nannte es „Einige Kreise".

1 Betrachte das Bild genau.
 a) Wie viele Kreise kannst du entdecken?
 b) Diese Ausschnitte sind vergrößert. Sucht sie im Bild. Beschreibt ihre Lage.

A 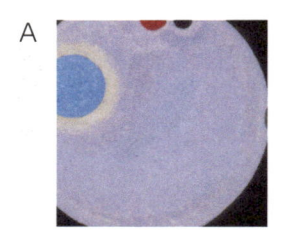   B    C    D

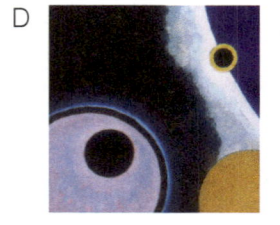

 c) Stellt euch weitere Suchaufgaben.

2 Zeichne mit dem Zirkel.
 a) verschieden große Kreise 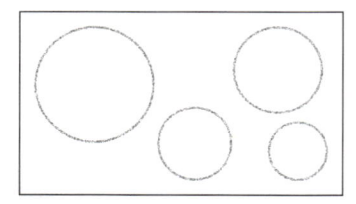
 b) Halbkreise 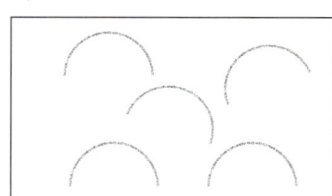
 c) konzentrische Kreise

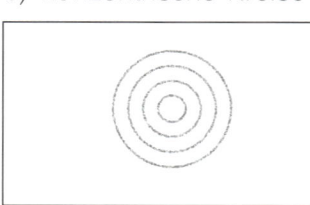

Verschieden große Kreise mit gleichem Mittelpunkt sind konzentrische Kreise.

3 Diese Bilder haben Kinder einer 4. Klasse gestaltet.

 a) Gestalte ein eigenes Bild mit Kreisen.
 b) Macht mit euren Bildern eine Ausstellung.

3 a) Mit Glanzpapier, Tonpapier, Filzstiften, Wasserfarben.

Zeit – Sekunden und Minuten

1

42. Bodensee-Marathon
Siegerliste Männer
Halbmarathon
1. Michael Kurray
   1 h 14 min 38 s
2. Robin Hanser
   1 h 15 min 59 s
3. Henrik Stadler
   1 h 16 min 18 s

a) Wie groß war der Zeitunterschied zwischen den ersten drei Läufern?

| 1 h | 1 4 min | 3 8 s | →ˢ | 1 h 1 5 |

b) Der vierte Sieger kommt 48 s nach Robin Hanser ins Ziel. Wie lang ist er gelaufen?

c) Der fünfte Sieger hat 4 min 49 s Abstand zu Henrik Stadler. Welche Zeit steht auf seiner Urkunde?

2 Wie viele Sekunden sind jeweils vergangen?

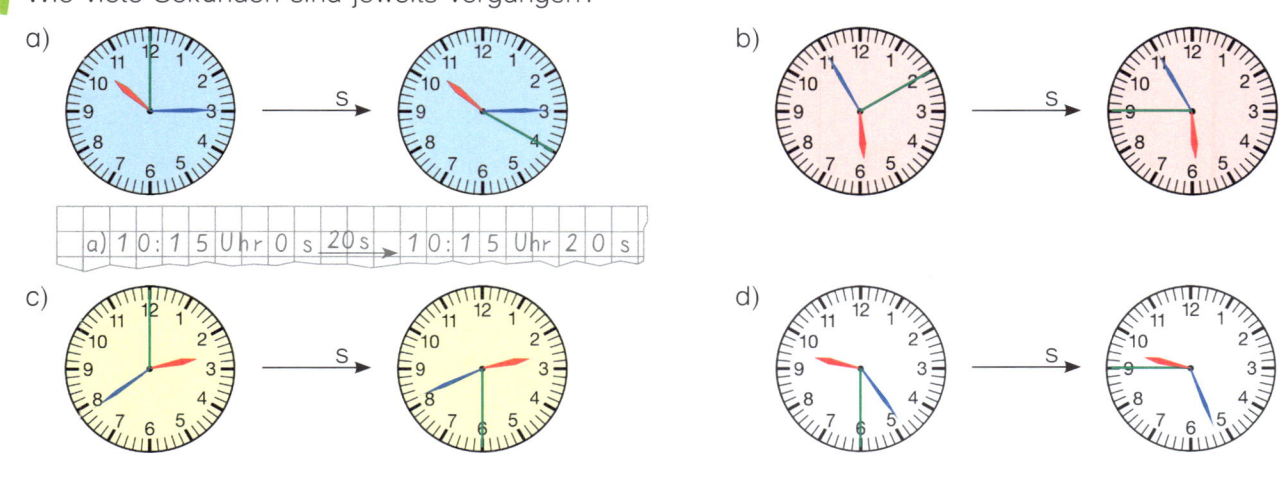

a)

| a) 1 0 : 1 5 Uhr 0 s | 20 s → | 1 0 : 1 5 Uhr 2 0 s |

b)

c)

d)

3 Wie spät ist es jeweils?

a) eine halbe Stunde später   b) 20 Sekunden später   c) 2 Minuten früher

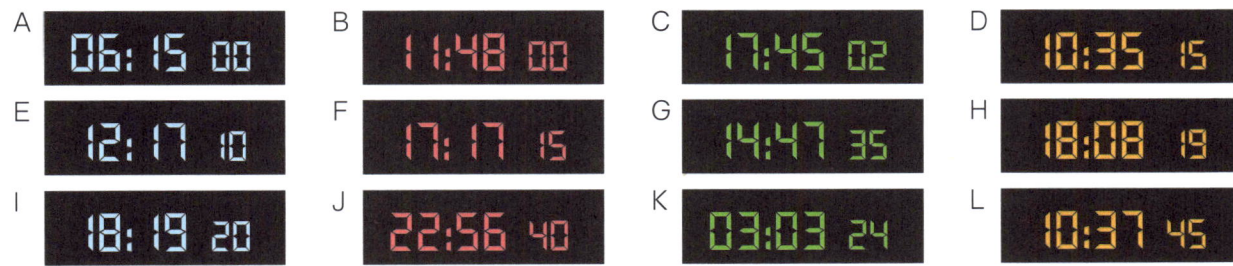

A 06:15 00
B 11:48 00
C 17:45 02
D 10:35 15
E 12:17 10
F 17:17 15
G 14:47 35
H 18:08 19
I 18:19 20
J 22:56 40
K 03:03 24
L 10:37 45

4 Wie lange braucht ihr dafür? Vermutet erst, messt dann.

a) das ABC aufsagen
b) bis 50 zählen
c) einen Stift anspitzen
d) die Schnürsenkel binden
e) das Einmaleins mit 7 aufsagen
f) das Wort „Mathematik" schreiben
g) euren Lieblingswitz erzählen
h) das „Haus vom Nikolaus" zeichnen

A, B, C, D, …

Zeitspannen berechnen

Samstag 30.08.17

KIDS-TV

Zeit	Sendung	Nr.
6.00	logo!	41-113-866
6.10	Klinik Hügelheim	67-817-555
6.40	Benjamin	17-405-807
7.05	Paddington Bär	81-274-623
7.50	Nouky & Freunde	39-865-371
8.00	Sesamstraße HD	65-798-710
8.20	Huhu Uhu!	52-283-178
8.40	Au Schwarte!	99-374-352
9.00	Feuerwehrmann Sam Animationsserie	53-203-159
9.20	Glücksbärchis	11-324-807
9.45	Ene mene bu HD	66-360-536
9.55	Ich kenne ein Tier	66-359-420
10.05	OLI's Wilde Welt	53-095-420
10.20	Singas Musik HD	10-303-449
10.45	Tigerenten Club	89-086-862
11.45	Schmecksplosion	81-201-913
11.55	Die fantastische Welt von Gumball HD	76-161-420
12.30	Marsupilami	55-300-536
13.20	Terra MaX Der Kölner Dom UT HD	81-531-913

Der Kölner Dom

13.45	Marvi Hämmer Magazin. U.a.: Bisons	23-749-791
14.10	Schloss Einstein	24-555-333
14.35	Schloss Einstein -Erfurt HD	65-253-130
15.00 Film ***	Dobrynia, der kühne Recke HD Trickfilm, Russland 2006 – **Yelisey** (l.) möchte die Fürstennichte **Zabava** heiraten. Doch zuvor muss er mit dem kühnen Dobrynia einige Abenteuer bestehen. 60 Min.	48-851-523
16.00 ☺	Arrietty – Die wundersame Welt der Borger, Anime, Jap. 2010 95 Min.	49-714-246
17.35	1, 2 oder 3 UT HD	46-889-642
18.00	Der kleine Nick	24-943-371
18.10	Die Biene Maja	75-454-265
18.40	Lauras Stern	15-547-994
18.50	Sandmännchen	15-538-246
19.00	Yakari UT HD	11-895-536
19.25	Checker Can Der Klo-Check UT HD	27-048-246
19.50	logo!	87-825-604
20.00	Erde an Zukunft	82-666-555
20.15	Das Mutcamp HD	17-245-197
21.00	Bernd das Brot	

1 Suche dir fünf Sendungen aus. Berechne wie lange sie jeweils dauern.

Benjamin: 06:40 Uhr —25 min→ 07:05 Uhr

2 Rica darf am Samstag eine Stunde fernsehen. Welche Sendungen kann sie auswählen?

3 Jan erzählt: „Ich habe Marsupilami und Arrietty geschaut." Wie lange hat Jan ferngesehen?

4 Lars behauptet: „Ich schaue nie länger als 2 Stunden fern." Er hat „Schloss Einstein", „1, 2 oder 3" und „Tigerenten Club" geschaut.

5 Finns Eltern sind nicht zu Hause. Er beginnt mit „Die fantastische Welt von Gumball" und schaltet erst nach „Schloss Einstein-Erfurt" aus. Wie lange hat er ferngesehen?

6 Wie ist das bei dir? Notiere am nächsten Wochenende was du im Fernsehen schaust. Berechne die Dauer.

7 Wie viel Zeit ist jeweils vergangen?

a)
Beginn	Ende
07:15 Uhr	09:30 Uhr
11:45 Uhr	13:10 Uhr
15:30 Uhr	16:55 Uhr

b)
Beginn	Ende
18:11 Uhr	19:27 Uhr
12:07 Uhr	14:09 Uhr
07:23 Uhr	09:15 Uhr

c)
Beginn	Ende
06:08 Uhr	12:13 Uhr
00:25 Uhr	06:30 Uhr
14:20 Uhr	23:59 Uhr

8 a) „Der kleine Nick" dauert 10 min. Schreibe eine Sendung auf, die genau so lange dauert.
b) Welche Sendung dauert $\frac{1}{2}$ h?
c) Welche Sendung dauert eine $\frac{3}{4}$ h?

9 Wann endet die Veranstaltung jeweils?

a)
Beginn	Dauer
08:10 Uhr	65 min
11:30 Uhr	90 min
12:20 Uhr	75 min
14:35 Uhr	65 min

b)
Beginn	Dauer
07:11 Uhr	1 h 10 min
11:55 Uhr	2 h 15 min
16:30 Uhr	1 h 55 min
20:09 Uhr	1 h 07 min

c)
Beginn	Dauer
11:50 Uhr	3 h 30 min
22:07 Uhr	2 h 20 min
13:27 Uhr	2 h 50 min
19:11 Uhr	3 h 50 min

a) 08:10 Uhr —1 h 5 min→ 09:15 Uhr

Zeitleiste

1 2008 2009 2010 2011 2012 2013 2014 2015 2016 2017 2018

A   B   C   D   E   F

Februar 2008: Furkan wird geboren.

entspricht einem Monat

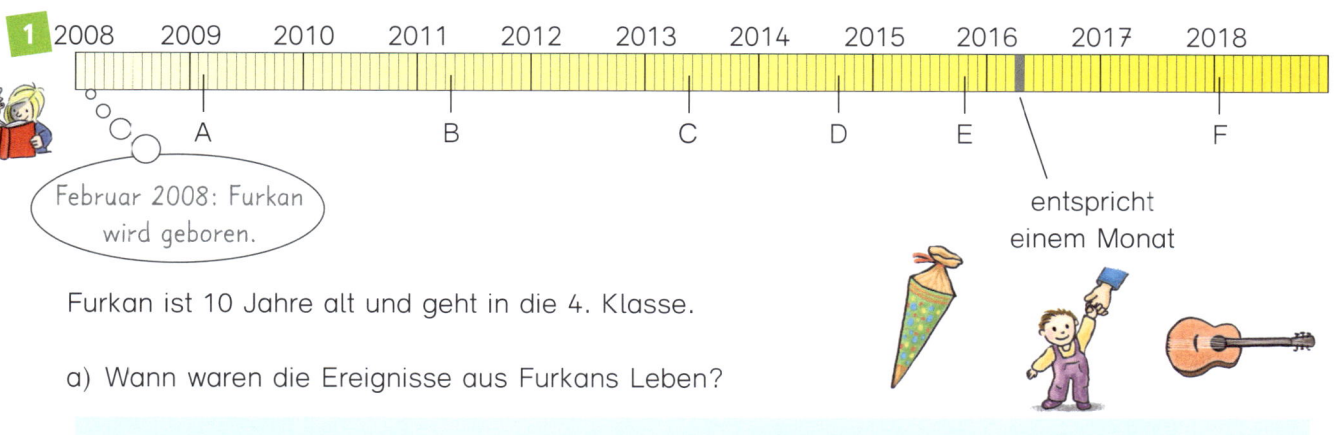

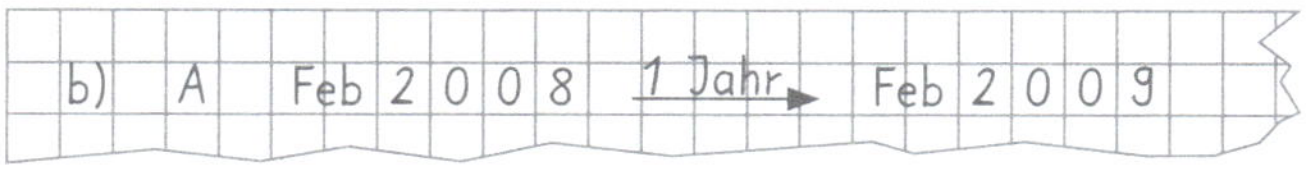

Furkan ist 10 Jahre alt und geht in die 4. Klasse.

a) Wann waren die Ereignisse aus Furkans Leben?

- **A** Furkan lernt laufen.
- **B** Seine Schwester wird geboren.
- **C** Er schafft das Seepferdchen.
- **D** Furkan wird eingeschult.
- **E** Furkan beginnt Gitarre zu spielen.
- **F** Er erlebt seine erste Klassenfahrt.

b) Wie alt war Furkan jeweils?

b) A Feb 2008 1 Jahr Feb 2009

2 Erstelle deine eigene Zeitleiste mit Jahreszahlen.
a) Schreibe wichtige Ereignisse deines Lebens auf.
   Notiere dazu den Buchstaben, dein genaues Alter und die Jahreszahl.
b) Trage die Ereignisse mit den passenden Buchstaben in die Zeitleiste ein.

3 1850   1900   1950   2000

A B C   D E   F G

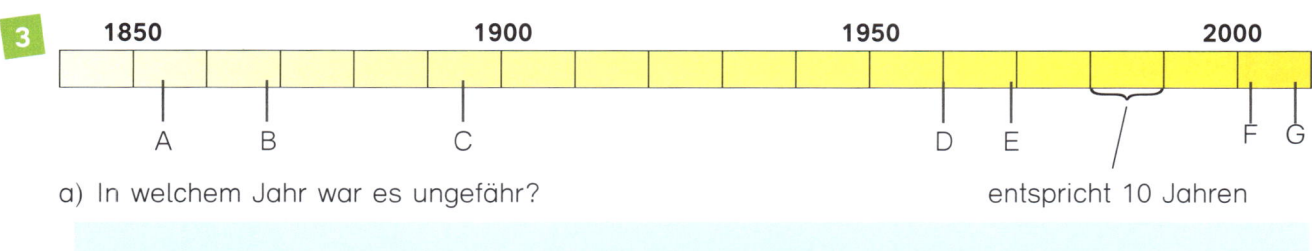

a) In welchem Jahr war es ungefähr?

entspricht 10 Jahren

- **A** Die Glühbirne wird erfunden.
- **B** Das Fahrrad wird erfunden.
- **C** Das erste Kino wird eröffnet.
- **D** Der erste Nachrichtensatellit umkreist die Erde.
- **E** Der erste Mensch betritt den Mond.
- **F** Der Euro wird eingeführt.
- **G** Deutschland wird Fußballweltmeister bei den Frauen.

b) Vor wie vielen Jahren waren die Ereignisse ungefähr?

4 a) Ben ist acht Jahre älter als sein Bruder Jonas.
In einem Jahr wird Ben doppelt so alt wie Jonas sein.
Wie alt sind die Brüder jetzt?
b) Jasmin ist 24 Jahre jünger als ihre Mutter.
In zwei Jahren wird ihre Mutter neunmal so alt wie Jasmin sein.
Wie alt sind Jasmin und ihre Mutter jetzt?
c) Als Rica 8 Jahre alt war, war ihr Vater 38 Jahre alt.
Nun ist ihr Vater doppelt so alt wie Rica. Wie alt ist Rica?

3 Diff.: Weitere historische Ereignisse einordnen. Lexika und Internet als Quelle nutzen.

Zeitspannen – Reiseplanung mit dem Auto

Phillip, Jonathan und Noah planen eine Reise nach Konstanz. Ihre Mutter gibt den Start Heidelberg ein, die Abfahrt um 07:00 Uhr und das Ziel Konstanz in den Routenplaner ein.
Sie erhält folgende Informationen:

Wegbeschreibung	Strecke	Zeit
B 535	4 km	07:05 Uhr
A 5 bis B 33a in Offenburg folgen	120 km	08:08 Uhr
von der B 33 die A 81 in Zimmern ob Rottweil nehmen	78 km	09:24 Uhr
A 81 bis Reichenau folgen	77 km	10:08 Uhr
B 33 Konstanz	6 km	10:19 Uhr

1 Erstellt eine Skizze, an der ihr die Routenplanung besprecht.

Wofür stehen A und B?

Wo sind sie um 09:00 Uhr, wo um 10:00 Uhr?

Wie weit ist es von Zimmern oder Rottweil bis Reichenau?

• Zimmern ob Rottweil
A 81   77 km
• Reichenau

2 Wie lange brauchen sie nach Routenplaner für die Teilabschnitte?
Wie lange für die gesamte Strecke?

07:05 Uhr —1h 3min→ 08:08 Uhr

3 Entgegen der Planung fahren sie erst um 09:30 Uhr los.

4 Die A 81 ist wegen eines Unfalls nach 45 km total gesperrt. Die Familie fährt auf einer 28 km längeren Ausweichroute, für die sie zusätzlich 27 min benötigt.
Wie ändert sich der Reiseverlauf?
a) Länge der Reisestrecke   b) Reisedauer

5 Die Rückfahrt startet die Familie um 13:15 Uhr. In Karlsruhe besuchen sie ein Heimspiel des Karlsruher SC, das um 17:30 Uhr endet. Von ihrem Platz im Stadion zum Auto brauchen sie 35 min, auf der Autobahn sind sie 20 min später und nach 1 h und 5 min Fahrt sind sie zu Hause.
Wann kommen sie dort an?

6 Der Umweg zum Stadion beträgt 51 km.
Wie verändert sich die Streckenlänge?

7 Das Auto verbraucht pro 100 km 8 l Superbenzin. Der Liter kostet am Tag der Reise 1,40 €.

Zeitspannnen – Reiseplanung mit der Bahn

Noah informiert sich bei der Fahrplanauskunft über die Reisemöglichkeit mit der Bahn.
Er erhält folgende Informationen:

Verbindung: Heidelberg — Konstanz   **Bahn**

Ihre Fahrtmöglichkeiten

Bahnhof/Haltestelle	Datum	Zeit	Gleis	Produkte	
Heidelberg	Mi, 02.09.	ab 07:13	2	55	S-Bahn, Richtung Ludwigshafen Fahrradmitnahme begrenzt möglich
Mannheim	Mi, 02.09.	an 07:30	1b		
Umsteigezeit 6 Min.					
Mannheim	Mi, 02.09.	ab 07:36	4	ICE 5	Intercity-Express Bordrestaurant
Offenburg	Mi, 02.09	an 08:27	1		
Umsteigezeit 32 Min.					
Offenburg	Mi, 02.09.	ab 08:59	5	RE 4715	Regionalexpress Fahradmitnahme begrenzt möglich Rollstuhlstellplatz
Konstanz	Mi, 02.09.	an 11:16	3		

Dauer: 4:03; fährt Mo–So

Preis: 66,00 EUR 1 Erwachsener, 2. Klasse; 3 Kinder, 2. Klasse

1 Besprecht die Reiseverbindung.

- Was muss ich tun, wenn ich ein Fahrrad mitnehmen will?
- Wieso kommen Mannheim und Offenburg je zweimal vor?
- Was bedeutet ab und an?

2 Wie lange brauchen sie für die Teilabschnitte? Nutze die Pfeildarstellung.

3 In Konstanz stehen Ferienwohnungen oder Hotelzimmer zur Wahl.
Frau Schmidt sucht das günstigste Angebot für sich und ihre drei Kinder für zwei Wochen.
Vergleicht und besprecht.

Ferienwohnung	**Hotel Bergblick**	**Hotel Alpenruh**
4 Betten – pro Tag 64 €	Übernachtung mit Frühstück	Pauschalangebot Wanderwoche
Endreinigung 20 €	pro Person 45 €	195 € pro Person
Bettwäsche 5 € pro Person	für Kinder 21 €	– Wanderfrühstück – Stöckeverleih

4 Berechne die Unterschiede bei der Reise mit Auto oder Bahn.
a) Unterschied der Reisedauer
b) Unterschied der Länge der gefahrenen Strecke
c) Welches Verkehrsmittel würdest du wählen? Begründe.

Jahrgangskombiniertes Arbeiten, vgl. Denken und Rechnen 3, S. 112 und 113.

Verkleinern, Vergrößern, Maßstab

1 a) Der Wassertropfen ist 10-fach vergrößert.

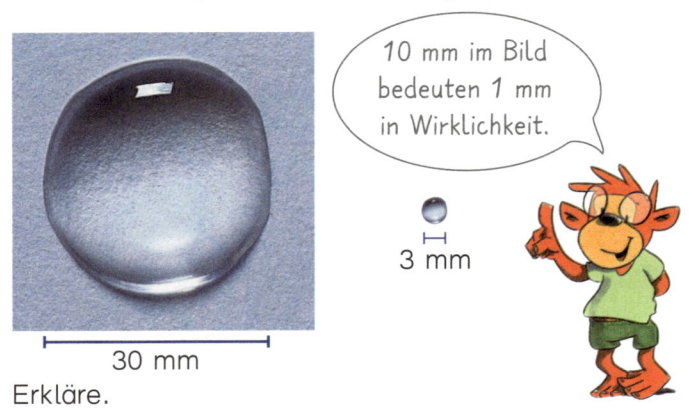

10 mm im Bild bedeuten 1 mm in Wirklichkeit.

3 mm

30 mm

Erkläre.

Vergrößerung		wirkliche Größe
10	zu	1
10	:	1

b) Diese Lupe vergrößert auf das Doppelte.

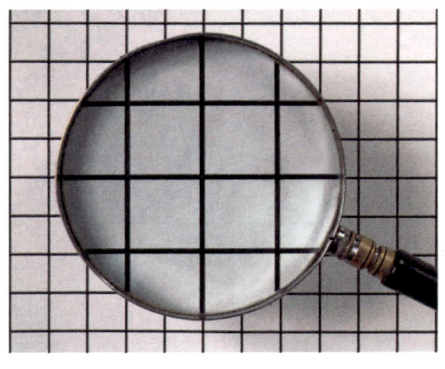

Erkläre.

in der Lupe		wirkliche Größe
2	zu	1
2	:	1

2 Der Kartoffelkäfer ist mehrmals vergrößert abgebildet.
Miss die Körperlängen ohne Fühler und vergleiche immer mit der wirklichen Größe.

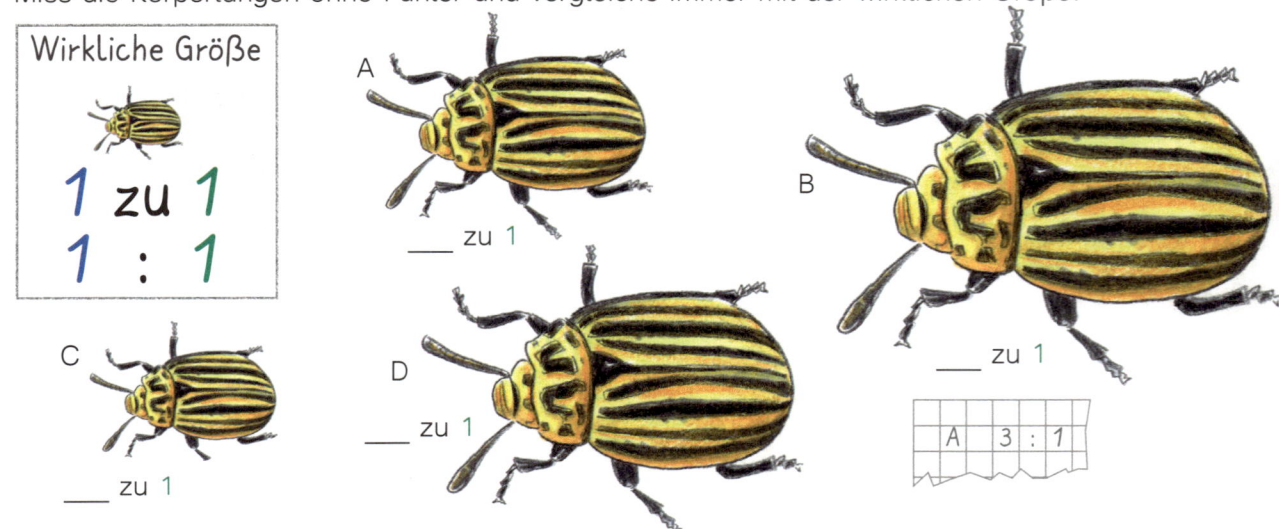

Wirkliche Größe

1	zu	1
1	:	1

A ___ zu 1

B ___ zu 1

C ___ zu 1

D ___ zu 1

| A | 3 : 1 |

3 Warum bildet man manche Dinge vergrößert ab? Erkläre im Heft, suche weitere Beispiele und schreibe auf, wie groß sie in der Wirklichkeit sind.

4 Vergrößere. Zeichne jede Linie doppelt so lang.

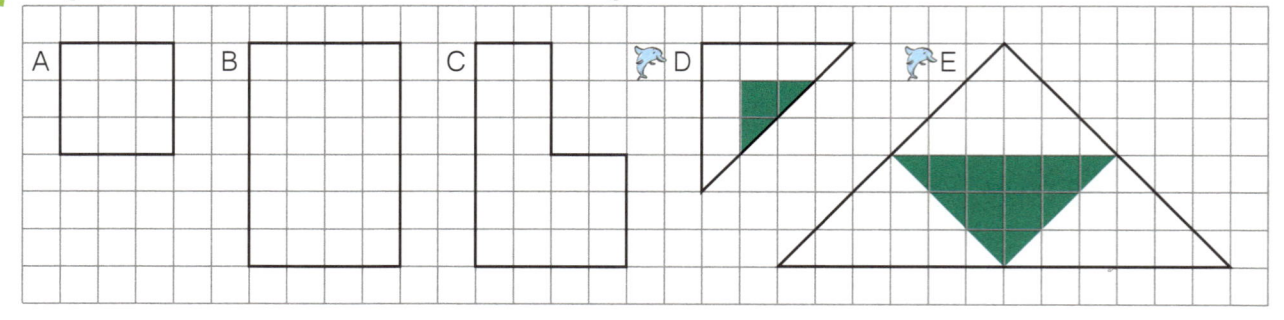

A   B   C   D   E

Verkleinern, Vergrößern, Maßstab

115

1 Wie lang und wie hoch sind die Tiere ungefähr in der Wirklichkeit?

Das Meerschweinchen ist in Wirklichkeit 10-mal so groß.

Dieser Elefant ist in Wirklichkeit 100-mal so groß.

Der Dinosaurier war 300-mal so groß.

verkleinerte Abbildung	wirkliche Größe
1 : 10 zu	

verkleinerte Abbildung	wirkliche Größe
1 : 100 zu	

verkleinerte Abbildung	wirkliche Größe
1 : 300 zu	

1 cm im Bild bedeutet 10 cm in Wirklichkeit.

2 Wie lang sind die Tiere in Wirklichkeit? Besprecht.

Der Löwe im Maßstab 1 : 60

Der Blauwal im Maßstab 1 : 1000

Das Nilpferd im Maßstab 1 : 100

Das Nashorn im Maßstab 1 : 100

Der Wolf im Maßstab 1 : 40

Das Nilkrokodil im Maßstab 1 : 200

3 Warum bildet man manche Dinge verkleinert ab? Erkläre im Heft und suche weitere Beispiele.

4 a) Verkleinere. Zeichne jede Linie halb so lang.

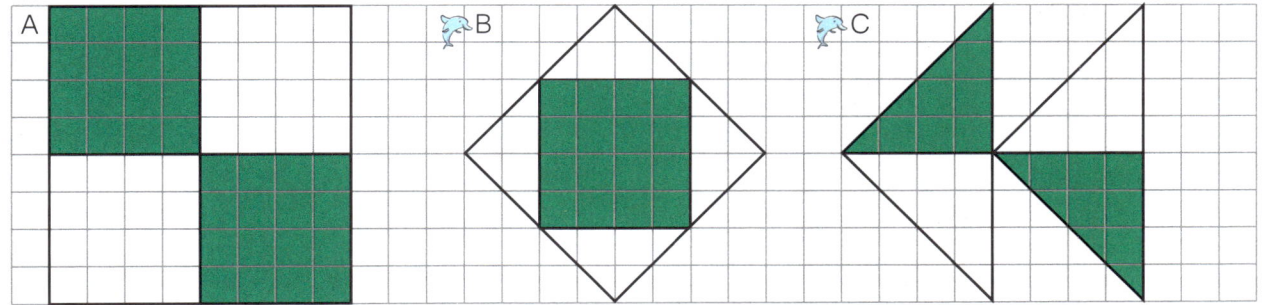

A   B   C

b) Zeichne jede Figur verkleinert im Maßstab 1 : 4.

Sachaufgaben – Gütertransport

1

20-Fuß-Container:
Länge: 20 Fuß
Höhe: 8 $\frac{1}{2}$ Fuß
Breite: 8 Fuß
Nutzlast: 21 670 kg
Leergewicht: 2 330 kg

Auf Lkws werden Güter oft in 20 Fuß-Containern transportiert.
1 Fuß sind 30 cm 5 mm. Schreibe die Maße eines 20 Fuß-Containers in Metern auf.

2 In einem Containerschiff auf dem Neckar
sind 12 Container hintereinander, 4 nebeneinander und
4 übereinander gestapelt.
a) Beantworte die Fragen.   b) Schreibe weitere Fragen.

Wie viele Container sind im Schiff?
Wie viele Lkw mit Anhänger braucht man für dieselbe Ladung?
Wie breit ist das Schiff ungefähr?
Wie lang ist das Schiff ungefähr?

3 Ein Containerwagen der Bahn hat 14,50 m Ladefläche.
Die Länge des Wagens ist 15,80 m. Ein Güterzug darf
höchstens 740 m lang sein. Schreibe Aufgaben.

4 Häufig werden beim Gütertransport auch 40-Fuß-Container
eingesetzt.
a) Stelle die Daten für einen 40-Fuß-Container fest.
b) Finde Aufgaben zum Gütertransport mit
   40-Fuß-Containern.

5 Im Hof der Firma Bauer sind sechs 40-Fuß-Container
gestapelt.
a) Wie lang, breit und hoch ist der Stapel?
b) Die sechs Container können auch anders gestapelt
   werden. Berechne dann Länge, Breite und Höhe
   des Stapels.
c) Es kommen noch sechs gleiche Container dazu.
   Berechne die Maße des neuen Stapels.
   Wie können dann alle Container gestapelt werden?
   Berechne die Maße der jeweiligen Stapel.

Besprechen, dass die englische Maßeinheit Fuß (foot) für
Container verwendet wird. **6** Nur die Länge kann berechnet werden. Andere Daten aus Internet, Büchern, Lexikon.

Sachaufgaben – Fahrradtour

1 Familie Schuster aus Leonberg hat am Sonntag einen Fahrradausflug gemacht. Um 08:00 Uhr fuhren sie los und kamen um 10:30 Uhr im Bauernhausmuseum in Beuren an. Bens Radcomputer zeigte an, dass sie ungefähr 18 km in einer Stunde gefahren waren. Um 12:45 Uhr fuhren sie wieder zurück und kamen um 15:45 Uhr zu Hause an.
a) Wie weit war die Radtour?
b) Wie viele Kilometer sind sie auf dem Rückweg in einer Stunde gefahren?

Suche einen Lösungsweg.
Besprecht eure Lösungswege und vergleicht mit dem Lösungsweg von Tim.

a) in 1 h: 18 km
   in 2 h: 36 km
   in 30 min:
Tim

b) Länge des Hinweges:
   Rückweg: in 3 h
   in 1 h

2 Familie Baier plant von ihrem Urlaubsort Inning am Ammersee aus eine Radtour.

Rundfahrt Inning – Paterzell – Starnberg – Inning 111 km
(25 km, 15 km, 35 km)

„Wenn wir pro Stunde 18 km schaffen, sind wir in 2 Stunden von Inning im Eibenwald bei Paterzell."

„Auf der Strecke von Paterzell bis wieder nach Inning schaffen wir 15 km in einer Stunde."

„In Andechs machen wir noch 30 Minuten Pause."

„In Paterzell wandern wir 1½ h durch den Eibenwald, in Starnberg machen wir 1 h Pause."

a) Wie weit ist es von Inning nach Paterzell?
b) Wie weit ist es von Andechs nach Inning?
c) Familie Baier fährt um 07:30 Uhr los. Wann ist die Familie wieder in Inning zurück?
d) Schreibe weitere Aufgaben zur Radtour.

3 Kann das stimmen?

a) Bei unserer Radtour sind wir um 09:30 Uhr losgefahren und waren um 16:15 Uhr zurück. Wir sind 280 km gefahren.

b) Unsere Radtour war 45 km weit. Wir sind um 11:45 Uhr losgefahren und waren um 15:15 Uhr zurück. Wir haben eine halbe Stunde Pause gemacht.

Lernumgebung – Zahlbeziehungen

1 Addiere alle Zahlen von 1 bis 100.
Vergleicht und besprecht, wie ihr vorgegangen seid.

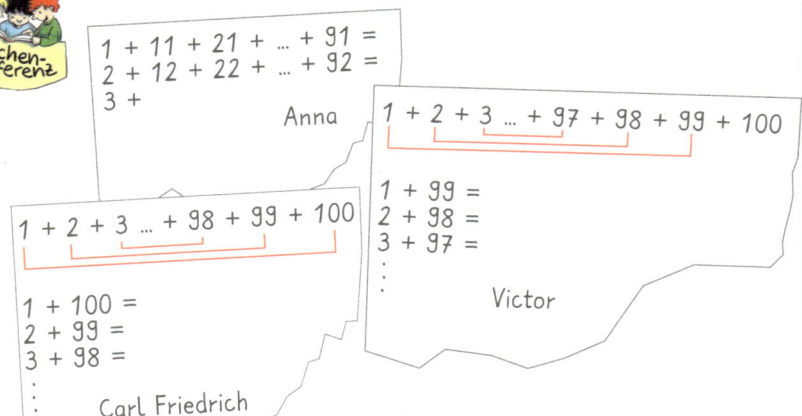

Anna:
1 + 11 + 21 + … + 91 =
2 + 12 + 22 + … + 92 =
3 +

Carl Friedrich:
1 + 2 + 3 … + 98 + 99 + 100
1 + 100 =
2 + 99 =
3 + 98 =
⋮

Victor:
1 + 2 + 3 … + 97 + 98 + 99 + 100
1 + 99 =
2 + 98 =
3 + 97 =
⋮

Carl Friedrich **Gauß** war ein berühmter Mathematiker und lebte von 1777 bis 1855. Als er neun Jahre alt war, gab ihm der Lehrer die Aufgabe, die Zahlen von 1 bis 100 zu addieren. In nur wenigen Minuten fand er die Lösung.

2 **Saufze-Zahlen** sind Zahlen, die aus der **S**umme **auf**einanderfolgender **Z**ahl**en** gebildet werden können.

3 = 1 + 2
5 = 2 + 3

a) Findet viele Saufze-Zahlen, die aus zwei Zahlen gebildet werden. Was fällt euch auf?
b) Findet Saufze-Zahlen, die aus drei Zahlen gebildet werden. Was fällt euch auf?
c) Findet Saufze-Zahlen, die aus mehr als drei Zahlen gebildet werden. Was fällt euch auf?

3 Pascalsches Dreieck

```
        1
       1 1
      1 2 1
     1 3 3 1
    1 4 6 4 1
```

a) Wie geht es weiter? Setzt bis zur 10. Zeile fort.
b) Addiert alle Zahlen einer Zeile. Was fällt euch bei den Summen auf?
c) Markiert alle Zahlen, die durch zwei teilbar sind, in einer Farbe. Was fällt euch auf?
d) Markiert alle Zahlen, die durch drei teilbar sind, in einer Farbe.

Blaise **Pascal** war ein französischer Mathematiker und lebte von 1623 bis 1662. Nach ihm wurde das Pascalsche Dreieck benannt. In diesem Dreieck ergeben sich die Zahlen als Summe der beiden direkt über ihr liegenden Zahlen.

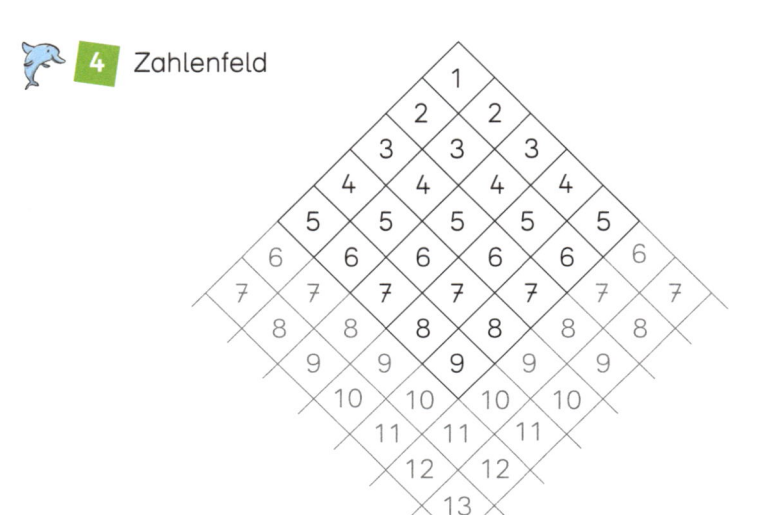

4 Zahlenfeld

a) Beschreibt das Zahlenfeld. Was fällt euch auf?
b) Findet ihr einen Weg, um alle Zahlen schnell zu addieren? Erklärt euren Lösungsweg.
c) Vergrößert das Zahlenfeld bis in der linken und rechten Ecke die 10 steht. Wie groß ist dann die Summe aller Zahlen?

Zahlen klassifizieren – Teiler und Vielfache

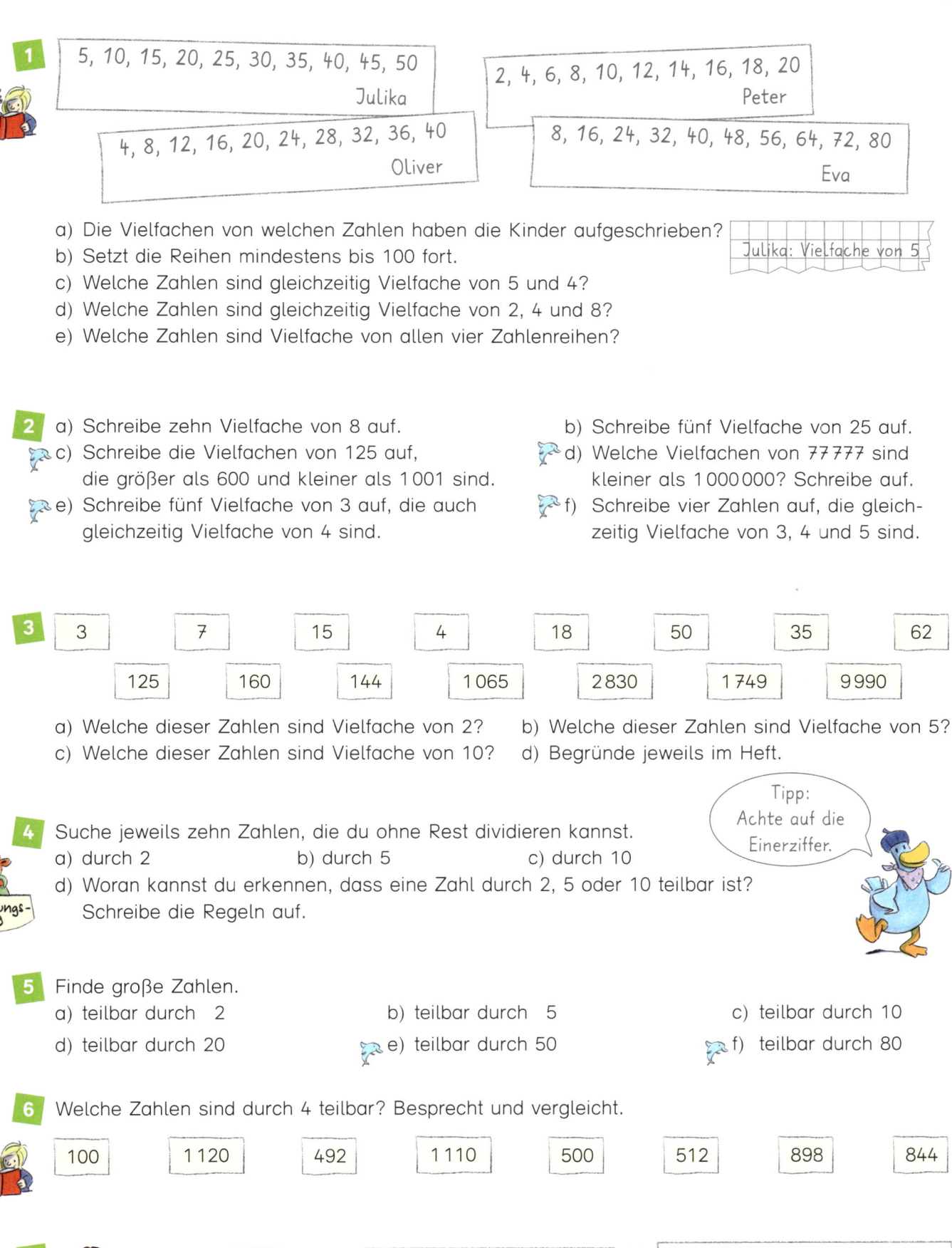

1

5, 10, 15, 20, 25, 30, 35, 40, 45, 50
Julika

2, 4, 6, 8, 10, 12, 14, 16, 18, 20
Peter

4, 8, 12, 16, 20, 24, 28, 32, 36, 40
Oliver

8, 16, 24, 32, 40, 48, 56, 64, 72, 80
Eva

a) Die Vielfachen von welchen Zahlen haben die Kinder aufgeschrieben?
b) Setzt die Reihen mindestens bis 100 fort.
c) Welche Zahlen sind gleichzeitig Vielfache von 5 und 4?
d) Welche Zahlen sind gleichzeitig Vielfache von 2, 4 und 8?
e) Welche Zahlen sind Vielfache von allen vier Zahlenreihen?

Julika: Vielfache von 5

2
a) Schreibe zehn Vielfache von 8 auf.
b) Schreibe fünf Vielfache von 25 auf.
c) Schreibe die Vielfachen von 125 auf, die größer als 600 und kleiner als 1 001 sind.
d) Welche Vielfachen von 77 777 sind kleiner als 1 000 000? Schreibe auf.
e) Schreibe fünf Vielfache von 3 auf, die auch gleichzeitig Vielfache von 4 sind.
f) Schreibe vier Zahlen auf, die gleichzeitig Vielfache von 3, 4 und 5 sind.

3

| 3 | 7 | 15 | 4 | 18 | 50 | 35 | 62 |
| 125 | 160 | 144 | 1 065 | 2 830 | 1 749 | 9 990 |

a) Welche dieser Zahlen sind Vielfache von 2?
b) Welche dieser Zahlen sind Vielfache von 5?
c) Welche dieser Zahlen sind Vielfache von 10?
d) Begründe jeweils im Heft.

4 Suche jeweils zehn Zahlen, die du ohne Rest dividieren kannst.
a) durch 2
b) durch 5
c) durch 10
d) Woran kannst du erkennen, dass eine Zahl durch 2, 5 oder 10 teilbar ist? Schreibe die Regeln auf.

Tipp: Achte auf die Einerziffer.

5 Finde große Zahlen.
a) teilbar durch 2
b) teilbar durch 5
c) teilbar durch 10
d) teilbar durch 20
e) teilbar durch 50
f) teilbar durch 80

6 Welche Zahlen sind durch 4 teilbar? Besprecht und vergleicht.

| 100 | 1 120 | 492 | 1 110 | 500 | 512 | 898 | 844 |

7 Kann das stimmen?
a) Alle Vielfachen von 4 sind auch durch 2 teilbar.
b) Alle Zahlen mit sechs Stellen sind Vielfache von 10.

Pläne – Maßstab

1

Zeichnung	Wirklichkeit
1 zu	: 200

1 cm in der Zeichnung bedeutet 200 cm in Wirklichkeit.

Das Erdgeschoss der Marktschule soll renoviert werden.
Die Handwerker brauchen die Maße.
Wie lang und wie breit sind die Räume in Wirklichkeit?

Hausmeister
Länge: 6 m
Breite:

2 Zeichne die Tabelle in dein Heft. Berechne im Maßstab 1:200.

Zeichnung	4 cm	10 cm	20 cm	50 cm	100 cm	5 mm	10 mm	15 mm	100 mm
Wirklichkeit	8 m								

3 a) Messt euer Klassenzimmer. Zeichnet im Maßstab 1:100.
b) Vergleicht die Größe mit anderen Klassenzimmern.
c) Zeichnet auch Tische, Schränke und Regale ein.

4 Miss zu Hause einen Raum aus.
Zeichne den Grundriss.
a) im Maßstab 1:100   b) im Maßstab 1:50

5 Berechne im Maßstab 1:100.

Zeichnung	6 cm	8 cm	16 cm	2½ cm	25 cm				
Wirklichkeit	6 m					1 m	50 cm	10 cm	50 m

6 Berechne im Maßstab 1:50.

Zeichnung	2 cm	6 cm	10 cm			10 mm	40 mm	20 mm	30 mm
Wirklichkeit	1 m			2 m	8 m				

7 Das ist ein Stadtplan von Karlsruhe.

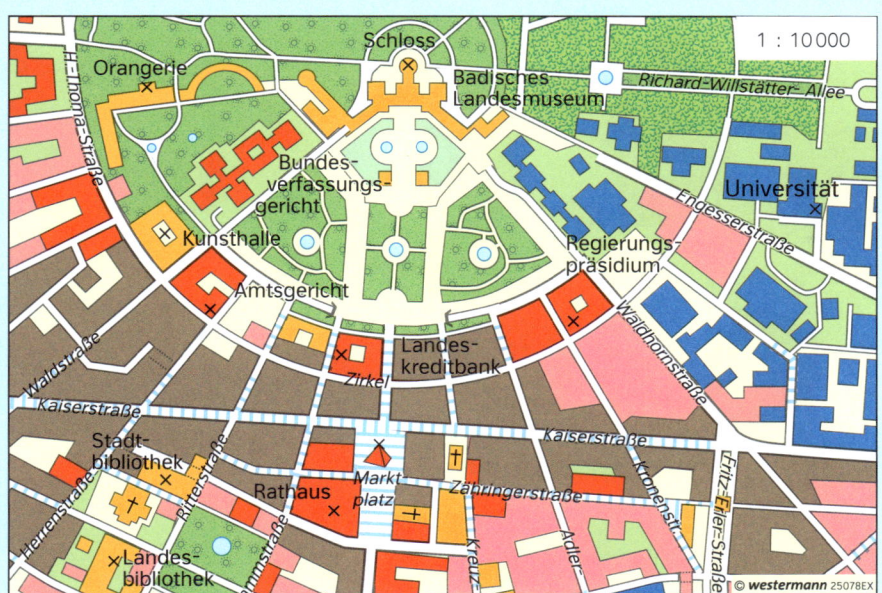

Miss auf der Karte die Luftlinie:
a) vom Schloss zum Marktplatz
b) von der Orangerie zum Amtsgericht
c) von der Kunsthalle zum Rathaus
d) von der Universität zur Landesbibliothek
e) vom Regierungspräsidium zur Landeskreditbank
f) von der Stadtbibliothek zum Schloss

Maßstab 1:10 000 bedeutet: 1 cm auf der Karte entspricht 10 000 cm (100 m) in Wirklichkeit.

Ich fliege immer die kürzeste Strecke.

a) Luftlinie = 5 cm
5 · 10 000 cm =
Vom alten Schloss zum Marktplatz sind es

8 Das ist eine Karte des südlichen Schwarzwaldes.

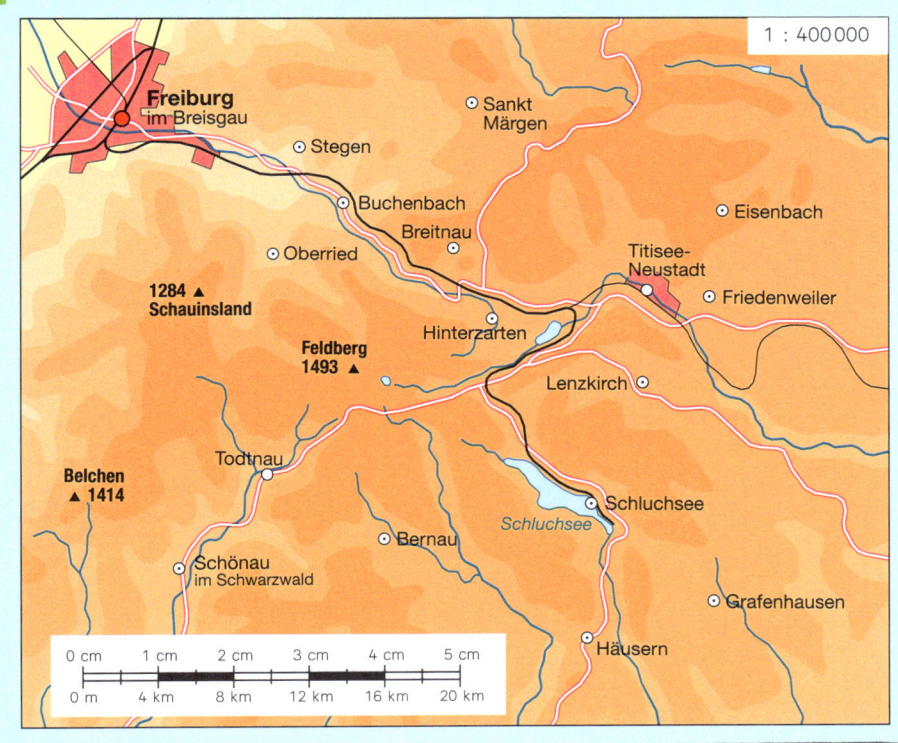

Miss auf der Karte die Luftlinie:
a) von Titisee-Neustadt nach Schluchsee

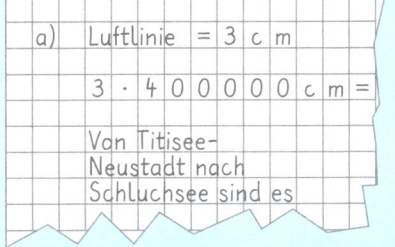

a) Luftlinie = 3 cm
3 · 400 000 cm =
Von Titisee-Neustadt nach Schluchsee sind es

b) von Titisee-Neustadt zum Feldberg
c) von Freiburg nach Sankt Märgen
d) vom Schauinsland nach Freiburg
e) von Schönau nach Lenzkirch

Maßstab 1: 400 000 bedeutet: 1 cm auf der Karte entspricht 400 000 cm (4 km) in Wirklichkeit.

Jahrgangskombiniertes Arbeiten, vgl. Denken und Rechnen 3, S.120 und 121.

Kann das stimmen?

1 Prüfe, welche Kinder recht haben können.

A: Mein Vater hat sein neues E-Bike mit einem Geldschein bezahlt und 470 € zurückbekommen.

B: Der Schrank in meinem Kinderzimmer ist 1950 mm hoch.

C: Für einen Rührkuchen verwendet meine Mutter 4 Eier und 250 kg Zucker.

D: Eine Runde auf der Laufbahn um den Sportplatz misst 40 000 cm.

E: Vor mehr als 100 Jahren war das erste Mal ein Mensch auf dem Mond. Das war im Jahr 1969.

2 Welche Satzteile gehören zusammen? Schreibe die Sätze vollständig.

a) Der größte Mensch der Welt ist ...
b) Das größte Gebäude der Welt ist ...
c) Das kleinste Säugetier ist ...
d) Der Umfang der Erde ist ...
e) Die Entfernung des Monds zur Erde ist ...
f) Das größte Schiff der Erde ist ...
g) Die Schrittlänge eines Erwachsenen ist ...

... ungefähr 384 000 km.
... 2,72 m groß.
... 828 m hoch.
... etwa 65 mm lang.
... ungefähr 85 cm lang.
... rund 500 m lang.
... ungefähr 40 000 km.

Wie findest du die Informationen für die richtige Zuordnung?

3 Welche Kinder haben falsch gerechnet? Wo erkennst du es, ohne zu rechnen?

```
   1 7 1 8 4
   1 9 6 4 1 2
 +     1 4 7 2
   ─────────
   1 5 0 6 8
         Tanja
```

```
12,50 € · 4 = 50 €
              Bene
```

```
1 7 8 2 : 3 = 3 9 4
1 5
  2 8
  2 7
    1 2
    1 2
       0
            Lucia
```

```
4 2 9 2 · 6
2 4 1 7 5 2
      Isabell
```

Das Doppelte von 2,50 m ist 5 m
              Max

```
  4,12 m
 13,90 m
+ 5,89 m
 ──────
 23,91 m
      Marie
```

```
  4 1 0 0 0
- 3 6 4 1 2
  ─────────
      4 5 8 8
          Janik
```

```
4,50 € : 3 = 1,00 €
              Emre
```

Zufall und Wahrscheinlichkeit – Ausflug

1 Die vier Kinder überlegen, ob sie am Wochenende den Kletterpark oder das Freibad besuchen sollen.
Wie könnte eine Abstimmung der vier Kinder ausfallen?
Legt eine Tabelle für die verschiedenen Möglichkeiten an.

Kletterpark	Freibad
0	4
1	3

2 Weil sich die vier Kinder nicht einigen können, soll der Zufall entscheiden.
Sie überlegen sich verschiedene Verfahren.

A Würfeln
⚀ ⚁ Freibad
⚂ ⚃ ⚄ ⚅ Kletterpark

B Münzen werfen
10 (Zahlseite): Freibad
(Bildseite): Kletterpark

C Karten ziehen
1 2 3 4 5 6 7
ungerade Zahlen: Freibad
gerade Zahlen: Kletterpark

D Eine Murmel ziehen
grün: Freibad
rot: Kletterpark

E Lose ziehen
Zwei Lose haben einen roten Punkt, acht Lose haben einen blauen Punkt.
rot: Freibad
blau: Kletterpark

a) Nele möchte zum Kletterpark. Bei welchem Verfahren hat sie die größten Gewinnchancen?
b) Sven will ins Freibad. Bei welchem Verfahren hat er die größten Gewinnchancen?
c) Welches Verfahren ist gerecht? Begründet.
d) Wie müsst ihr die Verfahren ändern, damit alle gerecht sind?

3
a) Addiere zu 35 das Vierfache von 7.
b) Addiere das Fünffache von 13 zu 68.
c) Subtrahiere 59 vom Doppelten von 45.
d) Subtrahiere vom Achtfachen von 21 die Zahl 85.
e) Addiere zum Achtfachen von 2 das Neunfache von 3.
f) Addiere das Siebenfache von 7 zum Dreifachen von 18.
g) Subtrahiere das Fünffache von 6 vom Sechsfachen von 12.
h) Subtrahiere vom Achtfachen von 7 das Fünffache von 7.

4
a) Multipliziere die Riesenzahl **12 345 679** mit 6. Multipliziere dann das Ergebnis mit 9.

Die 8 muss fehlen.

b) Welche Zahl ist deine Lieblingszahl? Multipliziere **12 345 679** mit deiner Lieblingszahl und dann das Ergebnis mit 9.

2 Verfahren ausprobieren.

Sachaufgaben – Bei uns im Dorf

1 Bäuerin Huber möchte eine Koppel umzäunen. Sie hat dafür schon 16 Bretter mit einer Länge von 2,25 m. Zusätzlich hat sie noch 10 weitere solcher Bretter bestellt.

Überlege, wie lang der Koppelzaun wird. Vergleicht und besprecht eure Lösungswege und setzt den Satz im blauen Kasten fort.

Tipp: Eine Tabelle verwenden

Je mehr..., desto länger...

2 Setzt für die roten Zahlen andere Zahlen ein und rechnet.

a) Bäuerin Baier pflügt eine Furche in 5 Minuten.

b) Die Hühner von Bäuerin Kofler legen an einem Tag 85 Eier.

a) 3 Furchen 15 min

3 Bauer Maier benötigt für eine Koppel 48 m Zaun. Er überlegt, ob er Bretter mit 2 m, 3 m oder 4 m verwenden sollte.

Überlege, wie viele Bretter er jeweils benötigt. Vergleicht und besprecht eure Lösungswege und setzt den Satz im grünen Kasten fort.

Tipp: Eine Tabelle verwenden

Je länger..., desto weniger...

4 Setzt für die roten Zahlen andere Zahlen ein und rechnet.

a) Bauer Kluckner lässt einen Graben von 20 m Länge ausheben. Ein Arbeiter braucht dafür 10 Stunden.

b) Bauer Mayer bestellt für einen Koppelzaun von 60 m Länge 30 Bretter mit je 2 m Länge.

c) Ein Wassertank mit 500 l reicht auf der Weide für 5 Kühe 20 Tage lang.

5 Ordnet zu, wie ihr die Aufgabe löst und begründet die Zuordnung.

A	B	C	D
Je mehr, desto mehr	Je mehr, desto weniger	anderer Lösungsweg	keine Lösung

a) Bäuerin Böll füllt den Tank mit 400 l. Für 5 Kühe reicht das 12 Tage. Wie lange reicht das für 10 Kühe?

b) Die Hühner von Bäuerin Hahn legen jeden Tag 60 Eier. Wie viele legen sie in einer Woche?

c) Bauer Müller möchte einen neuen Traktor für 27 000 € kaufen. Er hat 18 000 € gespart.

d) Die Hühner von Bäuerin Zeller legten am Montag 35 Eier. Wie viele legten sie letzte Woche?

e) Bauer Moser braucht für einen Graben 12 Tage. Zwei Nachbarn helfen ihm.

f) Für seine Pferde braucht Bauer Börner 40 kg Heu pro Tag.

Fermi-Aufgaben   125

Erwachsene atmen etwa 16-mal pro Minute im Schlaf, im Ruhezustand etwa 20-mal und 60-mal pro Minute nach einer großen Anstrengung.

Ungefähr 100 000 Haare hat ein Mensch. Ein Haar wächst in jedem Monat etwa 1 cm.

Das Herz schlägt pro Minute 140-mal bei einem Baby, 60-mal bei einem Erwachsenen.

Die Fingernägel wachsen in einer Woche 1 mm.

1 Welche Fragen kannst du lösen? Suche einen Lösungsweg.

a) Wie oft schlägt das Herz eines Babys in einer Stunde?   Emily

b) Eine halbe Glatze hat 50 000 Haare. Wie viele Haare hat eine ganze Glatze?   Lars

c) Wie lang wären meine Fingernägel, wenn man sie ein Jahr nicht schneiden würde?   Malte

d) Schreibe weitere Aufgaben.

2 Wählt eine Fermi-Aufgabe aus und überlegt, wie ihr eine Lösung finden könnt. Die Aussagen oben auf der Seite können euch helfen. Schreibt eure Lösungswege auf Plakate. Erklärt. Vergleicht.

Hätte ein Mensch 1 km lange Haare, wenn er sie in 80 Jahren nie schneiden würde?

Wie oft atmet ein Erwachsener an einem Tag ungefähr?

3 Wandle um in Meter.

a)	b)	c)	d)	e)
1 km	2 km 400 m	10 km 600 m	1,300 km	$\frac{1}{2}$ km
3 km	2 km 40 m	11 km 800 m	1,030 km	$1\frac{1}{2}$ km
5 km	2 km 4 m	13 km 100 m	1,003 km	$3\frac{1}{2}$ km
10 km	6 km 3 m	20 km 100 m	2,500 km	$9\frac{1}{2}$ km
11 km	6 km 30 m	30 km 50 m	4,100 km	$10\frac{1}{2}$ km
20 km	6 km 300 m	50 km 10 m	8,300 km	$12\frac{1}{2}$ km

4 Vergleiche. > < =

a)
990 m ◯ 1 km
1000 m ◯ 1 km
1010 m ◯ 1 km

600 m ◯ $\frac{1}{2}$ km
501 m ◯ $\frac{1}{2}$ km
500 m ◯ $\frac{1}{2}$ km

b)
10 cm ◯ 1 m
100 cm ◯ 1 m
1000 cm ◯ 1 m

500 cm ◯ $\frac{1}{2}$ m
50 cm ◯ $\frac{1}{2}$ m
5 cm ◯ $\frac{1}{2}$ m

c)
1 mm ◯ 1 cm
100 mm ◯ 1 cm
10 mm ◯ 1 cm

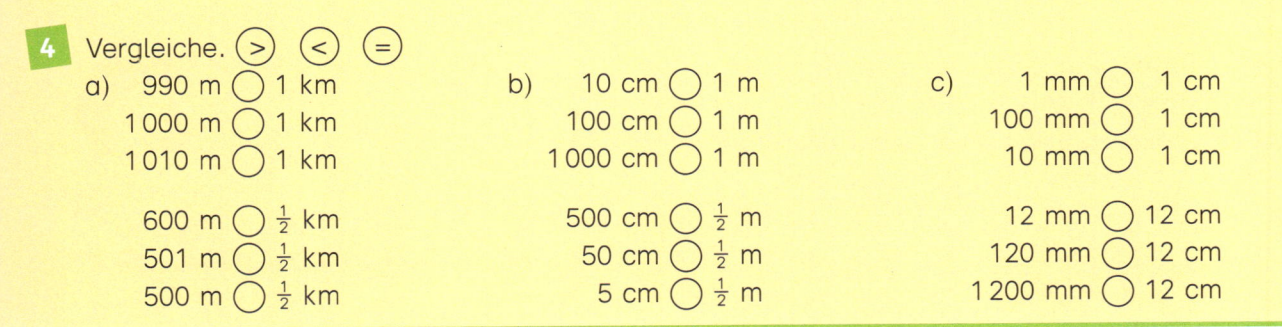

12 mm ◯ 12 cm
120 mm ◯ 12 cm
1200 mm ◯ 12 cm

Wiederholung

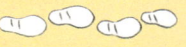

1 a) 302 · ☐3   b) 245 · 25   c) 25174 · 12   d) 4056 · 3☐
    3020   ☐900   251☐40   12☐680
      90☐   1225   ☐0348   8112
    3☐26   ☐☐25   ☐☐2088   129☐☐2

2 Vier Aufgaben sind falsch gelöst. Rechne sie richtig.

a) 212 · 34
    6360
      848
    7208
   Luca

b) 4321 · 13
     4321
   12963
   17284
  Mehmet

c) 7105 · 4
   284200
   Leila

d) 642 · 35
   1820
   3210
   5030
  Sophie

e) 4620 · 93
   41 4180
    13 806
   427 986
  Marie

3 a) 3008 : 8   b) 1137 : 3   c) 1890 : 5   d) 3474 : 9   e) 1269 : 9
     2709 : 7   2244 : 6   2346 : 6   1556 : 4   5862 : 6
     3875 : 5   1712 : 4   4893 : 7   4005 : 5   3090 : 3

4 Im Supermarkt gibt es verschieden große Gläser mit Schokoladencreme. Welches Glas ist am preiswertesten?

- 1000 g — 4,10 €
- 700 g — 2,10 €
- 500 g — 1,75 €
- 400 g — 1,60 €

5 a) Dividiere 5394 durch 6 und addiere das Ergebnis zu 6578.

b) Multipliziere 689 mit 16 und subtrahiere vom Ergebnis 111.

c) Multipliziere das Neunfache von 5 mit dem dritten Teil von 66 und addiere zum Ergebnis 5555.

6 In der Klasse 4c bestellen jeden Tag 12 Kinder Schulmilch, je $\frac{1}{4}$ Liter. Wie viel Milch trinken die Kinder insgesamt in einem Schuljahr (40 Schulwochen)?

Wiederholung

7

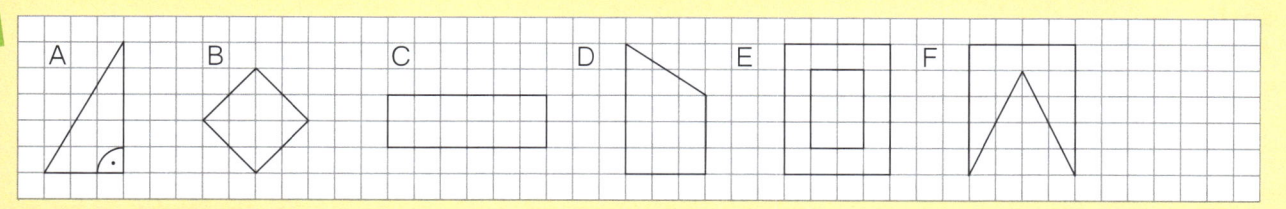

A   B   C   D   E   F

a) Zeichne die Figuren ins Heft. Kennzeichne die rechten Winkel.
b) Markiere jeweils die parallelen Linien.

8 a) Zeichne vier parallele Linien, immer mit 1 cm Abstand.
b) Zeichne eine Figur mit mindestens zwei rechten Winkeln und zwei parallelen Linien.
c) Zeichne eine Figur mit genau zwei rechten Winkeln und zwei parallelen Linien.

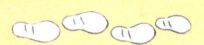

9 Ordne nach der Größe. Beginne jeweils mit der kleinsten Größe.

a) 895 m | 4 300 m | 1 km | 0,900 km
b) 4 cm 5 mm | 2,25 m | 85 mm | 215 cm
c) 400 kg | 4 t | 40 g | 4 kg
d) 3 kg 550 g | 500 g | $3\frac{1}{2}$ kg | 3 kg
e) 70 s | 2 min | 180 s | 1 min 11 s
f) 2 l 500 ml | 2 050 ml | $5\frac{1}{4}$ l | 5 500 l

10 Rechne die Fahrzeiten aus.

Abfahrt	a) 8:45 Uhr	b) 11:20 Uhr	c) 12:35 Uhr	d) 13:30 Uhr	e) 15:55 Uhr
Ankunft	11:05 Uhr	12:35 Uhr	13:00 Uhr	15:00 Uhr	17:00 Uhr

Abfahrt	f) 17:45 Uhr	g) 18:30 Uhr	h) 22:30 Uhr	i) 00:35 Uhr	j) 02:45 Uhr
Ankunft	18:20 Uhr	20:05 Uhr	00:00 Uhr	02:00 Uhr	05:10 Uhr

11 Wie viele Kinder betreiben die jeweilige Sportart?
Trage in eine Tabelle ein.

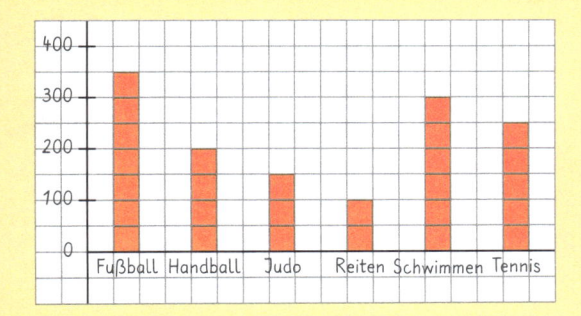

Fußball	350 Kinder
Handball	
Judo	
Reiten	
Schwimmen	
Tennis	

128 Knobeln

1 Beim Lösen der Knobelaufgaben kann eine Skizze, eine Tabelle oder auch das Legen von Namenskärtchen helfen.
Was hilft dir jeweils?
Findest du auch noch andere Lösungshilfen?

a) Die Kinder sollen sich von klein nach groß aufstellen. Ali ist weder der Kleinste noch der Größte. Lotta und Tim sind kleiner als Emily. Dana ist kleiner als Lotta, aber größer als Ali. In welcher Reihenfolge müssen sich alle aufstellen?

Tipp: Eine Skizze kann dir helfen.

b) Tina, Fabio, Marie, Mona, Ria und Kevin trainieren Weitsprung.
Tina springt weiter als Mona, aber nicht so weit wie Kevin.
Fabio springt nicht so weit wie Mona, aber weiter als Marie.
Ria springt nicht so weit wie Marie.
Welches Kind springt am weitesten?

c) Eine Schnecke ist in einen 10 m tiefen Brunnen gefallen. Sie kriecht jeden Tag 3 m hoch, nachts rutscht sie wieder 2 m zurück. Nach wie vielen Tagen ist sie wieder oben?

d) Ben und Milla eilen die 24 Stufen hinauf in die Klasse. Milla nimmt immer drei Stufen auf einmal, Ben immer zwei. Welche Stufen werden von beiden betreten?

e) Tim wiegt 46 kg. Oma ist 20 kg schwerer als Tim.
Tim und Oma sind zusammen doppelt so schwer wie Lisa.
Lars ist halb so schwer wie Tim.
Wie schwer sind Oma, Lisa und Lars?

Tipp: Schrittweise vorgehen, Ergebnis überprüfen.

f) Opa gibt seinen drei Enkeln im Monat zusammen 72 Euro Taschengeld. Kevin, der Älteste, bekommt doppelt so viel wie Marie und Dustin zusammen. Marie bekommt vier Euro mehr als Dustin. Wie viel Geld bekommt jeder?

g) Als die kleine Emma ihren 3. Geburtstag feiert, ist ihr Bruder bereits dreimal so alt wie Emma. Wie alt ist ihr Bruder an Emmas 18. Geburtstag?

h) In der Jugendherberge gibt es Dreibettzimmer und Vierbettzimmer. Die Klassen 4a und 4b belegen alle 66 Betten. Wie viele Dreibettzimmer und wie viele Vierbettzimmer können es sein?

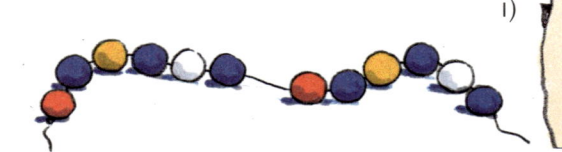

Tipp: Zeichne eine Tabelle.

i) Lara fädelt 100 Perlen nach diesem Muster auf. Welche Farbe hat die letzte Perle? Wie viele Perlen benötigt sie von jeder Farbe?

2 Welche Tipps haben euch geholfen? Besprecht und vergleicht.